税收是财政的基础和前提，财政是国家的理财之政。
财税在国家治理中起着基础和支柱作用。
发挥财税政策作用，促进城乡统筹发展，让全体人民共享中国发展改革红利，
是历届尤其是本届政府的执政目标。

推进城乡统筹发展的
财税政策研究

TUIJIN CHENGXIANG TONGCHOU FAZHAN DE CAISHUI ZHENGCE YANJIU

本书从理论和实际两方面，对城乡统筹发展的财税政策进行研究，对国际上推进城乡统筹财税政策的经验教训进行深入分析，对我国建国后城乡发展的历程进行梳理，分析了我国城乡发展及其财税政策存在的问题，提出了推进城乡统筹发展的财税政策建议。

古建芹◎著

人民出版社

总　序

　　时光荏苒，岁月如梭，河北经贸大学已历经 60 年岁月的洗礼。回首她的发展历程，深深感受到经贸学人秉承"严谨为师、诚信为人、勤奋为学"的校训，孜孜不倦地致力于书山学海的勤奋作风，而"河北经贸大学学术文库"的出版正是经贸师生对她的历史底蕴和学术精神的总结、传承与发展。为其作序，我感到十分骄傲和欣慰。

　　60 年来特别是改革开放以来的三十多年，河北经贸人抓住发展机遇，拼搏进取，一步一个脚印，学校整体办学水平和社会声誉不断提升，1995 年学校成为河北省重点建设的 10 所骨干大学之一，1998 年获得硕士学位授予权，2004 年在教育部本科教学工作水平评估中获得优秀，已成为一所以经济学、管理学、法学为主，兼有文学、理学和工学的多学科性财经类大学。

　　进入新世纪以来，我国社会经济的快速发展，社会各届对高等教育提出了更高的要求，高等教育进入了提升教育质量、注重内涵发展的新时期，不论是从国内还是从国际看，高校间的竞争日趋激烈。面对机遇和挑战，河北经贸人提出了以学科建设为龙头，走内涵发展、特色发展之路，不断提高人才培养质量，不断提升服务社会经济发展的能力和知识创新的能力，把我校建设成高水平大学的奋斗目标和工作思路。

　　高水平的科研成果是学科建设水平的体现。出版"河北经贸大学学术文库"的主要目的是进一步凝练学科方向、推进学科建设。近年来,我校产业经济学、会计学、经济法学、理论经济学、企业管理、财政学、金融学、行政管理、马克思主义中国化研究等重点学科在各自的学科领域不断进取,积累了丰富的研究成果。收入文库的著作有的是教授们长期研究的结晶,有的则是刚刚完成不久的博士学位论文,其作者有的是在本学科具有较大影响力的知名专家,更多的则是年富力强、立志为学的年轻学者,文库的出版对学科梯队的培养、学科特色的加强将起到非常积极的作用。

感谢人民出版社为"河北经贸大学学术文库"的出版所付出的辛勤劳动,人民出版社在出版界的影响力及其严谨务实的工作作风,与河北经贸大学积极推进学科建设的决心相结合,成就了这样一个平台。我相信,借此平台我们的研究将有更多的机会得到来自社会各界特别是研究同行们的关注和指教,这将成为我们学术生涯中的宝贵财富;我也希望我们河北经贸学人能够抓住机会,保持锲而不舍的钻研精神、追求真理的科学精神、勇于探索的创新精神和忧国忧民的人文精神,在河北经贸大学这块学术土壤中勤于耕耘、善于耕耘,不断结出丰硕的果实。

河北经贸大学校长　　纪良纲

·目　录·

前　言

2013年11月初,中共十八届三中全会通过了《中共中央关于全面深化改革若干重大问题的决定》,开启了我国经济社会发展的新路程,提出了我国深化改革开放的新目标。《决定》第六部分以较大篇幅阐述了健全城乡发展一体化体制机制问题,指出城乡二元结构是制约城乡发展一体化的主要障碍。必须健全体制机制,形成以工促农、以城带乡、工农互惠、城乡一体的新型工农城乡关系,让广大农民平等参与现代化进程、共同分享现代化成果。习近平总书记在《关于〈中共中央关于全面深化改革若干重大问题的决定〉的说明》中强调,城乡发展不平衡不协调,是我国经济社会发展存在的突出矛盾,是全面建成小康社会、加快推进社会主义现代化必须解决的重大问题。这是党的十七大报告关于深入贯彻落实科学发展观,以人为本,统筹兼顾,全面协调可持续思想的继承,是党的十八大报告关于推动城乡发展一体化,加大统筹城乡发展力度,促进城乡共同繁荣思想的延续。

改革开放以来,我国经济社会发生了翻天覆地的变化,农村面貌大有改观,农民生活水平有了很大程度的提高。但是,正如习近平总书记所说:我国城乡二元结构没有根本改变,城乡发展差距不断拉大趋势没有根本扭转。因此,我们必须正视这一现实,加大推进城乡统筹发展的力度,从根本上改变城乡二元结构状态。我们必须科学分析我国全面参与经济全球化的新机遇新挑战,深刻把握当前面临的新课题新矛盾,以更加自觉的姿态走科学发展、城乡统筹,直至城乡一体化的道路。城乡、区域、经济与社会、人与自然、中央与地方、个人与集体、局部与整体,是既对立又统一的关系体。必须作好总揽全局、统筹规划的工作,抓住牵动全局、事关群众利益的突出问题,着力推进、重点突破。其中,城乡统筹发展是重点难点之一。能否做到城乡统筹发展,是能否使经济社会发展成果惠及全体百姓,能否实现全面建成小康社会目标的关键,是国家治理水平和能力的集中体现。在城乡统筹发展中,政府如何确定自己的位置,应该发挥怎样的作用,如何运用财政税收等政策工具协调、指导、规划城乡经济、社会、文化、教育等的全面发展,是必须加以明确的重要问题。正因为如此,《中共中央关于全面深化改革若干重大问题的决定》的第五部分专门明确要深化财税体制改革。并且,第一次明确:财政是国家治理的基础和重要支柱。并强调指出:科学的财税体制是优化资源配置、维护市场统一、促进社会公平、实现国家长治久安的制度保障。我们以推进城乡统筹发展的财税政策研究为题,运用经济学的理论和方法,对城乡统筹发展问题从理论和实践两方面进行分析研究,对国际上推进城乡统筹发展的经验、尤其是推进城乡统筹发展的财税政策进行深入分析,对新中国成立后城乡发展的历程进行梳理,分析我国城乡发展及其财税政策存在的问题,结合河北省的实际情况,提出推进城乡统筹发展的财税政策建议。

　　本书是在河北省科技厅 2006—2007 年立项,2008 年结项的软科学项目"推进城乡统筹发展的财税政策研究"(项目编号 06457202D-2)结项报告的基础上,构思研究撰写而成的。其中也吸收了笔者主持的河北省发展和改革委员会 2009 年委托项目"河北省省管县财政体制改革研究",河北省社会科学规划课题 2009

年项目"河北省城乡基本公共服务均等化问题研究"(项目编号HB09BY1035)的部分研究成果。河北省科技厅软科学项目"推进城乡统筹发展的财税政策研究",花费了课题组成员刘献灿老师、李金荣老师、欧阳婷老师以及王振猛老师的大量心血和时间精力,他们分别在文献收集整理、研究大纲拟定和研究报告初稿的撰写修改等方面付出了很多,该课题的研究结论受到省内外有关专家的关注和肯定,结项报告被鉴定为国内同类研究的领先水平。这些研究成果都为本书的撰写奠定了良好的基础。在本书的写作过程中,张瑞锋老师、张丽微博士在实证分析方面提供了很多帮助,习亚哲老师、张丽微博士在书稿部分章节的写作方面付出了许多努力,蒋炳蔚、李宇娜、王泽、石文举同学在文献资料查询整理、数据分析和文稿校对方面做了不少工作。没有他们的帮助,就没有本书稿的完成,在此向他们表示深深的谢意! 本书的写作,借鉴吸收了许多学者的研究成果,他们的睿智启迪了我。在此向所有列出或未列出的参考文献的作者们,表示真诚的谢意! 书中如有引用不当或遗漏之处,敬请谅解! 本书的出版,得益于河北经贸大学校领导,尤其是学科建设办公室领导和老师的谋划和支持,得益于人民出版社领导和编辑的辛苦工作,没有他们的指导和帮助,就没有本书的成稿,在此对他们表示诚挚的谢意!

本书的特点有:一是研究方法科学。运用计量方法分析我国城乡统筹发展中的问题,使问题的分析更准确,为财政税收政策更具针对性提供依据。二是观点力图创新。提出政府是统筹城乡发展的主导,社会成员是主体的观点,有助于摆正政府和社会各方面的关系;提出在城乡统筹发展中,财政政策不等于给钱政策,应该注重财政政策乘数效应的观点,有助于调动地方政府和社会各界的积极性;提出利用政府采购政策促进城乡统筹发展,有助于政府

3

各项政策作用的充分发挥。三是对策系统具体。结合我国城乡统筹发展现实情况,深入分析城乡统筹发展财政税收政策存在的问题,提出一系列有针对性的财政和税收政策调整建议,尤其是注重政策间的协调性,力求使财政税收政策效益最大化。

第一章　城乡统筹发展的理论框架

城乡统筹发展是全面建成小康社会的重要任务,是建设和谐社会不可或缺的重要内容,是践行科学发展观的主要标志。中国城乡之间能否真正实现统筹发展,直接关系到全面建成小康社会、和谐社会目标的实现。而城乡统筹发展的内涵究竟是什么,怎样定位政府及其政策工具,怎样利用财政税收政策缩小城乡差距,改变我国现在的二元经济格局,真正实现城乡之间的统筹发展,是需要深入系统研究的重要课题。

第一节　城乡关系与城乡统筹
发展的基本理论

从历史的角度看,现代城市是由小村(Hamlet)、村庄(Village)、镇(Town)、城(City)、都市(Metropolis)一步一步演变而来。因而在西方,除了农村居民点外,镇以及镇以上的各级居民点都属于城镇地区(Urban place)。所以,城镇地区(Urban place)既包括城(City),也包括镇(Town)。

在汉语中,城市一词可以拆分为“城”和“市”。“城”是人类为了防御的需要,在聚居点上构筑的防御性设施,是伴随着农业和定居生活的出现而产生的,是人类社会发展到一定阶段的产物。“市”则是指人类为了交换的需要而聚集形成的场所,是人们进行交易的特定场所。随着商品经济的不断发展和交换的扩大,在人口比较集中的城内或城边设市,"城"与"市"最终相互结合形成城市。《中华人民共和国城市规划法》将城市定义为:"国家按行政建制设立的直辖市、市、镇",即建制镇也属于城市的范畴。《现代汉语词典》将城市定义为:"人口集中、工商业发达、居民亦非农业人口为主的地区,通常是周围地区的政治、经济、文化中心。"乡村则是指"主要从事农业、人口分布较城镇分散的地方"。①

一、城乡关系及其发展规律

(一)城乡关系的概念。自城市产生后,城乡关系便随之产生且日益复杂化、综合化。对于城乡关系,不同学科的研究角度和结论是不同的。社会学家从人类社会发展的角度,着重研究城市和乡村居民生活方式的转变以及人与人之间的相互关系,对城市职能的影响以及用地扩展所引起的城市化地区空间变化的过程;环境学家从保护环境的角度,着重研究城乡尤其是城市发展过程中的生态环境变化过程以及城乡如何持续发展的问题;经济学家则从经济发展角度,强调城市集聚经济和规模经济的效应与作用,着重研究城市经济与农村经济、城乡发展与产业结构等问题。可见,城乡关系实际上是一个涉及多学科的综合性问题。在国外,亚当·斯密(Adam Smith,1723—1790)在其《国富论》(*The Wealth of Nations*)这部名著中,对城乡关系进行了深刻的论述②;1898年,埃比尼泽·霍华德(Ebenezer Howard,1850—1928)在英国出版了《明日:一条通向真正改革的和平道路》(*Tomorrow:A Peaceful Path*

① 吕叔湘、丁声树编:《现代汉语词典》,商务印书馆2012年版,第162、1370页。
② 亚当·斯密:《国富论》,新世纪出版社1972年版。

to Real Reform)一书,以"田园城市"这诗一般的文字,对城乡关系进行了描述①;约翰·海因里希·冯·杜能(Johann Heinrich von Thünen,1783—1850)在其《孤立国同农业和国民经济的关系》(简称《孤立国》)三卷中,也从区位论角度对城乡关系进行了阐述②。

在国内,新中国成立初期,毛泽东在论述"十大关系"时就开始关注城乡关系。但真正重视城乡关系的正确解决是在改革开放,尤其是党的十六大之后。学界关于城乡关系概念,主要有:蔡云辉的"城乡关系是社会生产力发展和社会大分工的产物,是广泛存在于城市和乡村之间的相互作用、相互影响、相互制约的普遍联系与互动关系。是一定社会条件下政治关系、经济关系、阶级关系等诸多因素在城市和乡村两者关系的集中反映。"③周叔莲、金碚的"城乡关系是一个复杂的综合性的社会经济现象"。④ 叶超等的"城乡关系是城市和乡村这两种客观实体之间的关系,这种关系通过人的活动形成和维系。"⑤

总体来看,城乡关系是人类社会发展到一定阶段的社会现象,是城乡之间在自然、经济、社会、文化等多种资源之间、由人的活动形成的互相交流影响的关系,是一定条件下政治关系、经济关系、社会关系等在城市和乡村两大实体之间的综合反映。

---

① 埃比尼泽·霍华德:《明日:一条通向真正改革的和平道路》,商务印书馆2000年版。

② 约翰·海因里希·冯·杜能:《孤立国同农业和国民经济的关系》三卷,商务印书馆1986年版。

③ 蔡云辉,《城乡关系与近代中国的城市化问题》,《西南师范大学学报》(人文社会科学版)2003年第5期。

④ 周叔莲、金碚:《国外城乡经济关系理论比较研究》,经济管理出版社1993年版,第10页。

⑤ 叶超、陈明星:《国外城乡关系理论演变及其启示》,《中国人口资源与环境》2008年第1期。

（二）城乡关系的具体描述。自城市产生后，随着人类社会的发展，城乡关系便产生且日益复杂化、综合化。

一是城乡经济的相互支撑关系。城乡经济的发展，实质上是人口、资源和资本等要素在城市和农村两个空间系统之间互动与交融、配置的过程。在这个过程中，第一，农业在国民经济中的基础作用十分明显。毫无疑问，社会发展中人是最可宝贵的。因为人的生存发展是社会发展的基本条件，人的主观能动性决定了人始终是生产力中最活跃的因素，社会经济发展的目的是为了更多更好地提供人生存和发展的物质基础。人自身既是生产者又是消费者。作为消费者的生产者，自然要首先解决自己的生存问题。所以，发展农业解决人的生存资料问题是作为消费者、作为经济人的必然选择。只有当作为消费者的生产者解决了自己的生存问题之后，才有可能考虑城市的建立和发展。农业的发展是其他部门独立和发展的前提，农村经济的发展是城市崛起和发展的基础，任何国家的现代化都是从农业的原始积累开始的。在一定意义上，一个国家的现代化过程往往是在其农村经济一定发展的基础上开始的，是农业资源，包括人口、土地、资本向城市、工业逐步转移的过程。例如美国，在独立战争之后，为迅速发展本国经济，首先通过释放西部土地资源能量，为19世纪末美国经济的全面变革和起飞准备了条件。第二，城市对农村经济发展的带动作用十分重要。城市出现后，国民经济就形成由传统的自给自足的农村经济和现代的工业化生产的城市经济组成的经济结构。客观上，农业经济的发展较多地依赖自然因素，季节性强，周期性强，发展速度缓慢；而城市经济的发展较多地依赖科学技术等人的因素，基本没有季节性，周期短，发展速度较快。在农业部门就业的人口，受农业经济发展水平的制约，不可能取得较高的工资收入；而在城市工业部门工作的人口,则可能得到较多的工资收入。同样,投资于农业的资本,受农业经济发展水平的制约,不可能取得较高的利润;而投资于工业部门的资本,则可能得到较高的利润。而工业经济的发展需要市场消费其产品,包括生产资料和生活资料。这就是说,农村经济与城市经济的技术经济手段、产品结构、产品价值及其产品的技术含量以及市场需求等方面有很大的不同,这就决定了社会经济发展更多地依赖现代工业化生产的城市经济,依赖城市对农村经济的带动。例如美国,在建立起一定的国民经济基础之后,为保持国民经济的持续发展,通过纽约都市圈的建设,最终促成了现代化美国的诞生。

二是城乡经济发展的不平衡关系。在城乡发展中,城市与农村经济发展始终处在不平衡状态。第一,城乡经济发展的先后不同。理论和实践都证明,在国家经济发展初期,农村经济发展先于城市,而在城市经济发展起来以后,城市经济的发展又快于农村。第二,城乡经济发展的快慢不同。按照经济学的一般原理分析,无论是城市经济还是农村经济都应该遵循价值规律的要求,都应该奉行等价交换、公平竞争原则,平衡协调发展。但是,由于农业经济的发展较多地受自然因素的制约,城市经济的发展则较多地依赖科学技术等人的因素,基本不受自然因素的制约。这决定了无论在哪个时期,农村经济的发展速度都慢于城市;城市经济虽然产生于农村经济之后,但发展速度却快于农村经济。按照所谓"木桶原理",如果作为国民经济基础的农业发展落后、农村经济发展不景气,肯定会影响整个国民经济的发展。第三,城乡经济发展中的市场竞争有不完全性。城乡经济发展在市场经济模式下才突飞猛进。但是,市场机制虽然是迄今为止最有效的资源配置方式,但它本身是一种分散决策、自发形成、自由交换的机制,存在固有的市场失灵缺陷。在城乡发展过程中,由于农业本身存在的自然风险和市场风险、产品收入需求弹性小、比较收益低等弱质性,加上竞争导致的垄断等原因,导致市场在功能、机制和外部条件等方面存在缺陷,市场失灵现象必然出现,不能自发地实现城乡资源最优配置。

三是城乡市场的相互补充关系。第一,城乡市场所需劳动力的互补关系。相对来说,城市市场所需劳动力的知识、技术水平要高于农村市场,城市劳动力的流动性强,而农村市场劳动力的稳定性强。城市需要的劳动力倾向于技能型,农村需要的劳动力更看重经验。这使得城乡劳动力需求与劳动力的知识、技术、年龄、性别结构等有一定的互补性。第二,城乡市场所需技术的互补关系。城市发展为农村提供物质技术装备和先进技术,农村发展为城市技术研发、机械制造提供方向、市场,且不断推动其发展。第三,城乡市场所需资本的互补关系。城市市场需要更大规模的资本,农村市场则更需要小额资金。第四,城乡市场所需产品的互补关系。城市市场生产的产品大都是农村市场的生产资料,农村市场生产的产品则是城市生产的消费资料。

可见,现代社会人口、资源和资本等要素在城市和农村之间的流动规律,决定了城市经济发展要优先于农村经济,也决定了社会经济发展依赖于现代工业化生产的城市经济,依赖城市经济对农村经济的带动作用。这是早在1954年就被著名发展经济学家刘易斯所证明了的。美国在发展西部农业的同时,大力发展科技、发展城市经济,为农村的经济发展奠定了雄厚的物质技术基础。在城市经济的支持下,美国的农村经济突飞猛进,很快实现了农村城市化、农业现代化、农民工人化。

四是城乡社会发展的不协调关系。第一,在城乡经济发展中,公共产品的生产与供给不平等。"公共产品"是指那些社会消费所必需的而私人企业又不愿生产或无法生产的商品和服务,如国防、城市卫生、新鲜的空气、优美的环境、公共设施等。这类产品具有非竞争性(或非排他性)、非盈利性等特征。有一些公共产品因其规模大、投资多,私人企业即使有利可图也无法生产,如农田基本建设和水利设施建设等。显然,通过市场机制解决公共产品的生产和供给是徒劳的、无效率的。而且,城市作为国家机器、政府要员集聚地,在公共产品的提供上往往会有城市偏向,也就是说,城市在取得公共产品方面处于强势,这就会强化城市和农村之间强者越强、弱者越弱的"马太效应",导致城市与农村在社会生活各方面的差距越来越大,造成城乡社会发展的不协调。第二,在城乡经济发展中,存在典型的外部不经济行为。"外部性"本身是指一个人或一个厂商的活动给其他人或其他厂商带来的外部影响。这种影响可能是有利的(称正外部性或外部经济),如河流上游地区的农户种植生态林对下游地区的生产单位或个人就存在正的外部性影响;但也可能是不利的(称负外部性或外部不经济),如上游地区的农民乱砍滥伐造成生态环境破坏,这对下游地区则是负的外部性影响。无论是正外部性或负外部性,都表现为较低的资源配置效率。这种外部性影响,不能通过市场行为自行消除,必须由政府出面进行解决。①

　　(三)城乡关系的发展规律。在人类社会发展进程中,人们不断总结着城乡关系的发展规律,以期破解城乡二元经济的难题。在理论方面,马克思、恩格斯在研究人类社会发展时,对城乡关系的发展规律进行了总结。第一,城乡关系大体要经历三个发展阶

---

① 　姜太碧:《统筹城乡协调发展的内涵和动力》,《农村经济》2005 年第 6 期。

段:乡村为主导的发展阶段、城乡分割的对立阶段、城乡融合发展阶段。在农业经济时代,城乡关系会呈现以乡村为主导、城乡合一的发展状态。到工业经济时代,城乡关系呈现以城乡分割、分治的对立发展。如资本主义社会就是如此。到了后工业经济时代,城乡关系会呈现以城乡融合发展的城乡统筹发展状态。第二,城乡对立是一个漫长的过程。城市的发展加剧了城乡之间的对立,城乡对立贯穿着全部文明的历史并一直延续到现在。一切发达的以商品交换为媒介的分工的基础都是城乡的对立。第三,马克思提出,城乡关系的发展趋向是城乡一体化。他认为,城乡的分离对立,也就是社会的不协调,是社会进一步发展的障碍。未来的社会不是固化城乡的分离,而是实现城乡融合。达到城乡融合是一个漫长的社会历史过程,要通过大力发展社会生产力以及伴随着工业化现代化的发展而发展的城市化来最终实现城乡融合,实现城乡一体化的最高境界。① 国内学者经过研究也认为,城乡发展大体经历三个阶段:乡村为主导的发展阶段、乡村依附城市阶段、城乡融合发展阶段。这与马克思的分析没有太大差异。叶超认为,发达国家与发展中国家城乡关系的最大区别是所处的发展阶段不同。这决定了其特征、发展重点、目标不同。总体来看,发达国家城乡关系处于第三阶段。大多数发展中国家的城乡关系还处在第一、二阶段。②

　　实践上看,无论是中国还是世界其他国家,都显示出城乡关系由合到分再到合,或者说,由城乡统一协调、到不协调、再到城乡协调发展的规律。第一,乡村的形成和发展是人类社会发展所必须

---

① 李泉:《中外城乡关系问题研究综述》,《甘肃社会科学》2005 年第 4 期。
② 叶超、陈明星:《国外城乡关系理论演变及其启示》,《中国人口资源与环境》2008 年第 1 期。

经历的、不能超越的发展阶段。只有经过这个阶段,才能为人类的生存和发展奠定基础,才能使以后的城市兴起和发展成为可能。因此,在人类社会发展初期,在以农业经济为主的时代,城市的兴起和发展是依赖于农村的,或者说城乡是相互依存、共同发展的。第二,"城市偏见"会导致城乡分治。随着社会分工和大工业的发展,城市集中了更多的经济资源,包括劳动力、资金、技术和其他资源,城市逐渐取代农村,成为社会生产和经济生活中心。同时,城市优越的环境决定了国家政治中心会在此落户。国家各项政策都不可避免地打上城市优先的烙印。使农村原有的优势消失殆尽。在工业化与城市化发展的初期,受技术、资本的限制及实际需求的需要,消费品工业和传统服务业最先获得了发展,这些劳动密集型产业由于对劳动力的基本素质要求不高,刺激了农业剩余劳动力向非农产业的转移。随着工业化与城市化的发展,资本密集型和技术密集型产业开始发展并成为主导产业,工业劳动生产率的提高降低了对劳动力的吸纳能力,如果不能尽快将为生产生活服务的第三产业发展起来,继续促进农村劳动力向非农产业转移,通过农村和农业人口的减少,缓解农村劳动力与土地、农民增产与增收之间的矛盾。城乡差距就会不断加大。第三,社会发展要求城乡统筹。在城市发展过程中,随着人口不断向城市聚集,城市规模不断扩大,"城市病"会随之而来。而城乡差距的不断加大会加剧"城市病"的严重程度,加大"城市病"的治理难度。由此使城乡居民的生产和生活受到影响,甚至使政府的形象受到影响。缩小城乡差距,实现城乡统筹发展成为政府和百姓的共同愿望。

二、城乡统筹发展简析

(一)城乡统筹发展的定义。实施城乡统筹发展战略,必须明确其定义和内涵。虽然城乡统筹发展在我国提出已经有不短的时间,但直至今日,我国学术界并没有对城乡统筹发展形成一个统一的概念。从已有文献可以看出,对城乡统筹发展定义的研究有许多不同的角度,包括从社会学、管理学、地理学、经济学等进行的研究。仅从经济学角度,研究者就有从城乡之间资源配置、利益关系、城乡互动、城乡关联等多个方面对城乡统筹进行定义,也有从城乡统筹发展与城乡一体化发展的关系进行研究的。这形成了几种不同的定义,其中,一种观点是强调城乡问题和城乡关系统筹考虑,即强调城乡发展整体性,以破除城乡二元结构的困境,这种观点处于主流位置;也有学者认为,城乡统筹发展就是城乡一体化发展,两者是一个问题,都是提倡城乡互动,强调城乡平等与和谐,注重城乡关联性,强调通过制度变革消除城乡不平等;有些学者持相反的观点,认为城乡统筹发展与城乡一体化发展是两个概念。

就第一种观点来看,如姜作培提出,城乡统筹发展包括城乡通开,城乡协作,城乡协调,城乡融合。主张把城市和农村的经济社会发展作为整体统一筹划,通盘考虑,把城市和农村存在的问题及其相互关系综合起来研究,统筹解决。[①] 高珊认为,打破城乡二元结构,使城市和农村紧密联系,城乡享有平等的发展权利和发展机会,建立起社会主义市场经济体制下平等和谐的城乡关系。李远行认为,城乡统筹发展概念的内涵非常丰富:一是城乡平等;二是城乡互通,使城乡资源、生产要素在市场机制下合理流动,优化配置;三是城乡优势,城乡要立足各自的区位和资源优势,克服各自的不足,实行优势叠加,提高经济效率;四是城乡协调发展,即通过协调城乡之间的产业关系、资源流动配置关系、农民和市民之间的

---

① 姜作培:《中国城乡统筹发展研究》,南京出版社 2004 年版。

关系,缩小城乡差距,加速城乡一体化进程。① 吴丽娟、刘玉亭、和程慧认为,城乡统筹是针对我国城乡之间的户籍、劳动用工、社会福利、住房政策、教育政策以及土地使用制度等不同政策形成的城乡二元经济社会格局而提出的,旨在打破城乡二元结构,改革城乡之间政治、经济、社会运行的融合机制。②

就第二种观点来看,如曹新认为,统筹城乡发展就是要改变城乡二元经济结构状况,把城市和农村经济社会发展问题作为一个整体,进行统筹规划,通盘考虑,综合起来统一想办法解决。③ 陈永国提出,统筹城乡发展应是指,根据我国的经济综合实力和社会各种矛盾的综合情况,对城市和农村能够相互适应、相互促进,城乡都能从自身条件出发,充分发挥自身优势,相互取长补短,合理分工。④ 杜茂华、刘锡荣提出,城乡统筹发展就是统筹城乡经济社会发展,破除城乡二元体制,建立以工促农、以城带乡长效机制,形成城乡经济社会发展一体化新格局。熊小林提出,统筹城乡发展就是要把城市与农村、城镇居民与农村居民作为一个整体,在工业化和城镇化进程中,统筹谋划,通过生产要素在城乡之间的合理配置,实现城乡经济、社会、政治、文化的共同发展。

第三种观点强调,城乡统筹发展与城乡一体化发展是两个概念。前者强调城乡之间的统筹协调、协同发展;后者强调的是城乡一体、齐头并进。如刘国炳认为,城乡统筹发展是个城乡关系问

① 李远行:《城乡统筹发展的切入点与基本路径》,《国家行政学院学报》2006年第2期。
② 吴丽娟、刘玉亭、和程慧:《城乡统筹发展的动力机制和关键内容研究述评》,《经济地理》2012年第4期。
③ 曹新:《统筹城乡发展的主要问题和对策》,《经济研究参考》2005年第76期。
④ 陈永国:《统筹城乡发展的内涵、层次及思路》,《商业研究》2008年第4期。

题,是过去城乡一体化、城乡协调发展等观点的一种延续和发展。实际上它与城乡一体化、城乡协调发展、城乡融合、乡村城市化等的内涵有很大区别。

根据文献分析可知,城乡统筹发展,本质上就是把工业化、城市化、农业农村现代化有机整合起来,促进城乡二元经济结构向现代社会经济结构转变,实现城乡一体化发展,着重解决日益严重的"三农"问题。所谓统筹城乡发展,从总体上说,就是要从国民经济和社会发展的全局出发,把城市和农村存在的问题及其相互关系结合起来统筹解决,一方面发挥城市对农村的辐射和带动作用,另一方面发挥农村对城市和工业的促进作用,实现城乡良性互动协调发展,改变城乡二元结构,建立起社会主义市场经济体制下的平等、和谐、协调发展的工农关系和城乡关系,最终实现城乡经济社会的一体化。城乡统筹发展是一个过程,是一个动态概念,不宜将其固化。

城乡统筹发展是一个长期的过程。作为一个过程,城乡统筹表现为城乡地域之间诸要素优化组合。统筹协调发展的过程,即在一定范围内,城乡两个系统在经济、社会、生态环境等诸基本要素交融与协调发展。这一过程既是特定地域内城乡诸要素相互渗透,合理配置的过程,也是城乡诸要素协调度,融合度日益提高的过程。城乡统筹应该是其特定的发展过程与发展结果的统一。

因此,城乡统筹发展包含以下几个含义:第一,城乡统筹不是一日之计。农村是城市发展的基础、农业是工业发展的前提、农民是城市居民的先辈。没有农村、农业的发展,就不会有城市和工业的发展,农民的收入水平、生活水平、消费水平得不到提高,整个国民经济发展就得不到发展和提高。任何时候、任何情况下,都必须把农村、农业、农民问题放在第一位。第二,城乡统筹不是城乡统一。农村、农业属于弱势产业,农民属于弱势群体。政府在经济社会发展政策上始终应该对农村、农业、农民有所侧重。第三,城乡统筹不是城乡平均。政府在经济社会发展政策上,要对农村、农业、农民有所侧重,意味着农村、农业、农民与城市、工业、城市居民各个方面不是处处都要一样,而是说在机会上要大体相当,都应该享受同等国民待遇。

(二)统筹城乡发展的思想渊源:科学社会主义。科学社会主义的鼻祖——马克思主义理论,是统筹城乡发展的思想渊源。如前所述,马克思、恩格斯认为,城乡关系会经历三个发展阶段:乡村为主导的发展阶段、城乡分割的对立阶段、城乡融合发展阶段。在资本主义社会,城乡对立的矛盾日益尖锐,进而导致工业和农业的矛盾激化,反过来,工农业的矛盾激化又进一步加剧了城乡的对立。"城市本身表明了人口、生产工具、资本、享乐和需求的集中,而在乡村所看到的却是完全相反的情况:孤立和分散。""由于农业和工业的分离,由于大的生产中心的形成,而农村反而相对孤立化。""资本主义生产使它汇集在各大中心的城市越来越占优势,这样一来,它一方面聚集着社会的历史动力,另一方面又破坏着人和土地之间的物质交换,也就是使人以衣食形式消费掉的土地的组成部分不能回到土地,从而破坏土地持久肥力的永恒的自然条件。"①他们认为,导致城乡对立的根本原因在于资本主义的产生和发展,在于资本主义的生产方式——剩余价值剥削。而城乡对立是一个历史范畴,它必将随着生产力的发展而走向城乡融合。马克思在《剩余价值理论》中提出:"消灭城乡差别,促进农业的发展,根本上是历史和社会发展的客观规律的要求,是经济社会协调

① 《马克思恩格斯全集》第三卷,人民出版社 1960 年版,第 57 页。

发展的要求。消灭城乡差别的目的,不仅由于建立在'农业基础上的所有制'是肮脏的,是一切封建专制的基础,其根本在于没有农业的发展,就没有工业和其他部门的发展,就没有全社会的发展。"恩格斯还在《共产主义原理》中提出了实现城乡融合的途径:"通过消除旧的分工,进行生产教育、交换工种、共同享受大家创造出来的福利,以及城乡融合,使全体成员的才能得到全面的发展。"

列宁在分析国民经济中的城乡关系时更是强调:"城市是经济、政治和人民精神生活的中心,是前进的驱动力。"①列宁从农工业的关系论及农村和城市的协调发展:"农民需要城市工业、没有城市工业,农民是不能生活的,而城市工业是在我们手里,如果我们正确地进行工作,农民就会感谢我们从城市里供给他们工业品、农具和文化。"②同时,在很多场合,列宁同样论述了农业作为工业的基础,甚至是作为整个国家和社会的基础。为了实现农业和工业的合作,列宁提出在经济上要加强农业和工业的交流:"在活跃工农业间的流转方面,应全面、大力、坚决地发挥地方的主动性、首倡精神和独立性。要研究这方面的实际经验。这种经验要尽可能多种多样。"③

新中国成立初期,以毛泽东为核心的党的领导集体就及时根据当时的国情提出协调发展方针,指出:"城乡必须兼顾,必须使城市工作和乡村工作,使工人和农民,使工业和农业,紧密地联系起来。""我们的经济政策就是处理好'四面八方'的关系,实行公

---

① 《列宁全集》第19卷,人民出版社1959年版,第264页。
② 《列宁全集》第19卷,人民出版社1959年版,第264页。
③ 《列宁全集》第19卷,人民出版社1959年版,第264页。

私兼顾、劳资两利、城乡互助、内外交流的政策。"①就工农业发展
来说，提出工农业发展一定要同时并举。毛泽东特别强调，我国是
一个农业大国，农村人口占全国人口的80%以上，一定意义上可
以说，农业就是工业。因此，"发展工业必须和发展农业同时并
举，工业才有原料和市场，才有可能为建立强大的重工业积累资
金"。②

　　科学发展观，是新时期我国城乡统筹发展的理论指导。党的
十六届三中全会提出："坚持以人为本，树立全面、协调、可持续的
科学发展观，促进经济社会和人的全面发展"；强调按照"统筹城
乡发展、统筹区域发展、统筹经济社会发展、统筹人与自然和谐发
展、统筹国内发展和对外开放"的要求，推进改革和发展。而统筹
城乡发展观不仅是科学发展观的重要组成部分，而且位居科学发
展观之首。党的十七大报告对科学发展观进行了进一步的扩展和
丰富，成为新时期我国国民经济发展的指导思想。胡锦涛在党的
十八大报告中指出，"科学发展观是马克思主义同当代中国实际
和时代特征相结合的产物，是马克思主义关于发展的世界观和方
法论的集中体现，对新形势下实现什么样的发展、怎样发展等重大
问题作出了新的科学回答，把我们对中国特色社会主义规律的认
识提高到新的水平，开辟了当代中国马克思主义发展新境界。"③
胡锦涛指出，科学发展观是我们党必须长期坚持的指导思想之一，
"必须更加自觉地把统筹兼顾作为深入贯彻落实科学发展观的根

---

① 《毛泽东文集》第七卷，人民出版社1999年版，第27页。
② 《毛泽东文集》第七卷，人民出版社1999年版，第241页。
③ 胡锦涛：《坚定不移沿着中国特色社会主义道路前进　为全面建成小康社
　　会而奋斗——在中国共产党第十八次全国代表大会上的报告》，人民出版
　　社2012年版，第7—8页。

本方法,坚持一切从实际出发,……统筹城乡发展、区域发展、经济社会发展、人与自然和谐发展、国内发展和对外开放,统筹各方面利益关系,充分调动各方面积极性,努力形成全体人民各尽所能、各得其所而又和谐相处的局面。"[1]

(三)城乡统筹发展的理论基础:二元经济思想。《新帕尔格雷夫经济学大辞典》将二元经济定义为:"在发展中国家存在的有关生产和组织的各种不对称性。"[2]二元经济可以表现在许多方面,包括就业趋向、生产技术、生产方式、收入水平、消费结构、文化水平、投资结构等。如生产技术,传统技术与现代技术决定的劳动生产率水平差异,会形成二元经济。传统技术一般是单纯依靠人的力量,从自然界获取人生存发展所需物资。现代技术水平下则是依靠机械化、自动化、电子化等技术装备,从自然界获取人生存发展所需物资。显然,传统技术与现代技术决定的劳动生产率水平有很大差异,其势必形成二元经济。又如部门结构,传统部门与现代部门组织结构决定的利润水平差异,会造成二元经济。从组织形式上看,传统部门的组织形式是家庭式的,现代部门的组织形式是社会化的;从组织功能上看,传统部门的组织功能是全能型的,现代部门的组织功能是专业化的。这就决定了传统部门与现代部门在质量数量和利润水平方面的差异,造成了二元经济。再如制度差异,自然经济与市场经济机制决定的制度差异,会造成经济的二元化。主要包括:商品市场差异,资本市场差异,劳动力市场差异等。还有经

---

① 胡锦涛:《坚定不移沿着中国特色社会主义道路前进　为全面建成小康社会而奋斗——在中国共产党第十八次全国代表大会上的报告》,人民出版社2012年版,第9页。

② 《新帕尔格雷夫经济学大辞典》(中文版)第一卷,经济科学出版社1996年版,第1000页。

济区位,即某区位在国家所处位置、历史、经济、政治等原因所导致的发展程度或水平。一般来说,在首都附近的区域,由于与国家的政治、经济、文化等中心接近,信息资源、经济资源、人才资源等较丰富,在国家经济发展中往往处于优势地位;相反,距首都较远的区域则没有这种优势。而且,经济发展有其历史延续性。

从政策层面和根源上看,其中最重要的是产业结构和地区经济发展水平。从产业结构角度研究二元经济问题的有关论述,可以追溯到古典经济学的著述中。如李嘉图认为,存在着一个占统治地位的农业部门和非农业部门,农业部门受制于固定土地制度上的劳动报酬递减规律的作用,其发展会越来越受到限制;而非农业部门由于固定资本的积累而不断增长,其地位越来越重要。①将二元经济思想进一步深化,形成二元经济结构模型的是著名发展经济学家刘易斯。

1954 年和 1955 年,美国经济学家、诺贝尔经济学奖得主阿瑟·刘易斯先后发表了《劳动力无限供给下的经济发展》和《经济增长理论》等著作,提出了著名的"二元经济结构"发展模式理论。该理论强调:传统农业部门的剩余劳动力向现代工业部门转移对工业部门积累资本和扩张具有重要意义,并深刻论证了工农业关系及不同部门间的结构转型问题。

刘易斯认为,在发展中国家,存在着小生产农业为主的传统经济部门和大工业为代表的现代经济部门并存的经济结构。在此二元经济结构中,农业部门是传统的、人口过剩的,农村劳动力向城市工业部门的转移会提供无限制的劳动力供给。同时,工业部门

① 夏耕:《中国城乡二元经济结构转换研究—要素流动、制度变迁、市场机制与政府作用》,北京大学出版社 2005 年版,第 27—28 页。

劳动生产力、经济效益及所获利润都远远高于传统农业部门。因此，工业部门劳动者的收入高于在传统部门就业的劳动者。在城市工业部门较高工资的吸引下，剩余劳动力自然会由农业部门向工业部门流动。这种过程将持续进行，直到农业部门的过剩劳动力被工业部门完全吸收为止。这种情况将导致农业劳动力由过剩变得稀缺，农业的边际生产率由趋向于零变成逐渐提高，因此产生工农业对劳动力的竞争性吸引。受利润的驱使，工业资本开始向农业转移，进而迫使农业向现代化迈进，最终形成现代工业占主体的一元经济结构。刘易斯的"二元经济结构"模式理论揭示了如下规律：发展中国家在推动本国经济发展的过程中，必须把现代工业与传统农业有机地结合起来，实现两者的良性互动发展。在经济发展到一定阶段时，统筹城乡发展，由工业对农业实施"反哺"是必然的趋势。劳动力在工农业部门之间的流动，在很大程度上是由工农业部门的劳动生产率、利润水平所决定的。在加速城市工业部门发展的同时，必须加快农村剩余劳动力向城市工业部门的转移。通过资本的流动及劳动力的转移，才能实现农业的现代化，实现城乡统筹。只有这样，一个落后的农业国才能较快地发展成为一个先进的工业国。

1961 年，费景汉和拉尼斯在《美国经济评论》上发表文章，对刘易斯二元经济结构理论做了重要补充和修正。他们认为，刘易斯模型只把农业看成是为工业发展提供廉价劳动力的观点是不正确的，必须强调工农业的平衡发展及其对二元经济一元化改造的意义。要想使结构转换得以实现，在城市大量吸纳农村剩余劳动力的同时，还必须采取措施促进农业的发展。只有这样，才能满足越来越多的非农产业劳动力对农产品的消费需求。如果农业是停滞和萎缩的，不能给工业发展及非农劳动力提供足够的产品，必然引起非农业工资成本的不断升高,随之就会导致非农产业的利润降低和资金不足,进而阻碍工业的进一步发展,降低工业吸收农业剩余劳动力的能力。因此,费景汉和拉尼斯认为,要实现二元经济一元化转变,必须采取措施提高农业生产率以实现农业剩余的不断增长,为工业发展提供必要的物质支持,从而实现工业对农业发展的推动作用,而不是单纯依靠工业的扩张来带动农业的发展。工农业平衡发展是二元经济结构转变的关键。

从地区经济发展角度研究二元经济的理论,可见于瑞典经济学家谬尔达尔(G. Myrdal)1957 年出版的《经济理论与不发达地区》一书。他指出,经济发达地区(城市)和不发达地区(农村)并存的二元结构,产生的原因在于地区间经济发展的差异性,主要是地区间人均收入和工资水平差距的存在。他认为,一方面,地区间原本是没有差别的,只是由于在市场经济条件下劳动力等生产要素可以自由流动,在一定的政策因素推动下,才会引起地区间经济发展、人均收入、利润率、工资水平等产生差距,进而产生"累积性因果循环",使发展快的地区发展更快,发展慢的地区发展更慢,逐步形成地区性二元经济结构。另一方面,"累积性因果循环"不只会产生"回波效应"——生产要素由落后地区(乡村)向发达地区(城市)流动。当发达地区发展到一定程度、产生人口稠密、交通拥堵等城市病,导致该地区生产、生活成本高,对落后地区的产品、资源需求增加时,"累积性因果循环"还会产生"扩散效应"——刺激落后地区经济的较快发展,缩小地区经济差距,实现协调发展。①

---

① 赵保佑:《统筹城乡经济协调发展与科学评价》,社会科学文献出版社 2009年版,第 44 页。

第二节　城乡统筹发展的目标和实现途径

一、城乡统筹发展的意义

城乡经济社会发展的不平衡、不协调是一种客观存在。表现在：市场在促进经济效率提高和生产力发展的同时，不能自动使城乡之间的社会分配结构趋向均衡和公正，造成城乡经济的不平衡；城市和农村的不同地区、不同部门、不同单位发展不平衡，个人自然禀赋、教养、素质、所处社会环境的差异，造成城乡居民收入水平的不平衡；而城乡经济发展中，城市作为国家机器、政府要员集聚地无疑处于强势，这往往会强化强者越强，弱者越弱的"马太效应"，导致城市与农村之间各方面的差距越来越大，社会矛盾日益尖锐化。因此，统筹城乡发展的意义重大。人的生存和发展要求城乡统筹发展，城市和农村发展要求城乡统筹，国民经济的发展要求城乡统筹。因此，城乡统筹发展是破解城乡二元结构枷锁，实现城乡一体化的必然选择；城乡统筹发展是全面建设小康社会，使全体国民享受发展成果的必然要求；城乡统筹发展是解决产业结构桎梏，实现国民经济全面、协调、可持续发展的必然选择。

我国国情决定了统筹城乡经济社会发展是重构国家发展规划、全面建成小康社会的必然选择。统筹城乡发展是针对城乡分割局面提出的，城乡分割并不是中国的特色，而是世界多数国家，特别是发展中国家发展到一定阶段的普遍规律。由于历史的原因，我国城乡分割的二元结构显得极为突出，存在的问题也较多。所以，对于我国来说，统筹城乡发展有着深远的意义。

第一，统筹城乡发展是突破城乡二元结构的必然选择。新中国成立后，在很长一段时期，城乡二元结构对于保证社会稳定和工业化的资本积累起了积极作用。一般来说,二元经济结构和城乡差别的存在是世界现代化进程中一个普遍存在的问题。世界现代化的历史经验表明,任何一个国家的现代化都是从农业的原始积累开始的。从国际经验看,随着国家现代化实现程度的不断提升,多数国家的工业和城市就开始反哺农业、农村和农民,使乡村实现现代化。同国外相比,我国城乡差距要大得多,存在时间也比较长。从实施第一个五年计划开始至今已有多年,改革开放也已经三十年,但我们至今仍未改变以农补工、以乡养城的格局,仍继续以等多种形式和渠道维系着这种城市偏好的利益格局。很显然,城乡分割的二元结构体制是造成城乡差距扩大和城乡关系失衡的主要根源。尽管我国多年来一直以中共中央一号文件来规范指导农村工作,规范指导整体国民经济的发展。但是,一系列保护工业优先、城市优先,限制农村居民和保护城镇市民的不平等、不公正的城乡二元经济制度,仍然是我国统筹城乡发展的最大障碍。要纠正目前存在的城乡失衡局面,促进城乡经济社会协调发展,必须要突破根深蒂固、盘根错节的城乡二元结构,实施统筹城乡发展战略。

第二,统筹城乡发展是缩小城乡差距、解决"三农"问题的根本途径。改革开放前,我国城乡之间一直未能建立起均衡增长和协调发展的关系,导致城乡二元经济结构凝固化。改革开放以来,随着市场机制的引入,城乡联系显著增强,我国经济取得了高速发展,但城乡分割的二元结构体制尚未从根本上改变,城乡经济仍未步入良性循环和协调发展的轨道,突出表现就是城乡居民收入差距悬殊。要想缩小城乡差距,必须统筹城乡发展,消除城乡分割体制,放弃"城市偏好"的发展战略。统筹城乡发展战略是针对我国日益严峻的"三农"问题而提出的。当前我国"三农"问题主要表现在：农民收入增长缓慢、城乡收入差距扩大和农村经济社会发展滞后。它不仅制约了国民经济的良性循环和健康发展,而且危及社会稳定乃至国家的长治久安,成为一个复杂的、重大的政治问题、经济问题和社会问题。解决这些问题,必须靠统筹城乡经济社会发展,实行农业和农村发展战略转型。世界银行公布的数据表明,我国城乡居民人均收入比率已经处于两极分化的国际警戒线上。目前,我国城乡的巨大差距已明显超出了合理的范围。这样,缩小城乡差距、增加农民收入和改变农村落后面貌已不能单靠市场自发的力量,必须通过政府的城乡统筹,加强对农业、农村、农民的支持和倾斜,才能将城乡差距缩小到合理的范围,继而形成合理的产业梯度,促进国民经济健康增长。这就要求我们站在国民经济的大背景中,通盘考虑工农关系、城乡关系,着力打破二元结构,解决制约"三农"问题的体制性矛盾,在指导思想和基本政策上,实现向工业反哺农业的根本转变。这是解决"三农"问题的根本出路。经济学家刘易斯认为,经济的发展依赖于现代工业部门的扩张,而现代工业部门的扩张又需要农业部门提供丰富的廉价劳动力。这说明工业和农业是互为基础和前提的。要推动国家经济的发展,必须把现代工业与传统农业有机结合起来,必须把城市经济和农村经济发展有机结合起来,实现两者的良性互动发展。只有这样,才能使一个落后的农业国家较快地变成一个先进的工业国家。如果一个国家的国民经济中,农业的发展没有相应的物质技术支持,工业的发展缺少农村这一广大的、不断增长的市场,国民经济的持续发展显然是不可能的。例如日本,在其国民经济发展过程中,先是以剥削农业利润为工业发展积累资本,在工业有了一定发展时,又大力支援农业,为农业提供机械、生物、良种等,使农业在一个新高度快速发展,由此开创了日本经济发展的新阶段。

　　第三,统筹城乡发展是保持经济社会持续快速健康发展的需要。由于农民收入增长缓慢、城乡收入差距拉大,近几年我国城市居民收入增长较快,但消费倾向较低,农村居民消费倾向较高但消费能力较低。这一情况加剧了城市市场饱和与工农业产品的低水平过剩。这种状况不仅不利于提高工业质量和效益,影响产业结构优化升级,而且制约内需的持续扩大。我国近年来内需不足主要表现为农村需求不足,这是由农村居民购买力低造成的。近年来,我国农村实际人口占全国总人口的46.27%以上,但农村社会购买力占全国的比例一直较低,2013年农村居民消费水平与城镇居民消费水平之比低至32.38%。农村需求不足以及农民购买力低下的直接原因是农民收入水平低,这又根源于城乡分割制度和"城市偏好"的经济发展战略,根源于城乡没有统筹协调发展。如前所述,农村的一定发展是城市建立和发展的前提,城市又是农村发展的推动力。没有农村的一定发展,不会有城市的出现,也不会有城市发展的消费市场;而没有城市的推动,就不会有农村的快速发展。而且,如果城市发展过程中不顾及农村的发展,城市的政治、经济、文化中心作用就无从谈起。城市的持续发展就成为不可能,城市的存在就失去了意义。

　　第四,统筹城乡发展是全面建成小康社会、建设社会主义新农村的必然要求。我国已经总体上实现了小康,但我们现在达到的小康还是低水平的、不全面的、发展很不平衡的小康。低水平主要是农村小康建设的低水平,不全面主要是农村经济社会发展上的不全面,不平衡主要是城乡发展之间的不平衡。地域差距、群体差距、贫富差距,从根本上看,都是城乡差距、城市居民和农民之间的差距。在城市绝大部分居民早已达到或超过了小康水平的时候,还有一些基本解决温饱的贫困人口,其温饱的标准很低。由此可见,在21世纪要建设一个惠及十几亿人口的更高水平的、更全面的、发展比较均衡的小康社会,重点和难点都在农村。这就要求国家不能再把发展与建设的重点放在城市,而要统筹城乡协调发展,并把小康建设的重点放在农村,特别是加大城市带动农村、工业反哺农业的力度。从一定意义上讲,不发达的农村只能满足人们生存的需要,而不能满足人们发展的需要。而如果在城市发展到一定程度时,农村的发展不能跟上,农村人口为了自身的发展而无序地涌入城市,不仅农村人口的就业和发展问题解决不了,还会给城市发展造成混乱。我国从改革开放开始出现了农民工,由此引发的就业、交通、住房、医疗、教育等问题,就是明证。因此,要使所有的国人都能享受社会发展的好处,要使国人的发展需要得到满足,城乡统筹发展是十分必要的。不言而喻,把全面繁荣农村经济和促进农村社会进步作为重中之重,由城乡分治最终走向城乡一体、协调发展,对实现全面建成小康社会的目标具有全局性意义。

二、城乡统筹发展的目标和任务

(一)城乡统筹发展的战略目标。城乡统筹发展是实现国民经济长期协调与可持续发展,是实现城乡一体化。城乡统筹发展作为科学发展观的重要组成部分,其根本目的在于解决农业、农村和农民问题,消除城乡二元结构,建立协同发展的新型城乡关系,实现城乡平等和谐与城乡共同繁荣。正如《中共中央关于全面深化改革若干重大问题的决定》指出的:通过"形成以工促农、以城带乡、工农互惠、城乡一体的新型工农城乡关系,让广大农民平等参与现代化进程,共同分享现代化成果"。城乡统筹发展的战略目标,可以从不同的层次去理解。

第一,城乡统筹发展是要实现城乡经济社会全面发展。即在推进城乡发展过程中,不能顾此失彼,不能只注重城乡某一层面的发展,而忽视其他层面的发展。更具体地说,城乡发展不单纯是经济范畴,不能把城乡发展当作单一的城乡经济增长过程。城乡发展应当是包含经济、政治、社会、文化等各个层面的相互协调与共同发展,既要促进城乡经济繁荣,又要实现城乡社会全面进步。

第二,城乡统筹发展是要实现城乡之间平等发展。即作为社会的两个组成部分,城乡地位是平等的,这是城乡经济社会发展的内在要求。城乡间可能在生产力发展水平、分工、文化素质及区域等方面存在差异,但是,城乡各类经济主体应平等地拥有市场准入、财政支持、信贷服务等发展机会,平等地承担国家法律、法律规定的税收、劳工保险等社会义务,城乡居民应平等地拥有财产、教育、就业、社会保障和个人发展等方面的权利,平等地承担国家法律、法规规定的公民应尽的义务。

第三,城乡统筹发展是要实现城乡可持续发展。即统筹城乡发展既要推进城乡经济社会快速发展,又要实现城乡经济社会持续健康发展。快速是要求,持续是保证,快速与持续既是对立的又是统一的。在推进城乡发展过程中,一方面,必须以长远的战略眼光,加强对可持续发展的长期谋划,另一方面,又应从实际出发,面对现实,积极化解近期的紧迫问题与矛盾,从而在城乡发展中做到当前与长远,现实与未来的统筹兼顾。

第四,城乡统筹发展是在城乡之间实现非均衡协调发展。即尽管城乡统筹发展的最终目标是实现城乡无差别或最大限度的缩小差别的发展,但针对我国国情和现实,近期内城乡间不可能同时、同步、同水平发展,必须实行城乡非均衡协调发展的战略。具体说,就是在城乡经济普遍增长,市民与农民生活水平共同提高的同时,承认城乡自我积累、自我发展能力的不平衡,允许和鼓励城市继续发挥和利用自身的优势,在公平竞争中率先发展,并注重对农村发挥带动和辐射作用,最终实现城乡协调发展。

(二)城乡统筹发展的任务。城乡关系统筹的核心是统筹城乡产业关系。因为城乡产业关系,即工农业关系是否协调,直接影响城乡区位关系和城乡居民关系。第一,城乡产业关系统筹。城乡产业关系主要指工业和农业的关系,工业为农业生产提供先进的机械设备、技术、化肥、农药、燃料和动力等基本的生产资料,而农业又为工业发展提供生产资料的需求市场和原材料供应市场,二者相互依赖,相互影响,其本身也应统筹协调发展。但近年来城市工业的超高速增长和农村农业增长乏力,结果导致城乡产业结构不合理变动,城乡产业进入极不协调的发展阶段。城乡产业关系统筹,就是要在继续发展城市工业的同时,下大力气振兴农村农业,加快农业的增长速度:一方面,农业自身要调整结构,推进科技进步,提高管理水平和劳动生产率;另一方面,城市工业要充分利用自身优势,大力反哺农业,从资金、技术、人才、信息等多方面、多渠道扶助和支持农业,切实做到"以工带农""以城带乡"。通过双向努力,使工农业发展速度大体保持一定的比例关系,并以工农业的总体协调影响和带动其他产业的协调。

第二,城乡区位关系统筹。城乡区位关系是指城市和农村所处的地理位置关系。由于城市是一定地域范围内政治、经济和文化中心,拥有先进的工业、科学文化教育产业和高素质劳动力,能形成特定区域内的经济增长极,并通过城市增长极的辐射力带动农村地区经济发展、社会进步和农民富裕。统筹城乡区位关系,就是要在强化城市增长极而带动城市发展的同时,为农村工业发展和农村城镇化创造有利条件,从而实现农村与城市共同繁荣。

第三,城乡居民关系统筹。城乡居民关系统筹的实质是城乡居民地位的平等。城乡居民地位平等,就是要取消城乡间的种种不平等待遇,使城乡居民和城乡各类经济主体都能享受公平的国民待遇,拥有平等的权利、义务和发展机会。也就是说,城乡居民应平等地拥有财产、教育、就业、社会保障、社会福利和个人发展等方面的权利;平等地承担国家法律、法规规定的公民应尽的各项义务;城乡各类经济主体应平等地拥有产业准入、信贷服务等发展机会,平等地承担国家法律、法规规定的税收、劳工保险等社会义务。事实证明,只有当城市工业以农业为基础,城市工业与乡村农业紧密结合,两者处于协调发展时,城市工业的发展才是最可靠和最有保证的;也只有当城市工业在农业劳动力有大量转移的基础上,其发展因得到较丰富的劳动力资源,才能快速成长。由此看到,随着现代化建设的推进,一方面,乡村人口的非农化和乡村地域向综合化方向发展,城市发展的生态化向城市地域空间不断扩展,这种动态的、不断演进的变化使得乡村与城市之间的界限越来越模糊;另一方面,随着城市化战略的快速推进,城市与乡村之间的关联性日趋增强,城市里往往有大量的乡村农民活动,乡村里也有越来越多的城市居民与城市生产活动、生活方式所赋予的城市文明。所有这一切显示了城乡居民间的界限越来越模糊,融合程度越来越强。

城乡统筹是城市化发展的一个新阶段,是随着生产力的发展而促进城乡居民生产方式、生活方式和居住方式变化的过程,是城乡人口、技术、资本、资源等要素相互融合,互为资源,互为市场,互相服务,逐步达到城乡之间在经济、社会、文化、生态上协调发展的过程。城乡统筹就是要把工业与农业、城市与农村、城镇居民与农村居民统筹谋划、综合研究,通过体制改革和政策调整,促进城乡在规划建设、产业发展、市场信息、政策措施、生态环境保护、社会事业发展上的一体化,改变长期存在的城乡二元经济结构,实现城乡在政策上的平等、产业发展上的互补、国民待遇上的一致,让农民享受与城镇居民同等的文明和实惠,使整个城乡经济社会全面、协调、可持续发展。

三、城乡统筹发展的实现途径

恩格斯早在 1847 年发表的《共产主义原理》中就提出,实现城乡融合的途径是:"通过消除旧的分工,进行生产教育、交换工种、共同享受大家创造出来的福利,以及城乡融合,使全体成员的才能得到全面的发展。"可见,城乡统筹发展的实现途径就是发挥政府主导、政策手段导向的作用。

在古典经济学家眼中,在市场经济条件下,政府不能干预太多。但由于市场"失灵",现代意义上的政府往往担负着更多的职责,充分发挥其在资源配置方面的作用是必需的。正如习近平指出的:"进一步处理好政府和市场关系,实际上就是要处理好在资源配置中市场起决定性作用还是政府起决定性作用这个问题。""市场在资源配置中起决定性作用,并不是起全部作用。"①

城市作为现代工业部门的聚集地,对各类资源有强大的吸纳能力。如果政府不发挥应有的作用,对社会经济资源进行一定的必要的强制性的公平分配,在"城市偏向"的干扰下,势必会使大量资源流入城市。那么,城乡差距只能越拉越大,城乡之间的平衡与协调发展就难以实现。因此,政府必须充分发挥配置社会资源方面的作用,通过公平配置资源,实现统筹城乡发展的目的。具体说,要发挥政府的资源配置作用,顺利地推进统筹城乡发展,加快

---

① 习近平:《关于〈中共中央关于全面深化改革若干重大问题的决定〉的说明》,《半月谈》2013 年第 22 期,第 32 页。

城乡一体化发展,建立城乡平等和谐,协同发展和共同繁荣的新型的城乡关系,必须切实廓清财税政策与统筹城乡发展战略之间的本质联系和实践要求,切实转变政府职能,通过建立和完善公共财政体制,制定符合政策目标的财政政策、税收政策和货币政策,以实现城市带动农村,最终实现城乡发展的一体化。因此,如何构建符合统筹城乡发展目标的现代公共财政体制,在此框架下,如何制定相应财政政策和税收政策,成为统筹城乡经济和社会发展的最重要的手段与措施。需要指出,我国正处在经济转型时期,理论和实践证明,转型时期的政府比市场机制较完善的政府承担着更多的责任,政府在制定全面发展的重大战略、协调各种资源可持续运用方面的职能需要进一步拓展和加强。而财政政策和税收政策作为政府发挥作用的重要方式和手段,有其不可替代的功能,是统筹城乡发展的一个关键环节。这也要求在构建公共财政体制过程中,必须相应转换财政职能,在促进经济增长、促进全面发展方面的思想观念、财政体制和收支结构等各个层次进行相应的调整。

统筹城乡发展,就是要实现政府定位的转型,建立符合现代市场经济要求的服务型政府。所谓服务型政府,应该以履行公共社会责任为目的,以公平、效率、法制、以人为本为原则,以公共产品和服务提供、执法服务、管理服务、咨询服务、维权服务等为内容,为包括农村居民在内的全体社会成员提供高质量的有效的服务。各级政府及其有关机构的公务人员要强化政府服务意识,努力做到依法行政和服务人民的辩证统一,创造条件为各类经济行为主体提供合意的社会软环境,逐步使各级政府尤其是地方政府变传统的管制型政府为服务型政府,全心全意为人民服务。

统筹城乡发展中的政府,要讲求公平。这个公平包括:一是城乡之间发展机会公平,真正克服"城市偏向""领导意识"对城乡发展的负面影响。二是城镇居民和农村居民待遇公平,使全体国民都能够共享改革发展带来的红利,逐步实现城乡一体化。三是区域之间、行业之间发展机会公平,消除区域政策的过大差距,消除行业垄断,进一步激发主观能动性和创造性,逐步实现区域和行业间的公平竞争,共同发展。四是产品之间公平,逐步消除工农业产品剪刀差,强化市场资源配置,突显市场调节作用。五是所有制之间公平,真正贯彻国民待遇原则,在各项经济政策中,既不搞所有制的政策歧视,也不搞超国民待遇,促进各种所有制的均衡协调发展。

统筹城乡发展中的政府,要讲求并有效利用政策导向性。一是城乡之间政策重点不同,导向性不同。要真正推进城市反哺农村、城市带动农村的战略进程,政策的针对性、系统性和协调性都是必须考虑的。二是不同区域发展战略不同,政策内容不同。比如在我国,西部基础发展应给予的政策优惠,东北改组改造应给予的政策优惠,东部提升战略应给予的政策优惠,中部特色发展应给予的政策优惠,自然是各有不同。政策的研究制定、政策的贯彻落实,有许多细节问题需要考虑,不能盲目出台政策。要注重区域个性化发展,区域互补发展和区域内外互补。三是不同产品和项目政策不同。要注重以市场换技术,推进科技进步和产品升级,促进产品结构随市场需求升级换代。要研究制定系统的产品政策,制定实施环保型优惠、资本密集型优惠、科技型优惠、人性化优惠等政策。推进生产消费、市场需求的协调发展,推进人与自然和谐发展,注重资源安全和生态安全。节约资源,保护生态环境。四是不同收入政策不同。对劳动与非劳动收入、经营与非经营收入、基本与非基本收入实行区别对待,体现对劳动力流动的导向性。

第二章　城乡统筹发展中的政府定位及其政策工具

第一节　城乡统筹发展的影响因素

一、政治因素:城乡统筹发展的"发动机"

(一)政治的概念。在西方语言中,"政治"一词的最初含义是指城邦中的城邦公民参与统治、管理、斗争等各种公共生活行为的总和。

在中国,"政"一般表示各个朝代或各届政府的制度和秩序;"治"一是名词,表示安定祥和的社会状态;一是动词,表示统治、治国等治理活动。中国古代"政治"的含义,很大程度上只是指君主和大臣们维护统治、治理国家的活动。中国现代中文的"政治"一词,来自于英文的 Politics。孙中山认为,Politics 应该使用"政治"来对译,认为"政就是众人之事,治就是管理,管理众人之事,就是政治"。马克思提出,政治是以经济为基础的上层建筑,是经济的集中表现,是以政治权利为核心的各种社会活动和社会关系的总和。

20 世纪 80 年代以来,我国学界对"政治"概念的看法不完全统一,但只是角度不同而已。主要观点有:一是广义的政治,即政治是阶级社会的产物,是各阶级为维护和发展本阶级利益而处理本阶级内部以及与其他阶级、民族、国家的关系所采取的直接的策略、手段和组织形式。二是中义的政治,即政治是一定阶级或集团为实现其经济要求而夺取政权和巩固政权的活动,以及实行的对内对外全部政策和策略。三是狭义的政治,即政治是主要由政府推行的、涉及各个生活领域的、在各种社会活动中占主要地位的活动。

(二)政治对城乡统筹发展的影响。经济是整个社会存在和发展的基础,也是政治赖以存在和发展的基础。而政治是经济的反映,是经济的集中表现。一方面,政治的发展最终取决于经济发展和经济生活的状况,取决于社会生产力的性质和发展水平以及社会生产力与生产关系之间的矛盾运动的状况。另一方面,政治对于经济又有相对的独立性,它极大地影响经济的发展,并在一定的条件下决定生产关系和生产力之间的矛盾运动的状况。政治对经济的作用根源于国家权力。在城乡统筹发展中,政治的影响力主要体现在三个方面:第一,政治决定相关各方在城乡统筹中的地位。显然,政治始终与国家的统治者和被统治者紧密相关。位于统治地位的阶级或阶层肯定会以自己阶级或阶层的利益为出发点去制定和实施社会经济发展政策、制度,而不会相反。这就决定了在一定的社会发展阶段,城乡统筹的目标和途径是不同的,社会各界在城乡统筹中的地位和作用是不同的。第二,政治影响城乡统筹发展的方向。城乡统筹既可以是城市偏向的城乡统筹,还可以是农村偏向的城乡统筹,还可以是城乡兼顾的城乡统筹。从政治产生的起因来看,表现出很强的"城市偏向"。政治从一开始就是君主和大臣们维护统治、治理国家的活动。而君主大臣居住在城市,城市的发展直接影响其生活和相关利益。因此,居住在城市的君主大臣,很难将农村居民的生活、农村社会的发展、农业经济的发展与城市居民、城市社会、工业经济放在同样地位进行统筹决策,更难将农村、农民的利益放在优先地位。虽然随着人类社会文明的进步和发展,这种卑劣的政治越来越没有存在的空间,民主、公平、正义日益成为人们崇尚的目标。但是,统治者和被统治者的客观存在,决定了政治对城乡统筹发展的方向起着重要的决定性作用。第三,政治影响城乡统筹的参与主体。城乡统筹是政府的事,还是百姓的事? 是中央政府的事,还是基层政府的事,还是各级政府协作的事? 是少数人的事,还是社会公众的事? 是城市居民的事,还是城乡居民共同的事? 在不同的政治背景下,答案显然是不同的。从政治产生的起因来看,最初的参与主体是君主大臣和城市居民。在西方语言中,"政治"一词的最初含义是指城邦中的城邦公民参与统治、管理、斗争等各种公共生活行为的总和。政治最初就是市民社会的产物。古代的所谓"政治"很大程度上只是指君主和大臣们维护统治、治理国家的活动。显然,那时政治的主体是城市居民,是居住在城市的君主大臣,没有城市一般居民,更没有农村居民。虽然随着人类社会文明的进步和发展,政治的参与者越来越大众化,但不同时期社会大众的构成是不同的。其在社会管理、社会发展中的话语权、决策权、参与权等自然是不同的。这就决定了城乡统筹发展中参与主体也是不同的。

二、经济因素:城乡统筹发展的"助推器"

(一)经济的概念。我国早在公元4世纪初的东晋时代就已正式使用"经济"一词。"经济"一词,古文中的解释是"经世济世""经纶济世""经世济民",如"识局经济"(《晋书纪瞻》)、"皆有经济之道而位不逢"((隋)王通:《文中子中说》卷六),是一个充满了丰富的人文思想和社会内涵的概念。"文章西汉双司马,经济南阳一卧龙",从此联中可以看出,"经济"这个词在古代是知识分子的责任之一,能做到"经济"二字的人必须文能安邦兴业,武能御侮却敌。现代"经济"一词是英文"Economy"的译义。英文Economy 源自古希腊语οικονομία(家政术)。οικος为家庭的意思,νομος是方法或者习惯的意思。因此,其本义是指治理家庭财物的方法,近代扩大为治理国家的范畴。包括社会生产关系的总和,社会物质资料的生产和再生产过程,一个国家国民经济的总称等。

(二)经济对城乡统筹发展的影响。政治和经济都是围绕社会资源中的生产要素配置而进行的活动。政治是解决经济的发展方向问题的,是对于生产要素运行的速度控制,政治的价值及效果最终须通过相关的经济活动来体现。经济则是经济怎样发展及如何控制生产要素的运行及状态的范畴。经济对城乡统筹发展的影响主要体现在三个方面:第一,经济发展水平影响城乡统筹的阶段。在以农业为主的经济水平下,城乡统筹只能是乡村为主导的发展状态。到以工业为主的经济发展水平下,城乡关系呈现以城乡分割、分治的对立发展状态。到了后工业经济时代,城乡关系才呈现以城乡融合的城乡统筹发展状态。而且城乡融合是一个漫长的发展过程,只有伴随着工业化、现代化基础上城市化的到来,才能最终实现城乡融合,实现城乡一体化。城乡统筹的阶段性发展是一种客观规律,一般而言,不能违背客观规律,实现跨越式发展。第二,经济发展水平影响城乡统筹的水平。城乡统筹发展可以是低水平统筹,也可以是中等水平统筹和较高水平统筹。这是由经济发展水平决定的。当国民经济发展水平较低时,城乡统筹发展就只能是在较低水平上的统筹。新中国成立初期的城乡关系就是证明。而当国民经济发展水平较高时,城乡统筹发展就可以在较高水平上进行统筹。韩国的新农村运动带来的城乡统筹发展经验就可以说明这一点。第三,经济发展速度和质量决定着城乡统筹发展的进程。经济发展质量高、速度快,城乡统筹发展的进程就快;反之,经济发展质量低、速度慢,城乡统筹发展的进程就慢。这里的经济发展质量主要是指经济发展的协调性,包括城市经济与农村经济发展的协调性,城市市场与农村市场的协调性,城乡之间资源流动的协调性,等等。光有速度没有质量的经济发展,不仅不能实现城乡统筹发展,反而会导致城乡之间更大的发展失衡,形成更大的城乡差距,加剧城乡二元经济状况。

三、区位因素:城乡统筹发展的空间范围

(一)区位的概念。区位一词来源于德语"Standort",英文于1886年译为"Location",即定位置、场所之意,我国译为区位、位置或布局。区位一是指该事物的位置,一是指该事物与其他事物的空间的联系。

(二)区位对城乡统筹发展的影响。区位对城乡统筹发展的影响主要体现在两个方面:第一,区位大小影响城乡统筹发展的周期。城乡统筹发展可以在一个较短的时间实现,也可能必须经过一个较长的时间才能达到目标。这取决于需要统筹发展的区位范围的大小。在一个比较狭小的空间推进城乡统筹发展,显然要比在一个广阔的区域内进行城乡统筹快得多。区位大小这种客观性决定城乡统筹发展的周期。第二,区位发展水平影响城乡统筹的难度。区位发展水平是指区位内部的经济结构、城乡结构、城乡发展水平等。区位发展是低水平时,城乡统筹发展就只能是在较低水平上进行,难度就大。而当区位发展水平较高时,城乡统筹发展就可以在较高水平上进行,难度就小。韩国以新农村运动带动的城乡统筹发展,时间短、效果明显就说明了这一点。

第二节　城乡统筹发展中的政府定位

一、城乡统筹发展中政府定位的观点综述

目前,关于城乡统筹发展中政府定位问题的研究,主要有三种观点:第一种观点认为,政府在城乡统筹发展中占主导地位;第二种观点认为,政府在城乡统筹发展中居主体地位;第三种观点认为,虽然目前政府在城乡统筹发展中占主要地位,但是随着我国社会主义市场经济的发展和完善,政府职能将逐渐转变,向着服务方向发展。持第一种观点的学者如杨顺湘,在"正确处理统筹城乡发展的政府主导与市场基础的相互关系"中,提出:因为统筹城乡发展的基础性环节是构建城乡统一的市场体系,通过深化体制机制改革把农村经济纳入全国统一的市场化轨道,提高城乡社会经济发展的协调性和融合度,形成市场经济条件下的新型城乡关系,所以这就要求建设公共服务型政府,切实提供基本经济服务,发挥好政府在统筹城乡发展中的主导作用——这是统筹城乡发展的重要保证。[①] 肖文涛在"发挥政府主导作用　统筹城乡协调发展"研究中,提出:二元经济结构是国家工业化过程中的必经阶段和必然现象,消除城乡二元结构是一个艰巨的历史过程。而我国在经济二元化的同时,由于推行严格的城乡分割的户籍制度,形成了二元经济结构与二元社会结构并存的双重二元结构局面,给城乡之间、工农之间的资源整合与协调发展带来了更多的限制和难度。在这种情况下,发挥政府这一公共管理核心主体的主导作用就显得特

---

① 杨顺湘:《正确认识和处理统筹城乡发展的政府主导与市场基础的相互关系》,《探索》2009 年第 3 期。

别重要。① 楚永生在"统筹城乡发展:政府职能角色定位分析"研究中,提出:统筹城乡发展,要正确把握"两个趋向",发挥政府在统筹城乡发展中的主导作用。② 朱玉广和朱鸿翔在"政府在城乡统筹发展中的作用"研究中,提出:经验表明城乡差距的缩小,都需要政府必要的作用,从这个意义上说,当前强调政府在统筹城乡发展中的主导作用,具有非常重要的现实意义。③ 袁天鹏在"论政府在统筹城乡发展中的作用"研究中,提出:城乡统筹这个概念在语意上非常明确地凸显了政府行为,体现政府在城乡发展中的理性选择是基于我国目前城乡发展严重失衡的严峻现实这一特定的社会经济条件,在缩小城乡差距、促进城乡协调平等发展中起着通盘筹划的主导作用。④

　　持第二种观点的学者,如路小昆,在"统筹城乡发展中的政府职能转变"研究中,提出:统筹城乡发展,是具有全局意义的重大战略部署,是对各级政府提出的一项根本要求,它基于我国城乡发展失衡的现实,突出地强调了政府在兼顾城乡利益、理顺城乡关系、协调城乡发展、缩小城乡差距中的主导作用。显然,实施"统筹"的行为主体就是政府,各级政府要把统筹城乡发展作为政府工作的基本指导思想和理性选择,担负起促进城乡协调发展的重大职责。⑤ 田昆在"地方政府在统筹城乡发展中作用"研究中,提

---

① 肖文涛:《发挥政府主导作用　统筹城乡协调发展》,《福建日报》2005 年 11 月。
② 楚永生:《统筹城乡发展:政府职能角色定位分析》,《聊城大学学报》2007 年第 4 期。
③ 朱玉广、朱鸿翔:《政府在城乡统筹发展中的作用》,《现代企业》2012 年第 10 期。
④ 袁天鹏:《论政府在统筹城乡发展中的作用》,贵州大学硕士论文,2007 年。
⑤ 路小昆:《统筹城乡发展中政府与市场》,《成都行政学院学报》2008 年第 10 期。

出:由于历史因素和区域客观条件等方面的影响,我国城乡发展水平长期处于不平衡状态的客观情况,要求政府成为统筹城乡发展的行为主体。① 龚舒吉在"城乡统筹发展背景下基层政府职能定位研究"中提出,按照我国现行的政治体制和行政体制规定,政府是统筹城乡发展的主体。②

与以上几位学者观点有所不同,沈维凤、曹威伟和杨柳在"论政府在统筹城乡发展中的地位和作用"研究中,提出:鉴于目前,在我国市场机制还不够完善,市场化水平比较低的情况下,市场在统筹城乡发展中还处于辅助地位,不能起主导作用,由此决定了政府在统筹城乡发展、扭转城乡差距的过程中仍起着十分重要的主导作用,但市场处于不可替代的辅助地位。但随着我国市场机制的不断完善,政府将会逐步转变职能,退出主导地位,逐步处于服务地位。③

二、城乡统筹发展中政府居主导地位

通过分析研究,城乡统筹发展中的政府地位应该是主导而非主体。因为主导是指统领全局,起主导作用,以推动全局发展;引导全局并推动全局发展的事物;即引导事物向某方面发展的主要力量。而主体则是指统治地位;或事物的主要部分;或与客体相对的概念。显然,在城乡统筹发展中,政府起主导作用是必须的,而如果城乡统筹发展中以政府为主体推进,则是力不从心、难以奏

① 田昆:《地方政府在统筹城乡发展中作用》,《经济导刊》2010年第11期。
② 龚舒吉:《城乡统筹发展背景下基层政府职能定位研究》,重庆大学硕士毕业论文,2010年。
③ 沈维凤、曹威伟、杨柳:《论政府在统筹城乡发展中的地位和作用》,《湖南农业科学》2010年第14期。

效的。

第一,政府产生和存在的意义就在于协调社会矛盾,保持社会稳定。列宁说,政府是阶级矛盾白热化的结果。它是凌驾于整个社会之上的机构,它的存在使得不同的利益集团能够在社会中共同生存。可见,政府自产生之日起,就以协调社会矛盾、保持社会稳定为己任。第二,城乡发展的不平衡需要由政府通过宏观调控政策手段解决。市场是一种分散决策、自发形成、自由交换的体系,是一种精巧的机构,它无意识地协调着人们的经济活动,它是一部传导信息的机器,将千百万不同个人的知识和行动汇合在一起,它不具有统一的意志,却用一只"无形的手"解决着人类社会最大的、涉及无数未知数和关系的资源配置问题。但正如查尔斯·K.威尔伯所说,"不受约束的市场力量既具有创造力,也具有破坏力。在过去的60年中,民众已经将缓解经济力量的破坏性一面的任务更多地移交给了社会公共机构的政府"。① 因为即使在主张实行所谓的自由市场经济的西方国家,其经济的发展也无一例外地证明了自由市场经济的缺陷,证明了企图仅通过那双"看不见的手"达到自动调节供给与需求的愿望是不可能实现的。在20世纪30年代爆发的世界经济大危机就是对斯密的古典经济学的否定,而凯恩斯的政府相机抉择理论、以萨缪尔森为代表的新古典综合派的"混合经济"理论、新凯恩斯的非市场出清和政策有效理论等市场经济理论,则强调政府的经济管理和协调职能,强调政府通过宏观调控达到干预经济的角色定位。可见,政府宏观调控不是社会主义经济管理的专利,而是资本主义市场经济的产物,它

---

① 查尔斯·K.威尔伯:《发达与不发达问题的政治经济学》,中国社会科学出版社1984年版。

适用于各种经济体制。而统筹城乡发展的关键是城乡经济社会协调发展,仅靠市场机制不能解决问题,需要政府介入。第三,城乡发展的不协调需要政府利用自己掌握的政策工具加以解决。农村经济的弱质性、市场竞争的不完全性、外部不经济以及公共产品的生产与供给的城市偏向,显然不可能依靠城市或农村单方面解决,不可能依靠市场经济机制解决,而必须依靠政府运用其掌握的宏观调控政策工具,通过支持、限制等措施加以引导。

各级政府,包括中央和地方政府具有统筹城乡经济社会发展的责任。人民政府是民众公共利益的代表,促进社会持续协调发展是其重要职能。政府不能只代表一部分人的利益而排斥另一部分人的利益,不能仅追求眼前利益而不顾长远利益。政府追求的目标是社会全面发展而不是片面发展。政府拥有配置资源的能力,拥有对社会财富再分配的权力;政府拥有制定经济社会发展规划,确定国民收入分配格局,研究制定重大经济政策的职能。因此,政府在统筹城乡经济社会发展方面,负有不可推卸的责任,在城乡统筹发展中,政府必须起主导作用。在中央和地方各级政府中,层级越高,所支配的各类社会资源越多,配置资源的能力越强。因此,主导的范围越大,责任也越是重大。

三、城乡统筹发展中社会成员居主体地位

城乡发展的主体包括以自然人存在、以经济实体存在的各类社会成员个体和组织。他们是城乡经济社会发展的生力军。城乡发展的统筹者,即对城乡经济社会发展进行统一规划的主导者,显然不是这些一般的社会成员个体或组织,他们所处的地位、所拥有的权利,决定了他们不具备统筹城乡发展的意识和能力。但是,城乡统筹发展的起因来自于各类社会成员个体和组织,城乡统筹发展的目标应该也是为了各类社会成员个体和组织。也就是说,城乡统筹发展是由社会成员提起的,也是为了满足社会成员要求的。因此,统筹城乡发展,让政府社会成员发挥主体作用,城乡统筹发展的实现过程由全体社会成员参与,才能目标更明确、推进更顺利。

显然,城乡统筹发展中,政府的主导与社会成员的主体地位是一种客观存在。城乡统筹发展中,政府主导是说政府要对城乡发展起计划、引导、指导、组织、协调的作用。但是,城乡统筹发展包括城市和农村两方面,是包括城乡居民在内的全体社会成员的事,单靠政府方面的力量是不可能达到目的的。只有政府主导和社会成员主体很好的配合,只有将全体社会成员的积极性、主动性充分调动起来,城乡统筹发展的目标才能实现。

第三节　城乡统筹发展中的政府
职责及其政策工具

一、城乡统筹发展中的政府职责和作用

城乡统筹发展中,政府的职责概括起来就是整体规划、统筹协调、政策支持。城乡统筹发展中,政府是主导,不是说完全由政府说了算。而是说政府应该在遵循市场经济规律的基础上,充分发挥其引导、导向作用,弥补市场经济机制自身的缺陷与不足。

在社会主义市场经济体制下,促进城乡经济社会的统筹发展,既要尊重市场规律,重视市场的作用和影响,更必须充分认识政府在城乡统筹发展中的重要地位和作用。而政府的作用很大程度上是通过财政政策发挥出来的。研究财政在城乡统筹发展的作用,其实质是研究市场经济背景下政府与市场关系问题的延伸和具体

化。根据财政学的基本理论,市场失灵是研究政府职能乃至财政
职能的立足点和出发点,其为政府或财政干预并纠正市场失灵提
供了必要性和合理性。如前所述,不否认市场效率的客观性和真
实性,但市场机制本身也存在固有的缺陷,如垄断、信息不对称、外
部效应与公共物品、收入分配不公、经济波动等,而这些恰恰已经
成为而且仍将成为影响实现城乡统筹发展目标的阻力和障碍。这
就要求政府充分发挥其主导作用,通过财政政策对市场缺陷进行
有效干预,弥补市场失灵,促进城乡经济社会的统筹发展。我国正
处在经济转型时期,理论分析和实践表明,转型时期的政府比之市
场机制较完善的政府承担着更多的责任。财政是政府发挥作用的
重要方式和手段,有其不可替代的功能,是统筹城乡发展的一个关
键环节。

现阶段财政税收在统筹城乡发展历程中的作用,主要有为城
乡发展提供公共物品、调节城乡收入分配、促进城乡资源流动和促
进城乡经济协调发展四个方面。

(一)为城乡发展提供公共产品。根据公共财政理论,社会产
品分为公共产品和私人产品。公共产品是由政府提供,用以满足
社会公共需要的物品和服务,主要包括基础设施、基础教育、社会
保障、社会秩序和法律保护等方面的内容,具有非排他性和非竞争
性的特征。这就决定了公共产品应当由政府提供。在市场经济条
件下,财政是政府提供公共产品的主要渠道,承担着提供公共产品
的重任。无论城市还是乡村,社会公共需要的客观要求并无不同,
政府提供公共产品就应该惠及城乡,而不能有所例外。而财政有
筹集收入再分配的职能,可以按照统筹城乡发展的要求,根据不同
时期城乡经济与社会发展的特点,调整城乡公共产品供应水平和
结构,保持提供城乡公共产品的相对合理性。

不可否认,在经济与社会发展的不同阶段,由于城乡在地理区位等方面的不同,城乡在公共产品的提供和消费上总是存有差异的,即使在经济比较发达的国家,也不能做到城乡居民享有完全同等水平的公共产品。但是对于发展中国家来说,随着城乡经济社会发展,城市与农村公共产品提供和消费方面的差距应该是逐步缩小的,这是经济和社会协调发展的内在要求。

(二)调节城乡收入分配。从某种意义上说,公平是收入分配的终极目标,而效率则是实现该终极目标过程中的重要手段和工具。收入分配可以分为初次分配和再分配两个阶段。其中,初次分配阶段是由市场按照要素投入和要素收入相对称的原则进行的,初次分配一定程度上可以实现效率的目标,但收入差距甚至贫富悬殊也成为一个不容回避的事实,分配结果与公平目标相去甚远。市场机制不能解决收入分配的公平问题,只能依靠政府进行必要的干预。财政可以根据经济和社会发展不同阶段的实际情况,通过税收和转移支付等途径对收入初次分配的结果进行调节,实现一定程度上的公平,这就是以政府为主导的收入再分配过程。通过市场和政府的共同作用,收入分配才能兼顾效率和公平,达到一个比较理想的分配结果。

实现城乡统筹,构建和谐社会,要求逐渐缩小城乡居民的收入差距。政府可以通过财政的预算安排、专项支持、转移支付等手段,税收的征与不征、多征少征等手段,按照统筹城乡发展的要求,改革税收制度,减轻居民负担,促进城乡经济发展和居民收入增长。同时加大对农村的财政转移支付力度,改善农村生产和生活条件,提高农民社会福利水平,实现对农民"多予、少取、放活"的政策目标。同时,对城乡居民收入水平进行调节,提高转移支付资金的使用效率,更充分体现城市支持乡村、工业反哺农业的政策。

（三）促进城乡资源流动。统筹城乡发展，要求实现城乡资源的双向流动和优化配置。优化城乡资源配置，主要是使人才、资本、科学技术等生产要素自由流动，实现城乡资源的优化组合，提高资源利用效率，促进农村经济发展。一般而言，大部分农村与城市相比，基础设施落后，资金、人才相对缺乏，制约着农村经济的发展。政府可以运用财政税收政策，引导资金、人才、科学技术等生产要素实现从城市向乡村的流动。如通过制定对用于农业生产和服务的投资给予一定补助或优惠的财政税收政策，引导资金从城市流向农村、从工业流向农业；通过制定对科技研发及其研发成果产业化的财税支持政策，引导科学技术人员和科技研发向农业方面倾斜；通过对个人从事不同行业取得的收入，制定不同的财税政策，对个人从事农业生产、到农村从事相关工作取得收入给予财税优惠，引导更多的人才、更多的高层次人才向农村、农业流动。优化城乡资源配置，也包括通过财税政策实现对公共产品和服务在城乡之间的优化配置。使城乡居民能够公平地享受同等国民待遇，同等地享受社会经济发展带来的福利。

（四）促进城乡经济协调发展。实现经济的稳定和发展，是任何一个国家或社会在任何时期都不遗余力追求的目标，促进城乡经济的协调和同步发展则是其中的重要内容。在经济增长过程中，城乡之间、地区之间出现一定的发展差距是很正常的。但如果这种差距过大，就不可避免地会影响整个经济的发展速度和质量，并带来政治、社会等很多方面的问题。因此，政府作为促进城乡经济稳定和发展的不可或缺的重要力量，财政就成为其手中所掌握的非常有效的工具和手段。财政促进城乡经济稳定和发展的作用，一般是指政府运用财政经济政策有意识地干预经济运行，尽可能实现充分就业和物价稳定基础上的经济稳定，熨平经济周期，进而促进社会经济的持续发展。从宏观层面看,财政要关注国民经济重大比例关系,通过采取相应的政策措施,促进经济稳定和协调发展;从微观层面看,为了推动产业结构调整和提升,财政对国民经济中的新兴产业和科技进步项目也要给予必要扶持,如一些高新技术产业和农村经济产业化发展,财政都制定和实施了相应的扶持政策。这对促进城乡经济协调发展有重要意义。

二、城乡统筹发展中政府的政策工具

政府在城乡统筹发展中的主导作用主要通过供应、补贴、生产、管制来实现。具体而言,主要是通过其所掌控的财政政策工具,如国家预算、税收、公债、财政投资、财政补贴、财政救助、体制调整等发挥作用。这些政策工具相互补充、互相制约,是一个有机的整体。

(一)国家预算。国家预算即政府预算,是具有法律效力的财政计划,是指政府分配集中性财政资金的重要工具和调节、控制、管理社会经济活动的重要经济杠杆,是政府管理经济及实施其职能的重要工具和手段,具有法律性、集中性、综合性、指令性及公开性等特征。作为国家分配资金、优化资源配置的重要手段之一,国家预算对国民收入的分配具体表现为预算收入和预算支出,通过预算收入和预算支出体现国家集中性财政资金的来源、规模、去向和用途,在一定程度上反映国民经济和社会发展规模、比例、速度和效益。

国家预算历来是政府用来调节和控制社会经济活动的重要手段。国家预算包括中央预算和地方预算,作为国家财政政策工具的预算,一般是指中央预算。作为财政政策工具之一的预算政策是通过对政府财政集中性的国民收入的分配,决定着中央和地方各级政府的公共设施投资、消费性支出的总量及结构,决定着国家物资储备的种类和数量等。因而,对整个社会的供求总量及结构有着重要的影响。

国家预算方式不同,体现的财政政策不同,实现的调节作用也不同。财政政策中的预算方式有三种,即赤字预算、盈余预算和平衡预算。赤字预算体现的是一种扩张性的财政政策,在社会有效需求不足的情况下,可以对社会总需求的增长起到刺激作用;盈余预算体现的是一种紧缩性的财政政策,在社会总需求膨胀时,可以对社会总需求膨胀起到有效的抑制作用;平衡预算体现的是一种中性的财政政策,在社会总需求和总供给基本相适应时,可以维持总需求的稳定增长。

作为财政政策的一种工具,预算政策对经济的调控作用,主要表现在两个方面:第一,通过国家预算收支规模的变动及其平衡状态,可以有效地调节社会总供给和总需求的平衡关系。政府可以根据经济发展过程中各个时期供求总量及平衡状况,调整国家预算收支之间的对比,主要是通过控制公共支出规模来实现对社会经济的宏观调控。当社会总需求大于社会总供给时,可以采取压减公共支出(包括购买性支出和转移性支出)规模的收大于支的盈余财政政策进行调节;当社会总供给大于社会总需求时,可以采取增加公共支出规模的支大于收的赤字财政政策进行调节;在社会总供需基本平衡时,则采取收支平衡的平衡预算政策。第二,通过调整国家预算支出结构来调节国民经济中的各种比例关系和经济结构。国家预算支出增加对某个部门的资金供给,就能起到促进该部门发展的作用;而减少对某个部门的资金供给,就能起到限制该部门发展的作用,由此起到调节各种比例关系和调节经济结构的作用。可见,预算调节具有直接、迅速的特点。

　　(二)税收。税收是国家为实现其职能,按照法定标准,无偿取得财政收入的一种手段,是国家凭借政治权力参与国民收入分配和再分配所形成的一种特殊分配关系。税收是现代国家最为主要的财政收入形式。除了可以为国家筹集财政收入之外,还可以对微观经济主体的经济行为乃至宏观经济运行起到明显的调控作用,是政府手中所掌握的重要的经济调控手段之一。由于"市场失灵"决定了资源在私人部门不可能完全保证得到有效配置,政府使用税收政策工具,强制改变资源配置,来实现经济稳定、资源合理配置和收入公平分配等目标,以弥补市场机制的缺陷。税收作为一种特殊分配手段,具有强制性、无偿性和固定性,这使税收调节具有法律的权威性。

　　政府对税收政策的运用,主要是通过税种、纳税人、税率、课税对象、税目、计税依据、税收优惠等具体的税收调节手段,针对各经济单位和个人的经济收入水平、商品流转额、财产拥有量和某些特定经济行为,分别设置不同形式的税种、税目,规定高低不同的累进或比例税率,利用开征、减免或停征某种税种、提高或降低有关税种或税目的税率、调整起征点、免征额等税收优惠手段,通过税收总量及结构的变化,调节投资规模和消费基金的增长,抑制社会总需求膨胀或刺激有效需求不足,对总供给的增加产生刺激或抑制作用,并对社会供给结构和需求结构进行协调。

　　首先,政府可以通过税收,对收入分配的初次分配和再分配施加影响,从而实现公平分配的目标。不同税(类)种的调节作用不同。在国民收入初次分配中,以增值税为核心的商品劳务税体系能够调节企业的盈利水平,弥补市场缺陷,尽可能消除外部因素对企业盈利水平及个人收入水平的影响。在国民收入的再分配过程中,主要通过两类税种实现对收入分配的调节:一是累进式的个人所得税和企业所得税,二是包括遗产税和赠与税等税种在内的财产税制。通过这些税种的征收,将高收入者和富有者的收入和财富的一部分集中到政府手中,然后通过转移支付方式再分配给低收入阶层,从而使初次分配的格局进一步得到调整,使最后的分配结果更大程度地实现公平,使贫富分化的现象有所改善。如可以利用企业所得税、个人所得税等税种调节,并辅之以转移支付,可以有效地实现收入的转移或再分配,从而缩小城乡收入的差距。

其次,政府可以通过税收的"区别对待"政策,引导资源流向,优化经济结构。税收政策作为财政政策的一个有力工具,在实现经济稳定、资源合理配置等经济目标方面发挥着重要作用。经济发展的重要约束条件是资本积累,通过税收可以集中更多的社会资源用于储蓄和投资,加速资本积累,为经济发展创造条件。一是通过征税增加公共积累,为公共投资筹集更多、更充足的资金,保证政府实施宏观调控的资金需要;二是通过制定有利于民间资本投资和民间资本发展的税收政策,激励民间资本的发展,引导民间资本按照政府宏观调控的方向发展,使社会资源合理流动和配置。

"区别对待,合理负担"是税收的基本原则,国家可以通过科学合理地设置税种,制定差别税率和各种不同的税收政策、法令等,形成税收上的利益差别机制,然后通过平均利润率规律的作用,引导经济资源的合理流动与组合,实现资源的有效配置和经济结构的优化组合,从而达到在地区布局、产业结构、产品结构、消费结构等方面的合理化。针对农业发展薄弱、农业投资不足的问题,可以对农业及与农业紧密相关产业的发展制定优惠的税收政策,提高税后利润水平,以引导社会资本投资方向,从而促进国民经济结构的协调优化。

(三)公债。公债又称国债,是指政府为了实现其职能,平衡财政收支,增强政府的经济建设能力,按照有借有还的信用原则,以债务人的身份从国内或者国外筹集资金的一种方式。公债具有偿还性、自愿性等特点,公债是财政收入的补充形式,是弥补财政赤字、平衡预算、筹集建设资金和解决财政困难的最可靠、最迅速的手段。

公债作为政府调控经济的重要手段,是国家经济政策的一个重要组成部分。公债的经济调节作用主要表现为:第一,调节积累和消费的比例关系。公债采取信用方式,获取一定时期内居民消费基金的使用权,既可将闲置的消费基金用于增加投资,又未改变积累和消费的长期比例关系;第二,调节投资结构,促进产业结构优化。政府发行公债不仅可以将一部分分散性资金集中起来,使其得到合理引导,减少投资盲目性,而且还可以使国家重点建设项目资金得到保证,促使产业结构趋于合理;第三,调节社会总需求,促进社会总供需的平衡。当社会总需求大于社会总供给时,政府可以发行公债并配合增加政府税收、削减公共开支等措施,抑制总需求的膨胀;反之,政府可以通过回购公债及减税、增支等措施,扩大总需求,适当抑制供给,使两者保持基本平衡。

公债不仅是政府筹集收入的重要方式,而且对货币市场和资本市场等金融市场借贷的扩张和收缩有着重要作用。这主要表现为:一是调整公债期限构成。当经济处于繁荣时期,为防止经济过热,政府可以通过增加长期公债的发行,减少流通中的货币量,抑制社会总需求;当经济处于衰退时期,政府也可通过增加短期公债发行,提高社会资金流动性,扩大社会总需求;二是改变公债资金来源。如向银行部门发行公债,可能会通过扩大信贷规模而增加货币供给量。在成熟的市场经济国家,政府往往通过公开市场业务操作,回购或售出政府公债来调节社会货币供给量,这是各国政府最常用也是最灵活的政策工具之一。

公债作为一种宏观经济政策,主要是配合各个时期的财政政策和货币政策,补充和加强它们的效应,其作用力度和作用方向不能超越和违背财政政策和货币政策的既定目标。在一定的经济发展水平、财政收支增长速度、市场经济发育程度以及灵活运用手段等现实情况下,为了规避公债风险,必须要确定合适的公债规模、结构及操作方式。

(四)财政投资。财政投资是以政府为投资主体,以财政资金为投资来源的一种投资活动,一般是指政府将财政资金用于安排固定资产投资和流动资金拨款并形成国有资产的经济活动。它属于社会投资的一个重要组成部分,是财政分配活动的一个表现形式。财政投资的资金来源于税收和国有资产收益,所以,财政投资也是国民收入分配和再分配的结果。财政投资具有资金规模大,一般集中在基础设施、公共事业等方面,投资目标具有非营利性等特点。

在一般市场经济条件下,财政投资主要是为企业投资主体的投资经济活动创造条件,这集中体现在财政投资以社会基础设施为主要投向,包括交通、水利设施、通信等基础设施和科学、文化、教育和卫生等社会公益事业发展方面的投资。此外,由于其投资主体的特殊性,财政投资活动应该以追求国民经济整体效益和社会效益为目的,而不应单纯考虑某项投资所直接产生的经济效益。财政投资是政府直接参与资源配置的手段,它作为社会投资资金的重要来源渠道之一,对社会投资规模与结构发挥着直接或间接的调节作用。

财政投资的职能源于政府的三种需要:一是提供社会财富和劳务,就是国家向社会每个成员提供的不具有竞争性的商品和劳务;二是弥补社会投资不足;三是组织和调控社会投资。政府通过投资政策可以扩大或缩小社会总需求,调整国民经济结构,改善社会投资环境,刺激私人投资。当社会投资不足时,增加政府投资,诱发民间投资,发挥"乘数"效应,促进经济增长;当社会投资规模过大时,压缩政府投资,缩小社会投资总量,促使社会投资规模与国民经济稳定增长所需要的投资总量相适应。而且,政府还可以利用对不同投资项目财政出资比例和财政贴息程度的控制,起到诱导众多的非财政投资,更好地实现政府的财政政策意图。

（五）财政补贴。财政补贴是政府转移性支出的一种,一般是指一国政府在一定时期内,根据一定的政策目的,在一般性财政分配之外,对某些特定的地区、产业、部门、企事业单位或居民提供一定数额的财政补助和津贴。财政补贴作为财政资金的单方面、无偿地转移,一般可以直接增加被补贴对象的收入或利润,是以补贴的形式进行的国民收入分配和再分配。体现国家或政府对被补贴对象的扶持和保护政策。

财政补贴一般分为两类:一是生产性补贴,主要是对生产者的特定生产投资活动的补贴,如生产资料价格补贴、利息补贴等,其作用等同于对生产者实施减税政策,可直接增加生产者的收入,从而提高生产者的投资和商品供给能力;二是消费性补贴,主要是对人们日常生活用品的价格补贴,如粮油补贴、副食品补贴等,可以直接增加消费者可支配收入,鼓励消费者增加消费需求。

按照经济学的一般规律,在有效需求不足时,增加消费性补贴,在总供给不足时,增加生产性补贴,可以在一定程度上缓和供求矛盾,促进社会总需求和总供给的基本平衡。增减补贴有着与增减税收相反的调节效果。它不但影响社会总需求,而且能够调节社会总供给,是财政政策的重要工具。财政补贴对经济的调节作用主要表现在:第一,对经济稳定增长的调节作用。当经济衰退、社会需求不足时,政府增加消费性补贴可以刺激消费需求,增加生产性补贴可以扩大投资需求,从而产生反经济衰退作用;当经济过热、社会需求膨胀时,政府减少补贴则有抑制需求膨胀、稳定经济增长的作用。第二,对资源合理配置的调节作用。财政补贴是政府间接配置资源的一种方式。当那些不具备市场竞争条件又为国民经济协调发展所必需的产业难以从市场获取平均利润时,通过政府财政补贴,可以使资源在这些部门中保持适当的配置比例。第三,对收入公平分配的调节作用。财政补贴是政府调节个人收入分配的主要手段,通过对低收入者给予适当救济性补贴,可以提高其实际收入水平,从而达到收入公平的调控目标。

另外,财政补贴的增减直接影响财政收支平衡,体现不同的财政政策。当政府增加财政补贴时,会增加财政支出,同时也会减少财政收入,会引起社会总需求的膨胀,这显然不利于财政收支平衡,属于扩张性财政政策;反之,政府减少财政补贴,则有利于增收节支,也有利于财政收支平衡,同时可以抑制社会总需求的膨胀,属于紧缩性财政政策。农业在国民经济中的基础性地位以及其弱质性特征,决定了应该利用财政补贴的形式对农业的发展进行专项扶持。

(六)财政救助。财政救助是指由政府安排财政资金对由于各种原因而导致生活贫困,基本生活需要难以保证的贫弱群体进行救助的一种制度。

(七)体制调整。财政体制调整与城乡统筹发展有着十分密切的关系,农村公共财政体系是建设社会主义新农村和实现城乡统筹发展的基本制度保障。农村公共财政体制主要是规范和协调农村财政活动中各财政级次(主要是省以下各级财政,也包括村级准财政)之间事权、财权的划分以及转移支付等诸多财政关系的制度安排。由于县级财政是农村公共财政的核心级次和农村公共财政职能主要承担者,特别是如果省以下财政级次作出简化调整,原来乡级财政的部分职能会向上移至县级财政。因此,构建新型农村公共财政体制,应以各级财政特别是县级财政职责的科学定位为基础,以解决县级财政困难、增强县级财政能力和激发县域经济发展活力为基本着眼点,以强化县级财政的功能和作用、保证县级财政职能的实现为核心。

第三章 我国城乡经济社会
发展历程及现状

第一节 我国城乡经济社会的历史回顾

一、我国城乡经济社会发展历程

新中国成立以后,我国城乡经济社会发展大致可以分为五个阶段,经历了从重视农业,依靠农村经济发展城市经济;到名义上重视、实际上轻视农业,以牺牲农村发展换取城市发展;再到重视农业、重视农村发展,重视城市经济对农村经济发展的带动、引领作用的过程。在施政理念上,经历了从单纯重视城市或农村发展,到重视城乡协调发展的过程,城乡经济社会发展的协调性期间在不断变化。

第一个阶段是从新中国成立初期,主要是"一五"时期。当时我国百业待兴、百废待举,军政民需都要求优先发展农业,把解决全国人口的吃饭问题放在首位。这一阶段"以粮为纲"、"农业是国民经济的命脉"的经济建设指导思想明确,而城市经济发展重要性不突出,其对国民经济的带动作用也不明显。这期间我国工农业总产值年均增长达到10.9%,其中工业总产值年均增长达到18%,农业总产值年均增长达到4.5%。整体看,这一时期我国城乡发展基本协调,是国民经济发展均衡、城乡发展低水平协调的时期。

　　第二个阶段是从对民族资本主义工商业的社会主义改造基本完成,到"四清"结束,主要是"二五"时期。1956 年,我国国民经济恢复任务基本完成,在外国资本的封锁和干扰下,我国政府以独立自主、自力更生建设祖国为经济建设的指导思想,以把我国由一个贫穷落后的农业国建设成为强盛的工业国,建立起社会主义现代化的工业体系为目标,以依靠农业为工业发展提供资本积累为主要途径,采取了一系列的重大经济政策。包括:优先发展工业,通过工农产品价格"剪刀差",把农业的一部分利润转化为工业利润;通过国营企业利润上缴制度,把工业利润转化为财政收入;通过粮食的统购统销政策,把农业经营控制在国家手中;通过粮食供给制和户籍政策,将城市和农村人口流动加以限制等。为了扶植我国薄弱的工业尽快发展,实现建设社会主义现代化工业体系的目标,我国农村经济的基础地位开始被削弱。1958 年开始的大跃进、人民公社等,更是对农村经济的发展雪上加霜。从投资结构上看,"二五"期间农业投资占 11.3%,比"一五"仅提高 4.2 个百分点,轻工业投资占 6.4%,与"一五"持平,而重工业投资占 54%,比"一五"提高了近 18 个百分点。因此,1958、1959 年工业总产值分别比上年提高了 54.8%、36.1%,而农业总产值则出现了连续三年的负增长,以年均 4.3%的速度递减。显然,以牺牲农业、农村发展为代价,并没有换来整个国民经济的协调发展,我国国民经济亟须进行调整。

　　第三个阶段是城市问题显现,开始意识到城乡协调意义时期,主要是"四五"时期。包括重工业、轻工业在内的 156 个国民经济重点项目相继建成后,经济发展中的问题也接踵而至。比较突出的是城市的承载能力和城市人口的就业问题。1964 年,我国按照"调整、改革、整顿、提高"的八字方针,对国民经济进行了调整。

号召部分城市居民向农村迁移,口号是:我们也有两只手,不在城里吃闲饭。从 1966 年开始,组织大中学生及城市青年上山下乡,到农村去,接受贫下中农的再教育,以缓解城市粮食供给和就业压力。据统计,1963 年至 1965 年,工农业总产值年均增长 15.7%,其中工业总产值年均增长 17.9%,农业总产值年均增长 11.1%。从中可以看出,经济调整效果比较明显,国民经济发展中城乡之间比较协调。

第四个阶段是改革开放开始至 21 世纪初,主要是 1978 年至 2003 年。这一时期,农村发展的重要性得以体现。一是农业发展对工业发展的影响日益显现;二是农村改革尤其是联产承包责任制改革带动的农村经济改革,对整个经济体制改革的影响重大。改革开放以后,我国传统的经济体制、政治制度以及文化、社会管理体制等方面,经历了一系列重大而深刻的变革,城乡经济结构和社会面貌发生了巨大变化。但是,由于体制和政策惯性等方面的原因,城乡经济和社会发展的差距明显扩大,制约了整个经济和社会的协调发展。突出表现在:一是工农业产值增长差距加大。统计资料显示,1978 年至 1984 年,工业总产值年均增长 9.6%,农业总产值年均增长 7.6%。农工业增长速度比例为 1∶1.26。1986 年至 1993 年,工业总产值年均增长 9%,农业总产值年均增长 5.2%。农工业增长速度比例为 1∶3.3。① 二是在土地和农民工等方面又形成了新的"剪刀差",城乡居民收入差距明显。

第五个阶段是 2004 年至今。从 2004 年起,我国政府连续出

---

① 李建平、刘华光:《提高农业收益的市场对策研究》,河北人民出版社 2002 年版。

台年度一号文件,把制定解决农业、农村、农民问题的大政方针,当作党和政府的头等重要的大事来抓。党的十六大更是从战略高度提出农村和农业经济问题,把加快农业和农村经济发展作为迫切任务。明确提出:要树立和贯彻科学的发展观,将统筹城乡发展作为科学发展观的重要内容。党的十六大以后,城乡发展政策已经进行了较大的转变,根据农村经济和社会发展相对滞后的状况,从多方面采取措施,加大对农村经济和社会发展的支持力度,力图缩小城乡差距,促进城乡协调发展。党的十七大报告中,系统阐述了科学发展观,指出"科学发展观,第一要义是发展,核心是以人为本,基本要求是全面协调可持续,根本方法是统筹兼顾"。指出:要正确认识和妥善处理中国特色社会主义事业中的重大关系,统筹城乡发展、区域发展、经济社会发展、人与自然和谐发展、国内发展和对外开放,统筹中央和地方关系,统筹个人利益和集体利益、局部利益和整体利益、当前利益和长远利益,充分调动各方面积极性。明确我国经济社会发展的目标是:城乡、区域协调互动发展机制和主体功能区布局基本形成;统筹城乡发展,推进社会主义新农村建设。解决好农业、农村、农民问题,事关全面建设小康社会大局,必须始终作为全党工作的重中之重。要加强农业基础地位,走中国特色农业现代化道路,建立以工促农、以城带乡长效机制,形成城乡经济社会发展一体化新格局。2012年召开的党的十八大更是把统筹城乡发展作为解决"三农"问题的根本途径,提出要加大统筹城乡发展力度,增强农村发展活力,逐步缩小城乡差距,促进城乡共同繁荣。

二、我国城乡经济社会发展的总体评价

(一)城市经济发展缓慢。第一,城市化水平低。我国城市化

水平 1978 年为 18%,2003 年 40.53%。① 就是说,在 21 世纪初,我国城市化水平只相当于英国 1850 年(37%)、北美 1910 年(41%)、日本 1950 年(38%)的水平。② 自 2006 年起,我国城市化水平提高速度加快,2006 年为 43.9%,2010 年达到 45%,2011 年达到 51.3%,2013 年达到 53.7%。

环京津的河北省城市化水平也很不尽如人意。河北省城市化水平 1978 年为 12%,与全国平均水平相差 6 个百分点;2003 年为 33.51%,与全国平均水平相差 7 个百分点。2000 年东部地区平均城市化水平为 46.11%,河北省较其低 18 个百分点,仅相当于上海的 30%,北京的 33%,比山东省还要低 8 个百分点。

根据有关数据比较,河北省城市化水平仅略高于世界低收入国家的城市化水平的平均值(31%)。从河北省人均收入和城市化水平两个指标看,在国内比较,河北省 GDP 总量居全国第 6 位,人均 GDP 居全国第 11 位;城市化水平居全国第 26 位,与经济实力很不相称。在国际比较,河北省人均收入是下中等收入国家的 92%,城市化水平是下中等收入国家(43%)的 77%。总体上看,是比较典型的城乡二元经济结构。

第二,城市数量少。1978 年,我国城市 193 个,建制镇 2173 个。2001 年我国城市 662 个,其中 400 万以上人口的 8 个,200—400 万人口的 17 个,100—200 万的 141 个,50—100 万的 279 个,20—50 万的 180 个,20 万以下的 37 个,建制镇 20358 个。

河北省城市 33 个,建制镇 946 个。其中特大型城市 3 个,大城市 3 个,中等城市 6 个,小城市 21 个。

---

① 纪良纲、陈晓永:《城市化与产业集聚互动发展研究》,冶金工业出版社 2005 年版。
② 周琳琅:《统筹城乡发展理论与实践》,中国经济出版社 2005 年版。

美国有 51 个州,3043 个县,35153 个市、镇,其中 300 万以上人口的城市有 13 个,20—100 万人口的城市有 78 个,3—10 万人口的城市有 878 个,几千到 3 万人口的小城镇多达 34000 多个。①

第三,我国城市总体竞争力较低。在全球 53 个中心城市中,新加坡、中国香港、奥斯陆、赫尔辛基和哥本哈根分列前 5 位,中国台北、上海和北京分别排名第 11 位、第 25 位和第 35 位。

河北省城市综合竞争力在全国排名也比较靠后。石家庄仅位居 34 名,其得分相当于香港的 2.5%,上海的 5.6%,深圳的 10%。

总之,我国尤其是河北省城市经济发展低于世界平均水平,其对周边地区的带动作用弱。城市经济本应该是区域经济的龙头,而河北省包括省会在内的城市,在城市规模、城市品牌、城市文化、产业结构等方面,均没有得到较快的发展,难以起到对周边农村地区的带动作用。

(二)农村为城市发展提供了超出其发展水平的帮助。可以说在较长时期内,我国国民经济的发展是以农村农业这个弱质经济为筹集资金的主要渠道。据有关专家计算,1954 年至 1978 年,国家通过"剪刀差"形式从农业抽取的资金达 5100 亿元;1950 年至 1979 年,农业通过农业税形式为国家累计提供资金 978 亿元;1954 年至 1979 年,通过"剪刀差"和农业税,农业向国家提供资金 6078 亿元,而同期国家给予农业的资金为 1577 亿元,农业资金净流出为 4501 亿元。② 改革开放以后,农业仍通过"剪刀差"以外的其他形式向国民经济输入资金。据专家计算,农业资金流入非农

①　国家发展和改革委员会产业发展研究所美国、巴西城镇化考察团:《美国、巴西城市化和小城镇发展的经验及启示》,《中国农村经济》2004 年第 1 期。
②　侯石安:《国家与农民"取"与"予"的关系研究》,《农业经济问题》2000 年第 6 期。

业部门的方式及比例,1991 年是"剪刀差"占 46.7%、储蓄占 38.4%、农业税占 14.9%;到 1996 年变化为"剪刀差"占 20.6%、储蓄占 42.5%、农业税占 36.9%。[1]

(三)城乡经济发展没有形成联动。由于城市发展定位不科学,没有清楚地考虑某城市所处位置对其周边地区发展的影响,没有建设和形成以城市为中心的经济圈,农村经济的发展也没有与城市经济相配合,使得农村经济的发展形成自流、盲目性,没有与城市经济发展互动、联动。

(四)城乡之间经济社会发展差距加大。无论是总量指标还是人均的各项指标,我国尤其是河北省都是在水平提高的同时,没有缩小城乡之间的差距,有些方面差距还有扩大。即使在 2002 年之后,党和政府采取了一系列政策措施,城乡之间经济社会发展的差距仍然有扩大化的趋势。

第二节　我国城市经济社会发展现状

一、城市化水平

城市化是个过程,城市化水平(Degree of Urbanization),又叫城市化率,是衡量城市化发展程度的数量指标,一般用一定地域内城市人口占总人口比例来表示。城市化水平的整体评价体系包括:城市人口比重;适龄人口入中学率;人均国内生产总值;城市第三产业占国内生产总值比重;城市人均道路铺装长度;城市人均住房面积;城市用自来水普及率;千人拥有医生数;人均公共绿地面积等。将上述指标进行统计比较,可以对我国的城市化水平作出

---

[1]　牛若峰:《中国发展报告—农业与发展》,浙江人民出版社 2000 年版。

整体评价。

①城市人口比重。这里的城市人口,包括非农业人口、居住城区的农业人口和流动人口三部分。据世界银行公布的数据显示,2010年,我国城市人口比重是45%,世界平均水平是51%,中高等收入国家城市化平均水平为57%,中低等收入国家城市化平均水平为39%,高收入非经合组织国家城市化平均水平为83%,高收入经合组织国家城市化平均水平为77%,而一般发达国家城市化水平在70%—80%,如日本为67%、韩国为82%、加拿大为81%、美国为82%、法国为78%、德国为74%、英国为90%。我国城市化水平低于世界平均水平,稍高于中低收入国家城市化平均水平。

②适龄人口入中学率,又分为适龄人口入中学率和适龄人口入大学率。2010年,我国中学生粗入学率81.18%,世界平均水平是70.37%,高收入国家平均水平是101.33%,中等收入国家平均水平是71.37%;我国大学生粗入学率25.95%,世界平均水平是29.17%,高收入国家平均水平是72.09%,中等收入国家平均水平是26.16%。[①]

③人均国内生产总值。2011年,我国人均国民总收入是4930美元,世界平均值是9488美元,高收入非经合组织国家平均值是25275美元,经合组织高收入国家平均值更是高达41144美元,中高等收入国家平均值是6522美元,中低等收入国家平均值是1760美元。

④城市第三产业占国内生产总值比重。2009年,我国城市第三产业占国内生产总值比重是71.4%,第三产业占国内生产总值

---

① 引自《国际统计年鉴2013年》。其中,粗入学率是指某学年度某级教育在校生数占相应学龄人口总数比例,因此分子有可能大于分母,出现结果大于100%的状况。

比重是 43.4%,世界平均水平是 69.4%,高收入国家平均水平是 72.7%,中等偏上收入国家平均水平是 61.0%,中等偏下收入国家平均水平是 47.4%,中低收入国家平均水平是 53.6%。

⑤城市人均道路铺装长度,这通常以每万人拥有道路长度、面积来衡量。2010 年,我国城市每万人拥有道路长度 7.5 公里,城市人均拥有道路面积 13.2 平方米,2000 年为城市每万人拥有道路长度 4.1 公里,人均拥有道路面积 6.1 平方米,1995 年这两个数值分别为 3.8 公里、4.4 平方米。

⑥城市人均住房面积,通常有住宅建筑面积和住房面积的不同。2010 年,我国城市人均住宅建筑面积 31.6 平方米,1990 年,这一数值为 13.7 平方米。

⑦人均拥有医务人员数,包括卫生技术人员、医师、护士等,通常以千人拥有量计。2010 年,我国城市千人拥有卫生技术人员 7.62 人、执业(助理)医师 2.97 人、注册护士 3.09 人;2000 年,这三个数值分别为 5.17 人、2.31 人、1.64 人,并无太大变化。

⑧绿地面积。2010 年,我国城市园林绿地面积为 213.4 万公顷,公园面积 25.8 万公顷,城市人均公园绿地面积为 11.2 平方米。2000 年,我国城市园林绿地面积为 86.5 万公顷,公园面积 8.2 万公顷,人均公园绿地面积为 3.7 平方米。1995 年城市园林绿地面积为 67.8 万公顷,公园面积 7.3 万公顷,人均公园绿地面积为 2.5 平方米。①

通过以上数据可以看出,改革开放后我国的城市经济社会发展迅速,在城市人口比重、中学生粗入学率、人均国民总收入、第三

---

① 数据来源于中国国家统计局官方网站 http://www.stats.gov.cn;世界银行网站 http://data.worldbank.org.cn。

产业占国内生产总值比重、城市人均道路长度、城市人均道路面积、城市人均公园绿地面积等方面增长速度较快。但现阶段在城市人口比重、大学生粗入学率、人均国民总收入等方面与世界各国平均发展水平,尤其是与发达国家发展水平相比较还存在较大差距。

二、城市类型和数量

城市类型一般包括:大中小城市之分,城市、县城之分,城市又分为地级市、县级市等。2012年,我国全部地级以上城市数为288个,2012年,我国全部地级以上城市数为288个。多数省份城市拥有量在10—20个之间,以广东最多,拥有21个城市。而西藏、青海只拥有1个城市,新疆和海南也只拥有2个城市。可见,我国的城市大多分布在东部沿海和中部经济发达地区,而西部经济欠发达地区城市数量较少。按城市市辖区总人口分组:人口400万以上的有14个城市,人口200—400万的有30个城市,人口100—200万的有81个城市,人口100—200万的有109个城市,人口20—50万的有49个城市,人口20万以下的有4个城市。可见,我国大多数城市人口在20—200万之间,只有北京、上海、天津、重庆、广州等少数经济发达城市的人口在400万以上。①

三、城市竞争力:人口、就业、社会保障

(一)城镇人口及其占总人口的比重。根据国家统计局公布的数据,2013年,我国城镇总人口数为73111万人,占全国比重为53.7%。2010年,我国城镇总人口数为66978万人,占全国比重为

---

① 数据来源于《中国城市年鉴(2009)》。

49.95%。而 1990 年城镇总人口数为 30195 万人，占全国 26.41%，2000 年城镇总人口数为 45906 万人，占全国 36.22%。由以上数据可以看出，不仅我国城镇人口绝对数有了较大幅度的增长，而且其占全国人口的比重也不断上升，上升幅度同样很大。在各地区的城镇人口比重中，北京、天津、上海 3 个直辖市的城镇人口比重最高，分别达到 86.20%、81.55% 和 89.30%；广东、江苏、浙江、辽宁、吉林、黑龙江、内蒙古的城镇人口比重也都在 50% 以上，其余地区相对较低。（见表 3—1、图 3—1）。

表 3—1 2005—2012 年我国各省市城镇人口比重 　（%）

地区	2005	2006	2007	2008	2009	2010	2011	2012
全国	42.99	44.34	45.89	46.99	48.34	49.95	51.27	52.57
北京	83.62	84.33	84.50	84.90	85.00	85.96	86.20	86.20
天津	75.11	75.73	76.31	77.23	78.01	79.55	80.50	81.55
河北	37.69	38.77	40.25	41.90	43.74	44.50	45.60	46.80
山西	42.11	43.01	44.03	45.11	45.99	48.05	49.68	51.26
内蒙古	47.20	48.64	50.15	51.71	53.40	55.50	56.62	57.74
辽宁	58.70	58.99	59.20	60.05	60.35	62.10	64.05	65.65
吉林	52.52	52.97	53.16	53.21	53.32	53.35	53.40	53.70
黑龙江	53.10	53.50	53.90	55.40	55.50	55.66	56.50	56.90
上海	89.09	88.70	88.70	88.60	88.60	89.30	89.30	89.30
江苏	50.50	51.90	53.20	54.30	55.60	60.58	61.90	63.00
浙江	56.02	56.50	57.20	57.60	57.90	61.62	62.30	63.20
安徽	35.50	37.10	38.70	40.50	42.10	43.01	44.80	46.50
福建	49.40	50.40	51.40	53.00	55.10	57.10	58.10	59.60
江西	37.00	38.68	39.80	41.36	43.18	44.06	45.70	47.51
山东	45.00	46.10	46.75	47.60	48.32	49.70	50.95	52.43
河南	30.65	32.47	34.34	36.03	37.70	38.50	40.57	42.43

续表

地区	2005	2006	2007	2008	2009	2010	2011	2012
湖北	43.20	43.80	44.30	45.20	46.00	49.70	51.83	53.50
湖南	37.00	38.71	40.45	42.15	43.20	43.30	45.10	46.65
广东	60.68	63.00	63.14	63.37	63.40	66.18	66.50	67.40
广西	33.62	34.64	36.24	38.16	39.20	40.00	41.80	43.53
海南	45.20	46.10	47.20	48.00	49.13	49.80	50.50	51.60
重庆	45.20	46.70	48.30	49.99	51.59	53.02	55.02	56.98
四川	33.00	34.30	35.60	37.40	38.70	40.18	41.83	43.53
贵州	26.87	27.46	28.24	29.11	29.89	33.81	34.96	36.41
云南	29.50	30.50	31.60	33.00	34.00	34.70	36.80	39.31
西藏	20.85	21.13	21.50	21.90	22.30	22.67	22.71	22.75
陕西	37.23	39.12	40.62	42.10	43.50	45.76	47.30	50.02
甘肃	30.02	31.09	32.25	33.56	34.89	36.12	37.15	38.75
青海	39.25	39.26	40.07	40.86	41.90	44.72	46.22	47.44
宁夏	42.28	43.00	44.02	44.98	46.10	47.90	49.82	50.67
新疆	37.15	37.94	39.15	39.64	39.85	43.01	43.54	43.98

单位：%

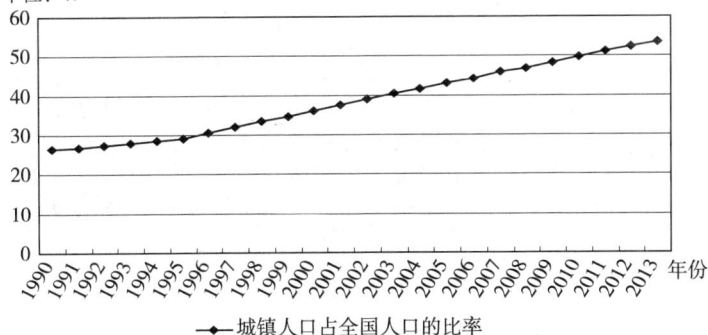

图 3—1　2005—2013 年我国城镇人口增长情况

（二）城镇人口就业情况。2013 年年末，我国就业人员 76977 万人，比上年末增加 273 万人，其中城镇就业人员 38240 万人，比上年末增加 1138 万人，占全国就业人员比重为 49.7%。而城镇登记失业率仍保持在 4.1%。2010 年，我国就业人员 76105 万人，比上年末增加 277 万人，其中城镇就业人员 34687 万人，比上年末增加 1365 万人，占全国就业人员比重为 45.6%。至 2010 年年底，城镇登记失业率仍保持在 4.1%。这表明，城镇登记失业率这一数据连续多年保持不变。1990 年，我国城镇就业人员 17041 万人，占全国就业人员比重为 26.32%。2000 年，我国城镇就业人员为 23151 万人，占全国就业人员比重为 32.12%。由此可见，1990 年我国城镇就业人员比重与同年城镇人口占全国比重基本持平，而 2000 年、2013 年城镇就业人员比重都略低于同年城镇人口占全国比重4%左右，这说明进入 21 世纪后，我国城镇就业增长速度低于人口增长速度，实际就业率有所下降。（见图 3—2、图 3—3）。

单位：万人

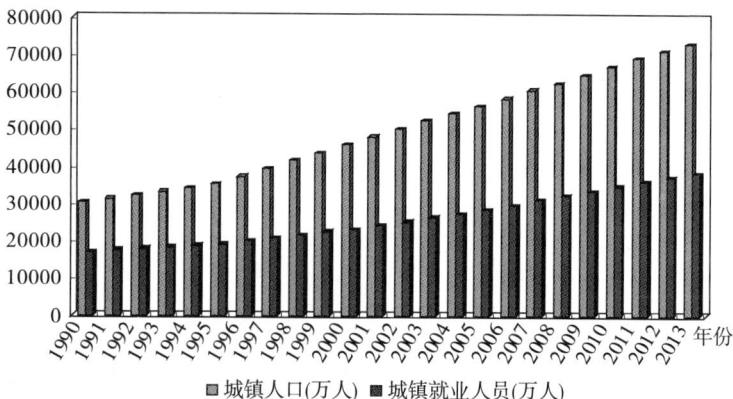

图 3—2　1990—2013 年我国城镇人口与城镇就业人口增长情况

资料来源：数据来自于中国国家统计局官方网站 http://www.stats.gov.cn。

单位:%

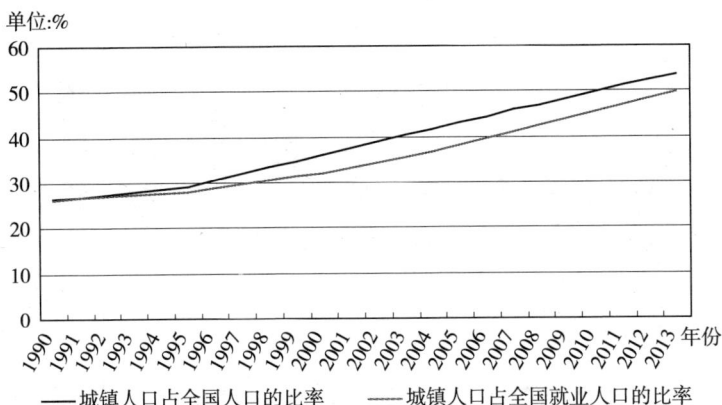

——城镇人口占全国人口的比率   ——城镇人口占全国就业人口的比率

**图3—3 1990—2013年我国城镇人口占比与
城镇就业人口占比变化情况**

资料来源:数据来自于中国国家统计局官方网站 http://www.stats.gov.cn。

(三)城镇居民收支状况。2013年年底,全国城镇居民人均可支配收入26955元,扣除价格因素实际增长7.0%,城镇居民家庭食品消费支出占消费总支出的比重为18.16%。2010年年底,全国城镇居民人均可支配收入19109元,扣除价格因素实际增长7.8%,城镇居民家庭食品消费支出占消费总支出的比重为22.84%。从图3—4可以看出,2005—2013年我国城镇居民人均可支配收入增长了1倍,年增长率一直在10%左右,2007年增长率高达17.23%。城镇家庭中食品消费支出占消费总支出的比重逐年下降,说明城镇居民生活水平有了很大提高。

(四)城镇居民社会保障。一是养老保险情况。2013年年末,全国参加城镇职工基本养老保险人数为32218万人,比上年末增加1792万人。其中,参保职工24177万人,参保离退休人员8041万人,分别比上年末增加1196万人和595万人;参加城镇职工基

单位：元

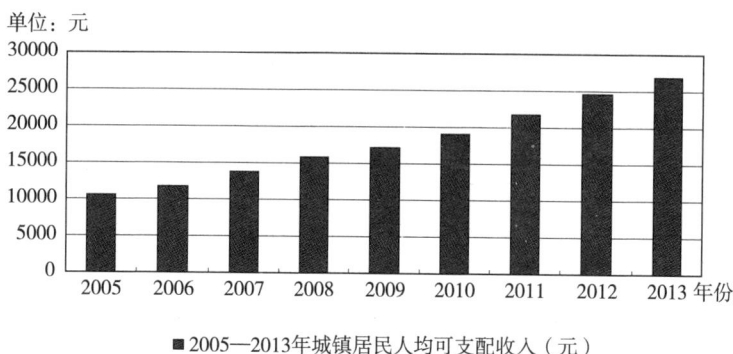

■ 2005—2013年城镇居民人均可支配收入（元）

图3—4 2005—2013年城镇居民人均可支配收入增长情况（元）

资料来源：数据来自于中国国家统计局官方网站 http://www.stats.gov.cn。

本养老保险的农民工人数为 4895 万人，比上年末增加 352 万人；企业参加城镇职工基本养老保险人数为 30049 万人，比上年末增加 1778 万人。

2010 年年末，全国参加城镇基本养老保险人数为 25707 万人，比上年末增加 2157 万人。其中，参保职工 19402 万人，参保离退休人员 6305 万人，分别比上年末增加 1659 万人和 498 万人；参加基本养老保险的农民工人数为 3284 万人，比上年末增加 637 万人；参加企业基本养老保险人数为 23634 万人，比上年末增加 2607 万人。

二是医疗保险情况。2013 年年末，全国参加城镇基本医疗保险人数为 57073 万人，比上年末增加 3431 万人。其中，参加城镇职工基本医疗保险人数 27443 万人，比上年末增加 958 万人；参加城镇居民基本医疗保险人数为 29629 万人，比上年末增加 2474 万人；参加医疗保险的农民工人数为 5018 万人，比上年末增加 22 万人。

2010 年年末,全国参加城镇基本医疗保险人数为 43263 万人,比上年末增加 3116 万人。其中,参加城镇职工基本医疗保险人数 23735 万人,比上年末增加 1797 万人;参加城镇居民基本医疗保险人数为 19528 万人,比上年末增加 1319 万人;参加医疗保险的农民工人数为 4583 万人,比上年末增加 249 万人。

三是失业保险情况。2013 年年末,全国参加失业保险人数为 16417 万人,比上年末增加 1192 万人。其中,参加失业保险的农民工人数为 3740 万人,比上年末增加 1038 万人;全国领取失业保险金人数为 197 万人,比上年末减少 7 万人。

2010 年年末,全国参加失业保险人数为 13376 万人,比上年末增加 660 万人。其中,参加失业保险的农民工人数为 1990 万人,比上年末增加 347 万人;全国领取失业保险金人数为 209 万人,比上年末减少 26 万人。

四是工伤保险情况。2013 年年末,全国参加工伤保险人数为 19917 万人,比上年末增加 907 万人。其中,参加工伤保险的农民工人数为 7263 万人,比上年末增加 84 万人。

2010 年年末,全国参加工伤保险人数为 16161 万人,比上年末增加 1265 万人。其中,参加工伤保险的农民工人数为 6300 万人,比上年末增加 713 万人。

五是生育保险情况。2013 年年末,全国参加生育保险人数为 16392 万人,比上年末增加 963 万人。2010 年年末,全国参加生育保险人数为 12336 万人,比上年末增加 1460 万人。

六是最低生活保障情况。2013 年年末,全国共有 2061.3 万人享受城市居民最低生活保障,全年资助 1229.3 万城市困难群众参加医疗保险。2010 年年末,全国共有 2311.1 万城市居民得到政府最低生活保障,全年资助 1237.4 万城镇困难群众参加城镇医疗保险。

通过这些数据对比可以看出,近十几年来,我国城镇居民的养老保险、医疗保险、困难补助等社会保障项目在规模上、水平上都有了很大提高。

第三节　我国农村经济社会发展现状

农村是人类生活聚集区演变过程的必然阶段,是社会生产力发展到一定阶段的产物。随着生产力的高度发达、城市化进程的不断推进,城市与农村的本质差别将逐渐消失,原有意义上的农村也将消失。在不同的国家、同一国家的不同时期,对于农村的统计口径不同。例如:美国在1950年以前规定,凡是人口在2500人以下的、没有组织成自治单位的居住地就算农村;在1950年以后规定,不论其是否组织成自治单位,凡人口在2500人以下或人口在每平方英里1500人以下的地区及城市郊区都算作农村。欧洲各国一般以居住地在2000人以下的为农村。

一、农村类型

农村类型一般是指村、镇、乡。1984年我国行政区划办规定,凡县级地方国家机关所在地,或总人口在2万人以下的乡,乡政府驻地非农业人口超过2000人的,或总人口在2万人以上的乡,乡政府驻地非农业人口占全乡人口10%以上的,均可建镇。所以,我国没有规定"农村"这一统计指标的口径,而是规定了"市镇总人口"和"乡村总人口"这两个人口统计指标。其中,"市"是指经国家规定成立"市"建制的城市;"镇"是指经省、自治区、直辖市批准的镇。"市镇总人口"指市、镇辖区内的全部人口;"乡村总人口"指县(不含镇)内全部人口。

2010 年年底,全国共有乡镇行政区划 33981 个,比上年减少 189 个,其中乡 14571 个,比上年减少 277 个,镇 19410 个,比上年增加 88 个;街道办事处 6926 个,比上年增加 240 个;区公所 2 个,与上年保持一致。

截至 2013 年年底,全国 34 个省级行政区划下辖地级行政区划单位 333 个,其中,地级市 286 个、地区 14 个、自治州 30 个、盟 3 个;县级行政区划单位 2853 个,其中,市辖区 872 个、县级市 368 个、县 1442 个、自治县 117 个、旗 49 个、自治旗 3 个、特区 1 个、林区 1 个;乡级行政区划单位 40497 个,其中,区公所 2 个、镇 20117 个、乡 11626 个、苏木 151 个、民族乡 1034 个、民族苏木 1 个、街道 7566 个。

二、农村经济社会发展

(一)农村人口及其占总人口比重。从 1990 年至今,我国农村人口所占比重逐年下降。1990 年农村人口占全国比重为 73.59%,2000 年为 63.78%。2013 年年末,中国大陆总人口(包括 31 个省、自治区、直辖市和中国人民解放军现役军人,不包括香港、澳门特别行政区和台湾省以及海外华侨人数)136072 万人,比上年末增加 668 万人。其中,城镇常住人口 73111 万人,比上年末增加 1929 万人,乡村常住人口 62961 万人,减少 1261 万人,农村人口占总人口比重为 46.27%,比 2012 年下降了 1.2 个百分点。

2010 年年末,中国大陆总人口(包括 31 个省、自治区、直辖市和中国人民解放军现役军人,不包括香港、澳门特别行政区和台湾省以及海外华侨人数)133972 万人,比上年末增加 641 万人。其中,城镇常住人口 73111 万人,比上年末增加 1929 万人,乡村常住

人口 62961 万人,减少 1261 万人,农村人口占总人口比重为
50.1%,比 2009 年下降了 1.6 个百分点。

(二)农村居民收支状况。2013 年全年农村居民人均纯收入
8896 元,扣除价格因素,实际增长 9.3%。2010 年全年农村居民人
均纯收入 5919.0 元,扣除价格因素,实际增长 10.9%。图 3—5 为
2005—2013 年我国农村居民人均纯收入情况表,由此可以看出,
我国农村居民人均纯收入一直处于增长的状态,且增长速度一直
在 8%—15% 左右。农村居民家庭食品消费支出占消费总支出的
比重也从 1990 年的 58.8%,逐步下降到 2010 年 41.09%、2012 年
的 39.33%。可见,我国农村居民生活水平整体上有了很大提高。

单位:元

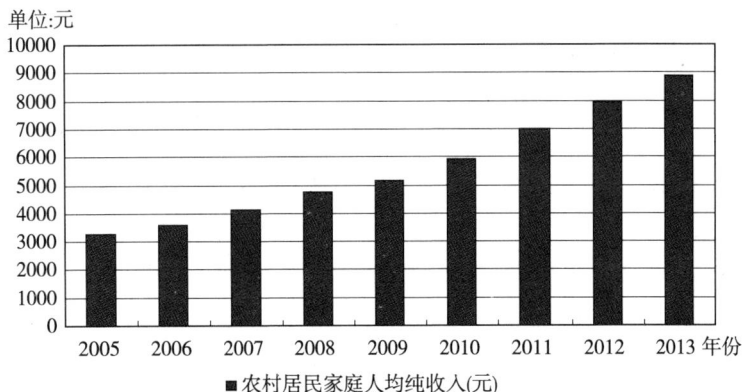

图 3—5 2005—2013 年农村居民人均纯收入增长情况(元)

资料来源:数据来自于中国国家统计局官方网站 http://www.stats.gov.cn。

(三)农村人口就业状况。从就业情况来看,2013 年,我国农
村就业人员总数为 38737 万人,占全国就业人员比重为 50.32%,
比上年下降 1.3 个百分点。2010 年,我国农村就业人员总数为
41418 万人,占全国就业人员比重为 54.42%,比上年下降 1.64 个

百分点。1990 年这一比重为 73.68%,2000 年为 67.88%。通过对 20 世纪 90 年代至今的数据分析,可以看出我国农村就业人员比重一直处于下降的趋势,但这一数据的下降与农村人口占全国总人口比重基本保持一致。这说明我国农村居民就业水平基本变化不大,未实现就业增加。

(四)农村人口生活水平。在农村居民人均住房方面,2012 年,农村居民人均住房面积 37.1 平方米。2010 年,我国农村人均住房面积 34.1 平方米。2000 年为 24.8 平方米,1990 年这一数值仅为 17.8 平方米;在农村居民车辆保有方面,农村每百户拥有摩托车 2012 年为 62.2 辆,2010 年为 59.02 辆,2000 年为 21.94 辆,1990 年仅为 0.89 辆。

在文化方面,我国农村每百户彩色电视机拥有量从 1990 年的 4.7 台增长到 2000 年的 48.7 台,2010 年的 111.8 台,2012 年的 116.9 台。电脑拥有量也从 2000 年的每百户 0.5 部增长到 2010 年的 10.4 部,2012 年的 21.4 部;农村居民家庭文教娱乐支出比重从 1990 年的 5.4%,上升到 2003 年的最高值 12.13%,后又下降到 2010 年的 8.4%,2012 年的 7.54%。

在卫生方面,农村居民家庭医疗保健支出比重从 1990 年的 3.3%,上升到 2010 年的 7.4%,2012 年的 8.7%。每千人农村人口拥有的医生和卫生人员 2010 年为 3.04 人,2013 年年底,每千人农村乡镇卫生院人员为 1.41 人①,与 20 世纪 90 年代相比,农村居民医疗健康支出有所增加,上升幅度不大。而从医疗卫生资源看,没有增加。

---

① 该数据来源于国家卫生和计划生育委员会发布的《2013 年我国卫生和计划生育事业发展统计公报》。

（五）农村居民社会保障。在社会救助方面,2013年年末,全国各类提供住宿的社会服务机构4.7万个,床位509.4万张,收养救助各类人员310.0万人。其中,农村养老服务机构4.3万个,床位474.6万张,收留抚养各类人员294.3万人。共有社区服务中心1.9万个,社区服务站10.3万个。2010年年末,全国共有各类提供住宿的收养性社会服务机构4.0万个,床位312.3万张,收养各类人员236.5万人。其中,农村养老服务机构3.1万个,床位213.9万张,收养各类人员170.4万人。各类社区服务设施18.0万个,其中,社区服务中心1.14万个,社区服务站5.1万个。

在最低生活保障方面,2013年年末,全国共有5382.1万人享受农村居民最低生活保障,农村五保供养538.2万人。全年资助1229.3万城市困难群众参加医疗保险,资助4132.5万农村困难群众参加新型农村合作医疗。2010年,全年2311.1万城市居民得到政府最低生活保障;5228.4万农村居民得到政府最低生活保障;554.9万农村居民得到政府五保救济,增加1.5万人。全年救助城市医疗困难群众373.6万人次,救助农村医疗困难群众813.8万人次;资助1237.4万城镇困难群众参加城镇医疗保险,资助4223.7万农村困难群众参加新型农村合作医疗。

在新型农村合作医疗方面,2013年,2646个县(市、区)开展了新型农村合作医疗工作,新型农村合作医疗参合率97.5%。新型农村合作医疗基金累计支出总额为1114亿元,累积受益8.4亿人次。2010年,2678个县(市、区)开展了新型农村合作医疗工作,新型农村合作医疗参合率96.3%。新型农村合作医疗基金支出总额为832亿元,累计受益7.0亿人次。

在养老和失业保险方面,2013年,全国列入国家新型农村社会养老保险试点地区参保人数32643万人。2010年,全国列入国

家新型农村社会养老保险试点地区参保人数 10277 万人。年末全
国领取失业保险金人数为 209 万人。①

由以上数据可见,在我国农村居民人数不断减少的情况下,其
住房、文化、医疗、卫生、养老等基本生活保障水平在不断提高。

第四节　我国城乡经济社会发展之
比较——以河北省为例

改革开放以后,我国城乡经济社会发生了极大的变化,城乡人
民生活水平有了很大的提高。但从总体上看,城乡经济社会发展
仍然存在着失衡问题,城乡居民收入水平、消费水平仍然存在较大
差距。农业增长明显滞后于工业增长,农村发展明显滞后于城市
发展,农村居民生活水平明显低于城镇居民生活水平。城市教育、
文化、卫生、社会保障、基础设施等公益性事业不断发展,经营性投
资不断提高,使城市的现代化水平不断提升,而农村的乡村道路、
人畜饮水、医疗卫生、文化教育和社会保障等公益性事业发展严重
落后,与城市之间存在着较大差距。

一、我国城乡经济发展差距较大

(一)第一产业增速缓慢,导致城乡工农业发展不协调。从表
3—2 可以看出,改革开放后,我国城乡国内生产总值增长速度较
快,尤其是 20 世纪 90 年代后,一直保持在 10% 左右,2007 年高达
14.2%。2010 年,我国国内生产总值是 1978 年的 109.67 倍;2013
年,我国国内生产总值更是达到 1978 年的近 156 倍。这说明我国

---

① 该数据来源于《中华人民共和国 2013 年国民经济和社会发展统计公报》。

经济形势总体发展较快,但城镇和农村之间发展仍然存在很大差距。农村以第一产业发展为主,从此表可以看出,除 1990 年外,其他年份第一产业增长速度均低于国内生产总值增长速度,国内生产总值增长速度为第一产业增长速度的 2—3 倍。

表 3—2　改革开放后我国国内生产总值增长速度情况

年份	国内生产总值 (单位:亿元)	国内生产总值 增长速度(%)	第一产业增长 速度(%)
1978	3645.2	11.7	4.1
1980	4545.6	7.8	—
1985	9016.0	13.5	1.8
1990	18667.8	3.8	7.3
1995	60793.7	10.9	5.0
2000	99214.6	8.4	2.4
2001	109655.2	8.3	2.8
2002	120332.7	9.1	2.9
2003	135822.8	10.0	2.5
2004	159878.3	10.1	6.3
2005	184937.4	11.3	5.2
2006	216314.4	12.7	5.0
2007	265810.3	14.2	3.7
2008	314045.4	9.6	5.4
2009	340902.8	9.2	4.2
2010	401202.0	10.4	4.3
2011	471564.0	9.2	4.5
2012	519470.1	7.7	4.5
2013	568845.0	7.7	4.0

资料来源:数据来自于中国国家统计局网站 http://www.stats.gov.cn。

十一届三中全会之后的几年里,由于经济体制改革首先从农村开始,政府重视农业发展,农业产值增长较快,农业产值增长及其在总产值中的比重较高。但随后的一些年份,我国开始实行以农支工的政策,国民收入分配向工业倾斜,农业投入不足,第一产业产值规模相对缩小、比重降低。图3—6为1978—2013年我国第一产业占全国国内生产总值的比重情况,根据图中数据可以看出,第一产业产值占城乡国内生产总值的比重1978年为28.19%,到1982年达到峰值33.39%,此后该比重逐年降低。2003年到2004年该比重略有提高,但从2005年以后该比重的降低趋势依旧,2010年达到10.1%,2013年仅为10.01%。

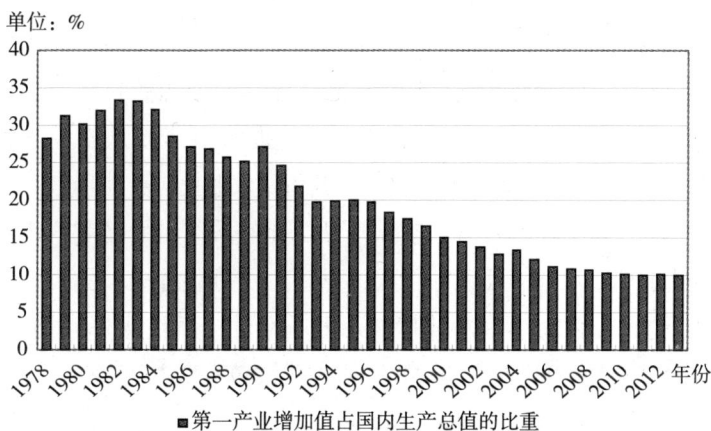

单位:%

■第一产业增加值占国内生产总值的比重

图3—6 1978—2013年我国第一产业发展情况

资料来源:中国国家统计局网站 http://www.stats.gov.cn。

从第一产业与第二、三产业发展的差距分析来看,由于改革开放初期,我国以农业发展为主,农业发展增速较快。但实行以农支工的政策后,经济发展中心开始向工业倾斜,农业投入相对减少,第一产业产值规模相对缩小、发展速度出现缓慢局面,导致我国工农业发展不平衡。第二、三产业与第一产业发展速度之比由1979—1984 年的 0.91∶1 扩大到 1985—1990 年的 1.14∶1,进而又扩大到 1991—2000 年的 2.30∶1。21 世纪以后,我国第一产业和第二、三产业发展速度差距仍然较大,第一产业发展速度一直在2%—6% 左右,而第二、三产业发展速度则在 10%—15% 左右,发展速度相差最大时为 12%。第一产业在国内生产总值中所占比重也逐年降低,到 2010 年其所占比重为 10.1%,2013 年其所占比重仍然为 10.1%;第二产业所占比重则相对稳定,一直在 45% 以上;第三产业所占比重显著增加,2010 年这一比重达到 43.1%,2013 年这一比重有所增加,也仅达到 46.09%,基本与第二产业持平。可见,近三十年来我国产业结构不协调,第一产业发展速度缓慢,与第二、三产业的差距也不断扩大。

(二)三个产业劳动生产率差异大,导致城乡差距拉大。二元生产率对比系数是衡量城乡差距的一个指标,主要反映农业与非农业比较劳动生产率的差异程度。其值是农业比较劳动生产率和非农业比较劳动生产率的比值,反映二元经济结构的强度。其呈反方向变化,二元对比系数越低,两部门的差别越小,反之,两部门差别越大。由表 3—3 可知,二元生产率对比系数从 1978 年的0.164 上升到 1990 年的 0.247。这表明改革开放初期,两部门之间的差距是拉大的。1996 年以后,二元生产率对比系数有所下降,到 2003 年达到最小值 0.152。但 2003 至 2010 年二元生产率对比系数再度出现持续上升趋势,二元生产率对比系数值趋近于0.2。这说明我国城乡经济发展关系并没有得到真正的调整,仍存在严重的不协调性,农业发展水平低直接导致农村居民收入低,与城镇居民收入差距不断扩大。

从上述分析可以看出,农业和非农业部门的比较劳动生产率基本符合经济结构演变的一般规律,都呈现出逐渐下降的趋势;而二元生产率对比系数的下降则表明城乡经济发展的不协同性,说明两部门之间的差距在逐渐扩大。

表3—3 1978—2010年城乡二元经济结构的主要衡量指标

年份	1978	1980	1985	1990	1995	1996	1997	1998	1999	2000
第一产业比较劳动生产率	0.400	0.439	0.456	0.451	0.382	0.390	0.366	0.353	0.329	0.301
第二、三产业比较劳动生产率	2.434	2.231	1.903	1.827	1.674	1.622	1.631	1.642	1.674	1.700
二元生产率对比系数	0.164	0.197	0.240	0.247	0.228	0.240	0.225	0.215	0.196	0.177
年份	2001	2002	2003	2004	2005	2006	2007	2008	2009	2010
第一产业比较劳动生产率	0.288	0.275	0.261	0.286	0.273	0.266	0.273	0.286	0.270	0.275
第二、三产业比较劳动生产率	1.712	1.725	1.713	1.631	1.590	1.545	1.501	1.468	1.449	1.420
二元生产率对比系数	0.168	0.159	0.152	0.175	0.172	0.172	0.182	0.194	0.186	0.194

资料来源:根据历年《中国统计年鉴》计算得出。

从河北省第一产业、国内生产总值发展关系来看,河北省国内生产总值也保持了较快的增长速度。2003—2013年增长率都在10%以上,2010年河北省国内生产总值达到20394.26亿元,是

2000 年的 3.7 倍；2013 年河北省国内生产总值达到 28301.4 亿元，是 2000 年的 5.6 倍。但河北省同样受到体制及相关政策影响，第一产业产值规模相对缩小。1952 年河北省第一产业产值占城乡国内生产总值的比重为 62.31%，1957、1962 及 1965 年分别为 49.92%、49.39% 和 51.16%。由此可见，河北省是以农业为主的省份。但从 20 世纪 70 年代起，该比重开始大幅度下降，进入 21 世纪后这一比重已降至 17% 以下，2010 年比重达到 12.57%，到 2013 年该比重仅为 12.37%。这充分说明，河北省第一产业与第二、三产业发展不协调的状况不仅没有改善，反而有明显加剧趋势。这导致以农业发展为主的农村与以工业、服务业发展为主的城市之间收入存在的差距越来越大。（见图 3—7）

单位：%

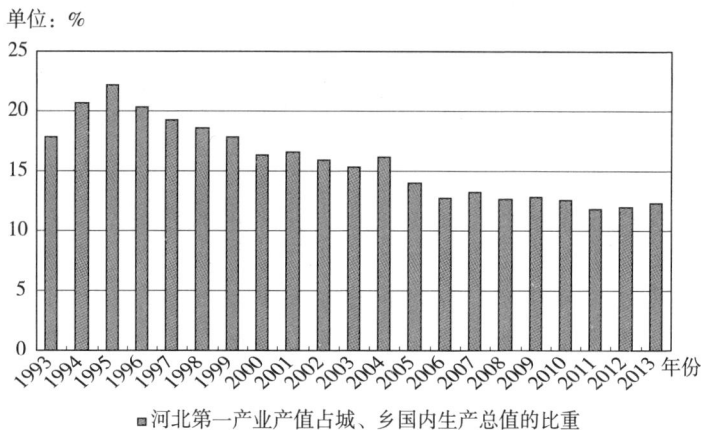

■河北第一产业产值占城、乡国内生产总值的比重

图 3—7　1993—2013 年河北省第一产业发展情况

资料来源：数据来自于河北省统计局网站 http://www.hetj.gov.cn。

以河北省与全国人均国内生产总值看，河北省在 2003 年及以前年度，历年人均国内生产总值均低于全国平均水平，从 2004 年起，河北省的人均产值开始与全国水平持平，2006 年、2009 年略高于全国水平,2008年又恢复到与全国水平持平的状态,2010年起又恢复到低于全国水平的状态。而且第一产业产值占城、乡国内生产总值的比重也略高于全国平均水平。但是,从总体上看,河北省与全国在人均国内生产总值、第一产业发展情况基本保持一致,其城乡发展差距在一定程度上可以反映全国整体情况。(见图3—8)

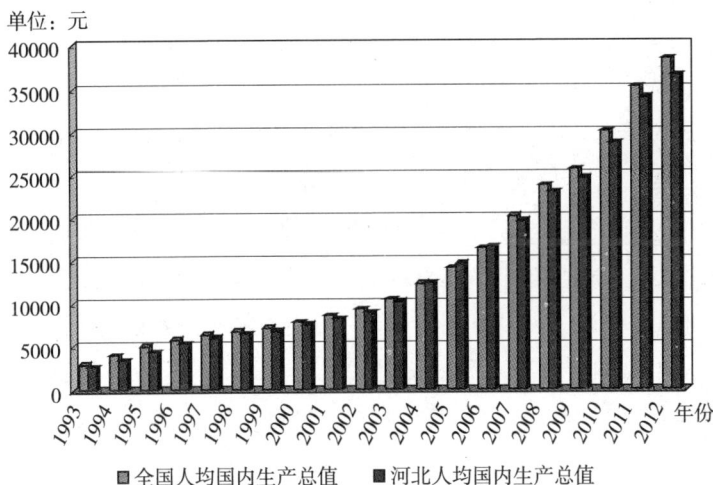

单位:元

■全国人均国内生产总值　■河北人均国内生产总值

图3—8　1993—2012年河北省与全国人均国内生产总值比较

资料来源:《中国统计年鉴》《河北省经济年鉴》。

需要指出的是,河北省不同县市的发展状况存在较大差异。2000年到2005年,河北省全省30强县(市)人均GDP达15383.3元,农民人均纯收入达3742.9元,城镇在岗职工年平均工资达9748.8元,分别比136个县(市)平均水平高出69.4%、31.2%、8.6%;全省30强县(市)人均全部财政收入913.6元,是136个县(市)平均水平的2倍;全省30强县(市)人均地方财政一般预算收入 334.7 元,是 136 个县(市)平均水平的 1.7 倍;全省 30 强县(市)城乡居民人均储蓄存款余额 9002.5 元,是 136 个县(市)平均水平的 1.5 倍。

(三)城乡居民收入增速基本持平,导致差距扩大。改革开放以来,随着我国国民经济的快速发展,城乡居民的收入不断提高,收入增长速度也一直保持较高增长,居民生活水平有了很大提高。但是,城乡居民收入提高不均衡,导致城乡居民收入差距不断扩大,这一问题在当今我国社会中已成为人们最关注的问题之一。

从城乡居民人均可支配收入的绝对值来看,改革开放至今,城镇居民家庭人均可支配收入从 1978 年的 343.4 元增长到 2005 年的 10493 元,首次突破 10000 元,到 2009 年又增加到了 17175 元,2010 年城镇居民家庭人均可支配收入 21033.4 元,2013 年城镇居民家庭人均可支配收入 26955 元,是 1978 年的 78.49 倍,是 1990 年的 17.85 倍,是 2000 年的 4.29 倍;而农村居民家庭人均纯收入则从 1978 年的 133.6 元增长到 2009 年的 5153 元,2010 年的 5919 元,2013 年的 8896 元。虽然已突破 5000 元大关,逼近万元,但在绝对数上远远低于城镇居民家庭人均可支配收入。仅是城镇居民家庭人均可支配收入的 31.99%,且增长速度也慢于城镇居民家庭人均可支配收入。其 2013 年的收入水平仅是 1978 年的 66.58 倍,是 1990 年的 12.97 倍,是 2000 年的 3.95 倍。表 3—4 中数据说明,历年城镇居民家庭人均可支配收入均远远高于农村居民家庭人均纯收入。

从城乡居民人均可支配收入的增长速度来看,由表 3—4 中城镇居民家庭人均可支配收入和农村居民家庭人均纯收入增长率的比较分析得到:20 世纪 90 年代部分年份中,我国农村居民家庭人均纯收入增长速度高于城镇居民家庭人均可支配收入,如 1995、

1996、1997 年,农村居民家庭人均纯收入增长率分别为 5.3%、9.0%、4.6%,城镇居民家庭人均可支配收入增长率则分别为4.9%、3.8%、3.4%;但在绝大多数年份,农村居民家庭人均纯收入增长速度低于城镇居民家庭,如 1990、1998、1999、2000 年,农村居民家庭人均纯收入增长率分别为 1.8%、4.3%、3.8%、2.1%,而同期城镇居民家庭人均可支配收入增长率则分别为 8.6%、5.8%、9.3%、6.4%。进入 21 世纪后,更是由于城镇居民家庭人均可支配收入增长率持续高于农村居民家庭人均纯收入增长率,从而导致我国城乡居民收入差距不断扩大。

表 3—4　1978—2013 年我国城乡居民人均可支配收入比较

年份	农村人均可支配收入（元）	实际增长率（%）	城镇人均可支配收入（元）	实际增长率（%）	城乡人均可支配收入比
1978	134		343		2.56
1985	398	8.4	739	10.6	1.86
1990	686	1.8	1510	8.6	2.20
1995	1578	5.3	4283	4.9	2.71
1996	1926	9.0	4839	3.8	2.51
1997	2090	4.6	5160	3.4	2.47
1998	2160	4.3	5425	5.8	2.51
1999	2210	3.8	5854	9.3	2.65
2000	2253	2.1	6280	6.4	2.79
2001	2366	4.2	6860	8.5	2.90
2002	2476	4.8	7703	13.4	3.11
2003	2622	4.3	8472	9.0	3.23
2004	2936	6.8	9422	7.7	3.21

续表

年份	农村人均可支配收入（元）	实际增长率(%)	城镇人均可支配收入（元）	实际增长率（%）	城乡人均可支配收入比
2005	3255	6.2	10493	9.6	3.22
2006	3587	7.4	11759	10.4	3.28
2007	4140	9.5	13786	12.2	3.33
2008	4761	8.0	15781	8.4	3.31
2009	5153	8.5	17175	9.8	3.33
2010	5919	10.9	19109	7.8	3.23
2011	6977	11.4	21810	8.4	3.13
2012	7917	10.22	24565	9.38	3.10
2013	8966	10.0	26955	6.48	3.01

注：城镇和农村的人均可支配收入的实际增长率已扣除价格上涨因素。

资料来源：《中国统计年鉴（2008、2009）》。

从城乡居民人均可支配收入之比来看，改革开放初，我国城乡居民人均可支配收入之比为2.56∶1，1983年一度缩小到1.7∶1。20世纪90年代后，这一比值逐渐扩大，2002年扩大到3.11∶1，2007年则达到最高值3.33∶1。至2013年，此指标没有太大改善。如果将医疗、教育、失业保障等非货币因素考虑进去，我国城乡人均可支配收入差距将会更大。

从基尼系数看我国居民收入分配差距。基尼系数是由意大利经济学家基尼（Gini C.）在洛伦兹曲线的基础上提出的，是国际通用的反映收入差距的重要指标。通常认为，基尼系数在0.2以下为高度平均状态，在0.2—0.3时为相对平均，在0.3—0.4时为比较合理（或者正常），0.4作为收入差距的警戒线，在0.4—0.5时

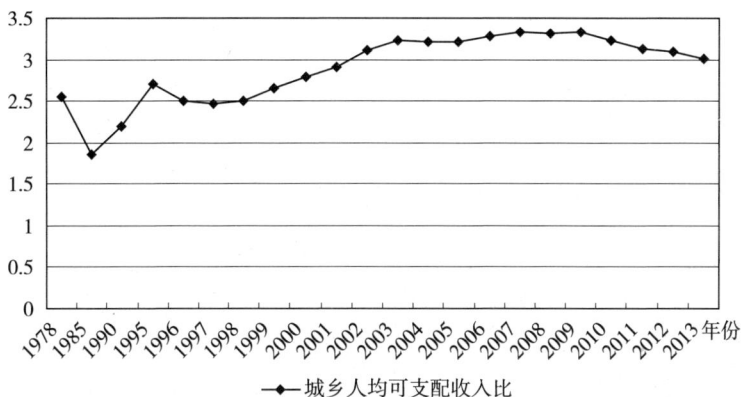

图3—9 1978—2013 年城乡人均可支配收入之比

资料来源:数据是根据国家统计局发布的《中国统计年鉴(2012)》计算得出。

为收入差距较大,当基尼系数大于 0.5 时就意味着极度的不平均。

改革开放之前,我国居民的收入分配格局表现为极度平均,当然基尼系数也较低。1978 年,我国城镇内部基尼系数是 0.16,农村内部基尼系数只有 0.21。改革开放以后,我国生产力发展迅速,居民收入水平明显提高,居民收入差距也逐步扩大,近些年已成为社会关注的热点。虽然不同学者采集的数据不同,但总体来看,计算出的基尼系数都呈现出逐渐上升的趋势。据世界银行的统计数据,1981 年我国的基尼系数是 0.288,1992 年是 0.375,1995 年是 0.415。进入 21 世纪以来,2003 年《人类发展报告》中公布我国的基尼系数是 0.458,2004 年是 0.465,1992—2007 年的平均值是 0.415。表 3—5 中数据显示,改革开放后我国居民收入差距呈不断扩大的趋势。

表 3—5　我国城乡及全国居民基尼系数

年份	农村内部基尼系数	城镇内部基尼系数	全国基尼系数	
			国家统计局数据	其他单位数据
1978	0.21	0.16		
1985	0.23	0.19		
1990	0.31	0.23	0.389	
1991	0.31	0.24		
1992	0.31	0.25		0.375
1993	0.32	0.27		
1994	0.33	0.30		
1995	0.34	0.28	0.389	0.415
1996	0.32	0.28	0.375	
1997	0.33	0.29	0.379	
1998	0.34	0.30	0.386	0.403
1999	0.34	0.30	0.397	
2000	0.35	0.32	0.417	
2001	0.36	0.32	0.403	0.447
2002	0.37	0.32	0.442	
2003	0.37	0.33	0.460	0.458
2004	0.37	0.33	0.473	0.465
2005	0.38	0.34	0.485	0.470
2006	0.37	0.34	0.487	0.496
2007	0.39	0.32	0.484	0.480

续表

年份	农村内部基尼系数	城镇内部基尼系数	全国基尼系数	
			国家统计局数据	其他单位数据
2008			0.491	
2009			0.490	
2010			0.481	
2011	0.3897		0.477	
2012			0.474	
2013			0.473	

资料来源:《中国居民收入分配年度报告(2007)》《中国统计年鉴》,世界银行发布的数据。

以河北省来看,30多年间,河北省城乡居民收入都在增长,但城镇居民人均可支配收入增长了65.2倍,而农民人均纯收入增长了61.4倍。从表3—6可以看出,河北省的城乡居民人均可支配收入差距大致经历了三个阶段。一是改革开放初期,由于推行农村家庭联产承包责任制,国家较大幅度地提高了对农产品的收购价格,并严格控制农用生产资料的价格,极大地激发了农民的生产积极性,农民人均纯收入大幅度提高。同时,由于城市改革的滞后性,使得同期农民人均纯收入的增长快于城镇居民可支配收入增长,从而城乡收入差距逐年缩小,由1978年的2.42:1缩小到1984年的1.51:1。二是1984年至1993年,由于城市经济体制改革各项措施,包括打破两个大锅饭、国民收入分配制度调整等开始实施,城镇居民收入大幅度增加,而农村改革尚无重大新举措。从而使河北省城镇居民年均可支配收入与农民年均纯收入的差距呈逐年拉大的趋势,从 1984 年的 1.51:1 快速上升到 1993 年的峰值 2.74:1。三是 1994 年以后,受到金融危机的影响,我国宏观经济发展放缓,城市居民收入增长缓慢,城乡居民收入差距呈现了缩小态势,直至 1998 年的 2.11:1。但随着我国积极财政政策和宏观经济政策的实施,河北省城乡居民收入差距又开始相对缓慢扩大,从 1998 年的 2.11:1 逐步增大到 2009 年的 2.86:1。2003—2005 年,河北省城乡居民可支配收入的差距在宏观财政经济政策的调控下呈现了缩小趋势,但最近两年城乡居民收入的差距却急剧扩大。

表3—6 河北省城镇居民与农民收入比较

年度	城镇居民可支配收入(元)	农民人均收入(元)	城乡收入比
1978	276.24	114.06	2.42:1
1980	400.56	175.77	2.28:1
1981	402.48	204.41	1.97:1
1982	432.84	238.70	I.81:1
1983	448.68	298.07	1.51:1
1984	519.24	345.00	1.51:1
1985	630.72	385.23	1.64:1
1986	766.44	407.61	1.88:1
1987	855.00	444.40	1.92:1
1988	1080.48	546.62	1.98:1
1989	1256.88	589.40	2.13:1
1990	1397.35	621.67	2.25:1
1991	1489.32	657.38	2.27:1
1992	1763.40	682.48	2.58:1
1993	2201.04	803.80	2.74:1
1994	3007.68	1107.25	2.72:1

续表

年度	城镇居民可支配收入（元）	农民人均收入（元）	城乡收入比
1995	3991.72	1668.73	2.39:1
1996	4429.66	2054.95	2.16:1
1997	4958.67	2286.01	2.17:1
1998	5084.64	2405.32	2.11:1
1999	5365.03	2441.50	2.20:1
2000	5661.16	2478.86	2.28:1
2001	5984.82	2603.60	2.30:1
2002	6678.73	2685.16	2.49:1
2003	7239.12	2853.29	2.54:1
2004	7951.31	3171.06	2.51:1
2005	9107.09	3481.64	2.28:1
2006	10304.56	3801.82	2.71:1
2007	11690.47	4293.43	2.72:1
2008	13441.09	4795.46	2.80:1
2009	14718.30	5149.70	2.86:1
2010	16263.40	5958.00	2.73:1
2011	18292.20	7119.70	2.57:1
2012	24564.7	7916.6	3.10:1
2013	26955.0	8896.0	3.03:1

资料来源：《河北农村统计年鉴2012》《河北经济年鉴2012》《中国财政年鉴1996—2012》，国家统计局统计公报。

（四）城乡居民消费水平均大有改观，但差距仍在。正如财政收入是财政支出的基础一样，对于任何一个居民家庭来说，收入都是消费的基础，城乡居民家庭收入的差距必然引起城乡居民家庭消费的差距。一般而言，城乡居民消费差距的走势与其收入差距走势大体相近,但城乡居民消费差距比城乡居民收入差距表现更加明显。

从城乡居民人均消费性支出来看,自20世纪90年代开始,城乡居民人均消费性支出增加幅度较大,城镇居民人均消费性支出从1990年的1279元增加到2010年的13471元,增长了近10倍。农村居民人均消费性支出从1990年的585元增加到2010年的4382元,增长了近6.5倍。1990年城乡居民人均消费性支出绝对差为694元,到2010年两者的绝对差已高达9089元。城镇与农村居民人均消费性支出之比从1990年的2.19∶1上升到2003年的3.35∶1,之后这一比值有所下降,但一直在3∶1之上,说明我国城乡居民人均消费性支出一直存在较大差距。(参见表3—7,图3—10)

表3—7 1990—2012年我国城乡居民人均消费性支出比较

年度	城镇居民人均消费性支出(元)	农村居民人均消费性支出(元)	城乡居民消费性支出之比
1990	1279	585	2.19
1997	4186	1617	2.59
2000	4998	1670	2.99
2001	5309	1741	3.05
2002	6030	1834	3.29
2003	6511	1943	3.35
2004	7182	2185	3.29
2005	7943	2555	3.11
2006	8697	2829	3.07
2007	9997	3224	3.10
2008	11243	3661	3.07

续表

年度	城镇居民人均消费性支出(元)	农村居民人均消费性支出(元)	城乡居民消费性支出之比
2009	12265	3993	3.07
2010	13471	4382	3.07
2011	15161	5221	2.90
2012	16674	5908	2.82

资料来源:数据是根据《中国统计年鉴》、国家统计局发布的有关数据计算得出。

单位:元

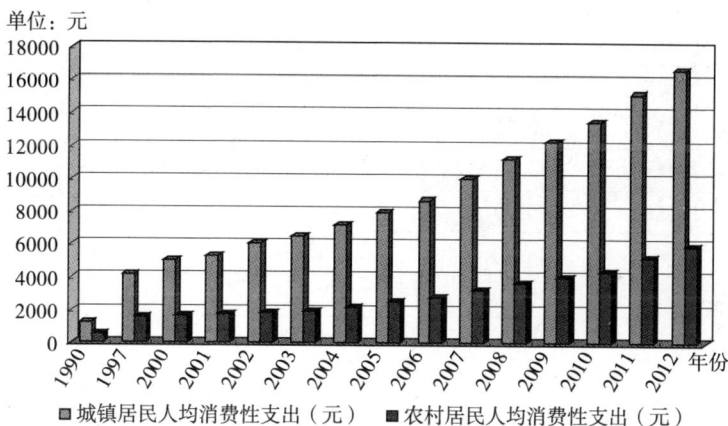

图3—10　1990—2012年我国城乡居民人均消费性支出比较

从我国城乡居民家庭的恩格尔系数来看,总体上,我国城乡居民家庭的恩格尔系数均呈下降趋势,1978年分别为57.5%和67.7%,1990年分别为54.2%和58.8%,2000年分别是39.4%和49.1%,2010年是35.7%和41.1%,到2012年分别是36.2%和39.3%,说明城乡居民生活水平呈现好的发展趋势。但从城乡差距看,农村居民家庭的恩格尔系数仍然较高。目前,农村居民家庭的消费水平只相当于20世纪90年代的城市居民家庭消费水

平。可以说,城乡居民家庭生活水平大体相差 10 年左右。(参见表 3—8,图 3—11)

表 3—8　我国城镇和农村居民家庭的恩格尔系数比较

年度	城镇居民家庭恩格尔系数(%)	农村居民家庭恩格尔系数(%)	城、乡居民家庭恩格尔系数之差(%)
1978	57.50	67.70	10.20
1980	56.90	61.80	4.90
1985	53.31	57.80	4.49
1990	54.24	58.80	4.56
1991	53.80	57.60	3.80
1992	53.04	57.60	4.56
1993	50.32	58.10	7.78
1994	50.04	58.90	8.86
1995	50.09	58.60	8.51
1996	48.76	56.30	7.54
1997	46.60	55.10	8.50
1998	44.66	53.40	8.74
1999	42.07	52.60	10.53
2000	39.44	49.10	9.66
2001	38.20	47.70	9.50
2002	37.68	46.20	8.52
2003	37.10	45.60	8.50
2004	37.70	47.20	9.50
2005	36.70	45.50	8.80
2006	35.80	43.00	7.20
2007	36.29	43.10	6.81
2008	37.89	43.67	5.78

续表

年度	城镇居民家庭 恩格尔系数(%)	农村居民家庭 恩格尔系数(%)	城、乡居民家庭恩 格尔系数之差(%)
2009	36.52	40.97	4.45
2010	35.70	41.09	5.39
2011	36.30	40.40	4.10
2012	36.20	39.30	3.10

资料来源:数据来自于中国国家统计局官方网站 http://www.stats.gov.cn。

单位:%

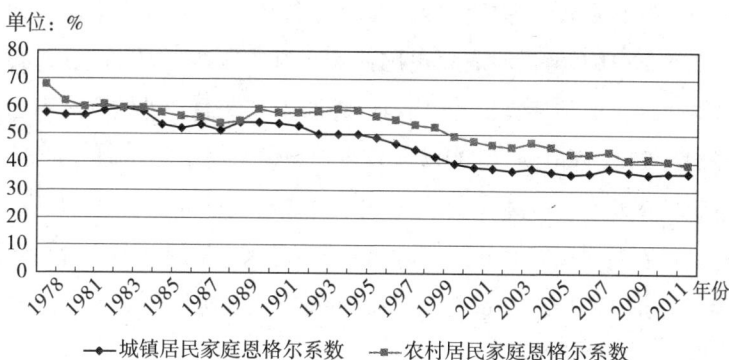

—◆—城镇居民家庭恩格尔系数 　—■—农村居民家庭恩格尔系数

图3—11　我国城乡居民家庭的恩格尔系数

从城乡居民主要耐用消费品的普及率来看,我国农村一直以来以摩托车为主要交通工具,在 21 世纪初,每百农户拥有摩托车数量增加很多。2000 年每百农户拥有摩托车数量是 1997 年的 2 倍,2005 年每百农户拥有摩托车数量又是 2000 年的近 2 倍,到 2010 年每百农户拥有摩托车数量已达到 2000 年的近 3 倍。而城镇居民的主要交通工具则由摩托车转变为汽车。每百户拥有的家用汽车从 1997 年的 0.19 辆增加到 2010 年的 13.07 辆,即每 8 户城镇居民就拥有一辆汽车。虽然其中有交通管制等原因,但还是说明在居民交通的先进性和现代化程度方面,城镇居民家庭远远优于农村居民家庭。

从每百户居民家庭拥有彩色电视机的数量来看,早在 1997年,城镇居民就已经达到人均每户拥有一部彩色电视机,而农村居民家庭则是每 4 户拥有一部彩色电视机。随着电子产品的快速发展,21 世纪后,我国农村居民家庭的彩色电视机数量大幅增加,到 2009 年达到了每户一部彩色电视机。目前,我国城乡居民家庭在拥有彩色电视机数量上已没有太大差距,但两者在家用电脑的拥有量上却存在较大差距。1997 年我国城镇居民每百户中已经拥有 2.6 部电脑,但当时农村电脑使用量基本为零。21 世纪后,我国城镇居民电脑拥有量大幅增加,到 2010 年每百户城镇家庭中已经拥有 71.2 部电脑,到 2012 年每百户城镇家庭中已经拥有 87 部电脑。普及率已较高,但农村居民家庭拥有电脑的数量增加较少,每百户农村居民家庭的拥有电脑量仅从 2000 年的 0.5 部增加到 2010 年的 10.4 部,2012 年的 21.4 部,与城镇居民家庭存在较大差距。(参见表 3—9)

表 3—9　我国城镇和农村居民家庭主要耐用消费品的普及率比较

年份	城镇			农村		
	每百户拥有家用汽车(辆)	每百户彩色电视机拥有量(部)	每百户家用电脑拥有量(部)	每百户拥有摩托车(辆)	每百户彩色电视机拥有量(部)	每百户家用电脑拥有量(部)
1990	—	59.0	—	0.89	4.7	—
1997	0.19	100.5	2.6	10.89	27.3	—
2000	0.50	116.6	9.7	21.94	48.7	0.5
2001	0.60	120.50	13.30	24.71	54.41	0.69

续表

年份	城镇			农村		
	每百户拥有家用汽车(辆)	每百户彩色电视机拥有量(部)	每百户家用电脑拥有量(部)	每百户拥有摩托车(辆)	每百户彩色电视机拥有量(部)	每百户家用电脑拥有量(部)
2002	0.88	126.4	20.6	28.07	60.5	1.1
2003	1.36	130.5	27.8	31.80	67.8	1.4
2004	2.18	133.4	33.1	36.15	75.1	1.9
2005	3.37	134.8	41.5	40.70	84.1	2.1
2006	4.32	137.4	47.2	44.59	89.4	2.7
2007	6.06	137.8	53.8	48.52	94.4	3.7
2008	8.83	132.9	59.3	52.45	99.2	5.4
2009	10.89	135.7	65.7	56.64	108.9	7.5
2010	13.07	137.4	71.2	59.02	111.8	10.4
2011	18.60	135.2	81.9	60.9	115.5	18.0
2012	21.50	136.1	87.0	62.2	116.9	21.4

资料来源:数据来自于中国国家统计局官方网站 http://www.stats.gov.cn。

从居民消费品零售额这一指标来看,农村居民消费水平也低于城镇居民消费水平。从 1993 年到 2002 年,城市社会消费品总额增长了 2.58 倍,而县及县以下社会消费品总额仅增长了 1.86 倍。2003 年,占全国人口近 70%的乡村仅消费了社会消费品零售额的 36%,而占全国人口 30%的城市却消费了社会消费品零售额的 64%。城乡居民的消费水平总体上至少相差 10—15 年。2010 年,全国年社会消费品零售总额 154554 亿元,比上年增长 18.4%。其中,城镇消费品零售额 133689 亿元,增长 18.8%,所占比重为 86.5%;乡村消费品零售额 20865 亿元,增长 16.1%,所占比重为 13.5%。2013 年,全国年社会消费品零售总额 234380 亿元,比上

年增长 11.5%。其中,城市消费品零售额 202462 亿元,增长
12.9%,所占比重为 86.38%;乡村消费品零售额 31918 亿元,增长
14.6%,所占比重为 13.62%。

从表 3—10 的河北省城乡居民的具体消费情况来看,河北省
城镇和农村居民人均消费支出差距基本与全国情况保持一致。城
乡居民人均消费支出绝对值差由 1990 年的 821.2 元上升到 2010
年的 6473.4 元,2013 年的 7507 元。城镇、农村居民人均消费支出
的比值则一直稳定在 3:1 左右,2005 年以后这一比值逐年下降,但
下降幅度较小,到 2010 年这一数值仍高达 2.68:1,2013 年也只是
2.22:1。

表 3—10 河北省城镇和农村居民人均消费性支出比较

年度	城镇居民人均 消费支出(元)	农村居民人均 消费支出(元)	城乡居民消费 支出之比
1990	1278.0	456.8	2.80
1995	3256.8	1104.3	2.95
2000	4348.5	1365.2	3.19
2001	4479.8	1429.8	3.13
2002	5068.4	1476.4	3.43
2003	5439.7	1600.1	3.40
2004	5819.2	1834.9	3.17
2005	6699.7	2165.7	3.09
2006	7343.5	2495.3	2.94
2007	8235.0	2786.8	2.96
2008	9086.7	3125.6	2.91
2009	9678.8	3349.7	2.89
2010	10318.3	3844.9	2.68

续表

年度	城镇居民人均 消费支出（元）	农村居民人均 消费支出（元）	城乡居民消费 支出之比
2011	11609.3	4711.2	2.46
2012	12531.1	5364.4	2.34
2013	13641.0	6134.0	2.22

数据来源：根据河北省统计局网站 http://www.hetj.gov.cn 中公布数据测算得出。

从表3—11中的河北省城镇和农村居民家庭的恩格尔系数比较看，两者之间的差距在20世纪90年代后总体上呈下降趋势，从2011年起基本持平。

表3—11　河北省城镇和农村居民家庭的恩格尔系数比较

年度	农村居民家庭 恩格尔系数（%）	城镇居民家庭 恩格尔系数（%）	城乡居民家庭恩格 尔系数之差（%）
1980	56.06	60.08	-4.02
1985	50.03	49.96	0.07
1990	49.05	51.16	-2.11
1995	56.81	46.22	10.59
1996	52.18	44.78	7.4
1997	50.28	41.95	8.33
1998	47.51	40.02	7.49
1999	43.68	37.7	5.98
2000	39.5	34.39	5.11
2001	39.72	35.35	4.37
2002	38.92	35.42	3.5
2003	39.94	35.16	4.78
2004	42.51	36.82	5.69

年度	农村居民家庭恩格尔系数(%)	城镇居民家庭恩格尔系数(%)	城乡居民家庭恩格尔系数之差(%)
2005	41.02	34.56	6.46
2006	36.69	33.94	2.75
2007	36.81	33.88	2.93
2008	38.17	34.73	3.44
2009	35.69	33.59	2.1
2010	35.15	32.32	2.83
2011	33.5	33.8	−0.3
2012	33.9	33.6	0.3
2013	32.0	32.3	−0.3

资料来源:数据来自于河北省统计局网站 http://www.hetj.gov.cn。

近年,河北省呈现消费市场持续快速增长、城乡市场共同繁荣的特点。2010年,河北省社会消费品零售总额为6724亿元,比上年增长18.3%。其中,城镇消费品零售额完成5203.0亿元,增长19.0%,所占比重为77.38%;农村消费品零售额完成1618.8亿元,增长16.3%,所占比重为22.62%。2013年,河北省社会消费品零售总额实现237810亿元,比上年增长13.1%。其中,城镇零售额205858亿元,增长12.9%,占86.56%;农村零售额31952亿元,增长14.6%,所占比重为13.44%。从农村零售额所占比重看,河北省远远高于山东和辽宁两省。

从河北省城乡居民主要耐用消费品的普及率来看,城镇居民早在20世纪90年代后期就已经达到人均每户拥有一部彩色电视机,而农村居民家庭则直到2005年才实现了每户一部彩色电视机。在居民家庭拥有电冰箱数量上,城镇和农村居民家庭还存在一定差距。1990 年,河北省城镇居民家庭每 2 户拥有一台电冰箱,但直到 2010 年河北省农村电冰箱拥有量才达到每 2 户拥有一台电冰箱。目前,河北省农村居民家庭在电冰箱数拥有量上只相当于城镇 20 世纪 90 年代初的水平。

二、我国城乡社会发展不平衡,统筹程度较低

我国城乡差距不仅仅表现在经济发展的不协调,教育、医疗、社会保障、公共基础设施、就业等社会方面发展的不平衡更为突出。

(一)城乡教育差距加大。一直以来,我国广大农村地区的教育水平低、条件差、师资力量薄弱,教育结构单一,教育经费投入不足,农民的教育观念差,农村人口人均受教育程度明显低于城市人口,城乡教育差距逐渐拉大,主要表现在以下方面。

其一,随着各类学历数的增多,城乡居民之间所受教育水平的差距逐渐拉大。2004 年的城镇高中、中专、大专、本科、研究生学历人口的比例分别是乡村的 3.4 倍、6.1 倍、13.3 倍、43.8 倍、68.1 倍。[1] 可见,在接受高等教育方面,城镇和农村存在着更大的差距。

其二,在国家重点高校学生中,农村学生正在逐渐减少。在国家重点高校学生中,拥有较多文化、经济和社会资本的城镇学生子女,占相当大的比重,农村学生子女逐渐减少。教育资源、教育质量相对较弱的地方性高等院校聚集了较多农村学生。这种高等教育入学机会存在较大城乡差距的现状,无疑将进一步转移为隐性

① 高焕喜、吴炜锋:《发展县域经济　实现城乡统筹》,《上海市经济管理干部学院学报》2007 年 3 月第 5 卷第 2 期。

的、更深层次的城乡差距。清华大学、北京大学、北京师范大学等国家重点大学,20世纪90年代以来招收的新学生中,农村学生的比例呈下降趋势。清华大学2000年农村学生的比例为17.6%,比1990年减少4.1个百分点。

其三,高中教育不均等直接造成高等教育入学机会出现差距。现实存在的高等教育入学机会的差距是整个教育体系结构性不均等的一部分,在相当程度上是高中阶段机会不均等的一种积累和延续。1998年至2002年,我国高中到高等教育的升学率从46.1%上升到83.5%,增加了37.4个百分点。而同时农村普通中学的数量在逐年减少,降低了7个百分点。2002年,全国城镇人口占39.1%,农村人口占60.9%,但农村的普通中学却只占49.6%,城市中学数量首次超过农村。随着高等教育规模的扩大,高中教育的发展的不平衡和滞后,这成为了影响农村居民家庭子女获得高等教育机会的最大影响因素。

其四,在教育投入方面。从中小学在校人均教育经费看,1993年,城市小学生的人均经费为476.1元,而农村为250.4元;城市初中生的人均经费为941.1元,而农村为472.8元,差距分别为1.9和2倍。到1999年,两者的差距都进一步扩大到3.1倍。近些年,虽然我国实行农村免费义务教育,使城乡教育差距在一定程度上有所缓解,然而,我国教育事业仍面临着人口基数大、地区发展不平衡、优质教育资源相对匮乏等问题,农村教育仍然落后,教育机会不均等的现象仍然存在,农村教育的师资力量与城市相比还存在差距。

(二)城乡公共医疗卫生差距扩大。城乡间公共卫生与基本医疗服务的差距表现在以下三方面。

其一,卫生投入差距略有缩小。1990年到2012年期间,虽然城乡人均卫生费用都有较大增长,但城乡人均卫生费用的差距却在扩大。2010年,我国人均卫生总费用为1490.06元,其中城市为2315.48元,农村为666.3元,城市为农村的3.48倍。城乡居民个人卫生费用负担也有差别,农村居民人均纯收入不足城镇居民人均可支配收入的1/3,但农村居民个人承担的医疗保健支出占其全年消费性支出的比重7.44%,高于城镇居民的6.47%。

2012年,我国人均卫生总费用为2056.57元,其中城市为2969.01元,农村为1055.89元,城市为农村的2.81倍。城乡居民个人卫生费用负担也有差别,农村居民人均纯收入不足城镇居民人均可支配收入的1/3,但农村居民个人承担的医疗保健支出占其全年消费性支出的比重8.7%,高于城镇居民的6.38%。

2010年,城镇居民家庭人均医疗保健消费性支出为871.8元,占其消费性支出的6.47%,农村居民家庭人均医疗保健消费性支出为326元,占其消费性支出的7.44%;城镇居民家庭人均医疗保健消费性支出是农村的2.67倍。

2012年,城镇居民家庭人均医疗保健消费性支出为1063.7元,占其消费性支出的6.38%,农村居民家庭人均医疗保健消费性支出为513.8元,占其消费性支出的8.7%,城镇居民家庭人均医疗保健消费性支出是农村的2.07倍。与城乡居民家庭人均收入比例相一致,说明农村居民享受的医疗保健水平与城乡收入一样存在较大差距。

其二,医疗卫生资源分布状况大有改善,但差距犹存。①2010年,按市县统计的每千人拥有的医疗卫生技术人员为4.65人、医疗机构床位数为3.56张;而每千农业人口乡镇卫生院人员数为1.30人,每千农业人口乡镇卫生院床位数为1.12张。2013年,按市县统计的每千人拥有的医疗卫生技术人员为4.94人、医疗机构床位数为 4.55 张;而每千农业人口乡镇卫生院人员数为 1.41 人,每千农业人口乡镇卫生院床位数为 1.30 张。除了卫生资源存在的城乡差距外,农村卫生资源利用率也低于城市。2008 年县及县以上医院综合病床使用率为 81.5%,社区卫生服务中心(站)的病床使用率为 57.6%,而主要为农民服务的乡镇卫生院则仅有 55.8%。②在城市和县级以下医院拥有的医疗设备方面。先进医疗设备大多配置在城市医院。以 100 万元以上医疗设备分布为例,2006 年,全部卫生机构共有 100 万元以上医疗设备总计 40459 台,市级卫生机构拥有 35638 台,占 88.1%;而县级卫生机构只有 4821 台,仅占 11.9%;而乡镇卫生院只有 523 台,仅占 1.29%。③在饮用水安全方面,城市居民饮用水的安全性较高,而在农村不安全饮用水占较高比例。2003 年,大、中城市自来水普及率几乎达到 100%,小城市的自来水普及率也达到近 90%;而在农村,饮用自来水的普及率仅为 34%,不安全饮用水来源仍占近 20%,尤其是四类农村地区不安全饮用水方式超过 50%。近几年来,虽然农村加快了改水的步伐,截至 2006 年年底,全国累计农村改水受益人口已达 86629.3 万人,改水受益人口占农村总人口 91.1%,但农村自来水普及率也仅为 61.1%。此外,我国农村与城市之间是断裂的,而医疗市场却是统一的,药品和医疗的价格又是以城市的标准为依据形成的,这就必然使农村公共医疗处于不堪重负的状态。当前,我国在促进医疗卫生事业发展方面,加大了公共卫生投入力度,加快推进了覆盖城乡居民的多层次医疗卫生服务体系建设,覆盖城乡的公共卫生体系和基本医疗服务体系初步建立,农村医疗卫生条件有所改善,但在管理、制度建设、人员培训等方面还与城市还存在较大的差距。

其三,农村人口主动接受卫生服务的比例低于城市人口。育龄妇女和儿童是卫生服务的特殊人群,也是卫生服务需求量最大的人群。通过比较城乡妇幼保健情况,可以衡量城乡之间卫生服务差距。第三次国家卫生服务调查结果显示,2003年,大城市的产前检查率、住院分娩率和孕早期检查率分别为97.5%、92.9%和80.6%,中等城市的产前检查率和住院分娩率最高,分别达到99%和98.6%,而四类农村的三项指标分别只有63.2%、43.4%和24%,城乡差距明显。在所有调查的5种接种疫苗——卡介苗、百白破、脊灰、麻疹、乙肝,城市地区的儿童接种率都要高于农村地区,特别是乙肝疫苗接种率,城市高于农村地区16.3个百分点。同时,在城市和农村内部疫苗接种率也都存在着一定的差距,大城市的接种率高于小城市,一类农村的接种率高于二、三、四类农村。另外,城乡居民患病应就诊而未就诊的比例为48.9%(其中,城市57%,农村45.8%,城市高于农村11.2个百分点),因经济困难而未就诊的比例达38.2%;患者应住院而未住院的比例高达29.6%(其中,城市27.8%,农村30.3%,农村比城市高出近3个百分点),最主要的原因在于经济困难。在出院患者中,病情未愈就主动要求出院的占43.3%。在自己要求出院的患者中,63.9%是由于经济困难。城乡之间在医疗卫生服务这两个方面的差距,与当时大多数农民医疗保险(即尚未参加新农合)有关,也与城乡居民收入差距密切相关。

(三)城市社会保障体系较农村完善。目前,中国基本社会保障体系建设的重心仍在城镇,农村社会保障体系建设滞后。一方面,城镇养老、医疗、失业、工伤等各项基本社会保障起步早于农村,已经初步建立了相对完善的体制和制度。另一方面,农村基本社会保障体制和制度仍在探索之中。例如,城镇已经建立了职工养老保险,而农村养老保险制度尚未完全定型;城镇早在20世纪

90 年代初就已开始建立居民最低生活保障制度和各种社会救助制度,而农村居民最低生活保障 2007 年才全面启动;城镇社会救助制度已经比较完善,而农村社会救助制度的保障水平有限,处于不稳定状态。总体而言,农村基本社会保障距离实现农民"困有所救、病有所医、老有所养"的目标,仍有很大差距。

其一,城镇企业职工养老保险制度强调风险共担和社会公平,较多地体现了社会保险原则;农村社会养老保险制度突出个人的养老责任,以土地保障和家庭保障为主。城镇和农村养老保险参保人数出现不同的走势。根据国家统计局公布的数据:到 2013 年,城镇养老保险参保人数上升到 32218 万,增长 118.6%;而农村养老保险参保人数上升到 17532 万,增长 220.98%。

其二,城乡居民实行不同的基本医疗保障模式和运行机制。城镇职工参加基本医疗保险,由用人单位和个人共同缴费,实行社会统筹和个人账户相结合的管理模式;城镇非从业人员和中小学阶段的学生等人员参加城镇居民基本医疗保险,以家庭缴费为主,政府给予适当补助,属自愿行为;农民参加新型农村合作医疗,以家庭为单位,由个人、集体和国家三方出资,属自愿行为。

其三,在待遇上,城镇职工基本医疗保险根据医疗费用所处的不同区间来分别给予经济补偿;城镇居民基本医疗保险以大病统筹为主,城镇居民基本医疗保险基金重点用于参保居民的住院和门诊大病医疗支出,有条件的地区可以逐步试行门诊医疗费用统筹;新型农村合作医疗则以大病统筹为主,重点帮助农民提高抵御大病的经济能力。这种制度性差别,使城镇职工和农村居民医疗保险水平的差距过于悬殊。根据中国国家统计局公布的数据:2008 年,城镇职工医疗保险人均基金收入 1443 元,新型农村合作医疗人均基金收入只有 96.25 元,前者是后者的约 15 倍;城镇职工医疗保险基金人均支出 1010 元,新型农村合作医疗基金人均支出 81.27 元,前者是后者的 12.43 倍。

其四,在扶贫救助方面,城市居民最低生活保障人数都远远多于农村居民最低生活保障人数。直到 2007 年,在全国建立农村最低生活保障制度,农村居民最低生活保障人数增长较多,也首次开始高于城市居民最低生活保障人数。2010 年,享受最低生活保障的人数,城市为 2310.5 万,农村为 5214.0 万,农村比城市多 2903.5 万人。截至 2013 年 10 月,享受最低生活保障的人数,城市为 2077.6 万,农村为 5355.8 万,农村比城市多 3278.2 万人。但与城市最低生活保障制度相比,农村最低生活保障制度建设滞后,保障范围、保障程度也远远落后。2007 年,城市最低生活标准和最低生活保障平均支出水平分别为 169.6 元和 83.6 元,分别是农村的 2.39 倍和 2.42 倍。截至 2013 年 10 月,城市最低生活保障平均支出水平仍然是农村的 2.27 倍。

目前我国城乡社会救助体系已基本建立,2007 年农村最低生活保障及合作医疗保障覆盖了全国县的 80%,这些保障制度的全面建立和完善,将使农村社会保障问题得到进一步缓解。但城乡社会保障方面的差距还未完全消除,农村社会养老保障制度尚未在广大农村当中推行,即使推行,要实现城乡统筹运作的难度也很大。

(四)城市公共基础设施投资远多于农村。2010 年,全国社会固定资产投资 278121.9 亿元,比上年增长 23.8%。城镇固定资产投资额 241430.9 亿元,比上年增长 24.5%,占社会固定资产投资总额的 86.8%;农村投资 36691.0 亿元,增长 19.6%,仅占社会固定资产投资总额的 13.2%。2013 年,全国社会固定资产投资 447074.36 亿元,比上年增长 19.32%。城镇固定资产投资额

436527.70 亿元,比上年增长 19.64%,占社会固定资产投资总额的 97.64%;农村投资 10546.66 亿元,增长 19.6%,仅占社会固定资产投资总额的 7.18%。

从产业投资额划分看,2010 年第一产业的投资额为 7923.1 亿元,比上年增长 14.9%;第二产业投资 118102.1 亿元,增长 22.7%;第三产业投资 152096.7 亿元,增长 25.2%,第二、三产业投资额分别是第一产业投资额的 14.9、19.2 倍。从产业投资额划分看,2014 年 5 月第一产业的投资额为 3296.35 亿元,比上年同期增长 20.75%;第二产业投资 64593.84 亿元,比上年同期增长 14.0%;第三产业投资 85826.3 亿元,比上年同期增长 19.50%,第二、三产业投资额分别是第一产业投资额的 19.6、26.1 倍。可见,第一产业投资额增长幅度远远低于第二、三产业,其绝对额和所占比重也一直较低。2008 年第一产业投资额所占比例仅为 2.93%,第二、三产业分别为 44.53% 和 52.54%,远高于第一产业投资比重。

我国城镇和农村在公共基础设施差距主要表现在水、电、燃气、通讯等公用设施普及占有率上。这些公共基础设施的提供主体一般为国家,建设资金基本来自于财政拨款。由于地方政府财力有限,一直以来,农村地区公共基础设施供给严重不足,除少数农村经济十分发达的地区政府能够提供公共基础设施外,大多数农村至今还不能享受到政府提供的公共基础设施,其资金主要靠农村居民自身解决。2010 年城市用水普及率已达到 96.7%,比 1990 年翻了一番。燃气普及率达到 92.0%,比 2000 年的 45.45% 多了一倍。城镇居民人均交通和通信消费支出从 1990 年的 40.51 元,增长到 2000 年的 426.95 元,2010 年高达 1983.70 元,占人均消费性支出的 14.73%,到 2012 年高达 2455.5 元,占人均消费性支出的 14.73%。

2010 年,全年全社会固定资产投资完成 15082.5 亿元,比上年增长 22.9%。其中,城镇固定资产投资 12921.8 亿元,增长 23.3%;农村投资 2160.7 亿元,增长 20.5%。2013 年,河北省全社会固定资产投资完成 23194.2 亿元,比上年增长 18.0%。其中,城镇固定资产投资 22629.8 亿元,增长 18.5%;农村投资 564.5 亿元,增长 1.4%。

(五)城乡居民就业不平等。我国农村居民和城市居民都是经济社会发展的主体,具有同等的社会地位,应享有平等就业机会和待遇,但由于历史上和经济上的原因形成的特殊城乡二元户籍制度,导致了社会生活中的城乡居民的就业不平等现象。虽然我国农村就业人员比重高于城镇,但由于二元户籍制度的影响,农村人口在就业范围、就业待遇方面都远远低于城镇。当前,我国正在推进户籍制度改革,但二元户籍制度产生的历史影响还未完全消除,目前更多的是还公民法律意义上的身份平等的象征意义,农民工进城就业的歧视性规定和不合理限制没有彻底消除,他们的一些合法权益还不能得到有效保障,使他们仍处于城市边缘状态。

2010 年年末,国家统计局公布我国总人口为 134091 万人。其中:城镇 66978 万人,占 49.95%,乡村 67113 万人,占 50.05%。2013 年年末,国家统计局公布我国总人口为 136072 万人。其中:城镇 73111 万人,占 53.73%,乡村 62961 万人,占 46.27%。城镇人口已超过全国总人口的一半。2010 年我国城镇就业人员总数为 34687 万人,比 1990 年的 17041 万人翻了一番,占同年城镇总人口的 51.79%,占全国总就业人数的 45.48%。2010 年农村就业人员为 41418 万人,少于 1990 年的 47708 万人,占同年农村总人口的 63.08%,占全国总就业人数的 54.42%。2013 年农村就业人

员为 38737 万人,少于 1990 年的 50389 万人,占同年农村总人口
的 61.53%,占全国总就业人数的 50.32%。从就业所占比重来看,
城镇略高于农村,但在就业去向上,城镇和农村居民存在较大差
距,城镇人员主要就业于国有单位、有限责任公司、股份有限公司、
城市私营企业,而广大农村居民则主要就业于乡镇企业、私营
企业。

2010 年年末,河北省就业人员 3865.14 万人。其中:城镇就
业人员 1043.25 万人,占全省就业人员比重为 26.99%;农村就业
人员 2821.89 万人,占全省就业人员比重为 73.01%。从就业人员
比重来看,河北省城镇就业人员占全省就业人员比重远远低于全
国平均水平,而农村这一比重则高于全国平均水平。河北省城镇
就业人员占城镇总人口数的 34%,农村这一比重为 70%,河北省
农村就业率远远高于城镇就业率。

(六)城乡政治文明发展不平衡。我国城乡居民的政治地位
不平等,在全国人大代表选举中,城市人口平均约 24 万人选举产
生一个代表,而农村人口约是 96 万人产生一个代表。广大农民不
能真正有效地参与国家和社会事务的管理。此外,我国部分农村
地区,农民组织不健全,村民自治只是流于形式,广大村民的个人
权利观念不强,不能很好地行使自己的政治民主权利。因此,我国
农村地区的政治文明建设有待加强。

第四章　我国城乡统筹发展缓慢的
缘由及政策因素

第一节　我国城乡统筹发展缓慢的原因

一、根本原因:城乡二元结构

新中国成立以后,我国借鉴了苏联工业化的经验,选择了以工业为主导,以重工业为中心,优先发展重工业和城市偏向的赶超型工业化发展战略。为保证这一发展战略顺利实施,政府建立了中央集权的计划经济体制,利用工农业产品价格"剪刀差"和对农业征收高额税赋、低投资等办法,将大量的农村剩余集中有效地投入到工业部门,强制为我国工业化建设积累了大量资金,以支撑城市工业化的发展和工业化进程。

在这一过程中,政府的人为干预导致了城乡之间、工农业之间收入分配的不均。因为要优先发展重工业,农业就受到不平等待遇。一方面,由于当时中国整个国民经济资金缺乏,外汇储备匮乏,资金动员能力也非常低下。为了筹集工业化所需资金,政府部门制定粮食统购统销政策,人为地实行工农产品不等价交换,将农村剩余转化为工业化所需的原始资金积累。根据国务院农村发展研究中心研究所综合课题组推算,统购统销政策实行的 30 年(1954—1984 年)期间,我国农民向国家和城市居民的总贡献在6000 亿元以上。另一方面,为了尽量降低城市化的成本,实现全国人均低水平消费,政府又通过以户籍管理为核心的一系列制度,把农民束缚在农村、约束在农业上。1958年,国家颁布了《中华人民共和国户口登记条例》,明确地将城乡居民分为"农业"和"非农业"户口两种类型,极其严格地控制了农村人口进入城市。根据这一制度,城镇居民可以享受商品粮供应、副食福利、就业保障、公费医疗、福利住房、子女教育、退休保障等一系列经济社会福利。而农村人口却不能到城市找工作、不能到城市安家落户。这种特殊的户籍制度将城乡居民的经济社会生活,人为地分割为两个相互隔离的部分,形成人为的城乡封闭的制度壁垒。城乡之间人口不能自由流动,两种身份的居民拥有不同的经济和社会待遇,广大农村居民被排斥在工业化进程之外,阻断了工业化进程中人口流动的正常渠道,形成了典型的城乡二元经济结构,使城市与农村发展严重分化。直到现在,这种围绕"行政主导型二元经济结构"设立的一系列制度安排,仍在社会生活中发挥着重要作用,导致了我国长期以来城乡发展不协调。

二、内在原因:农业本身的弱质性

就其本身来讲,农业是以生命有机体作为生产对象,是光、热、土、气等要素共同作用的生产结果,具有自然再生产和经济再生产相互交织的生产特殊性。与其他非农产业相比,农业面临着更多的风险。由于其生产产品对国计民生的重要性,农业在国民经济中的地位一直很重要。近代以来,农业经历了一个复杂的发展过程,主要表现为现代工业发展对传统农业的渗透和改造。通过钢铁、煤炭、石油、机械制造等一系列新型工业技术,以及技术装备在农业中的广泛运用,使传统农业发生了较大改变。不仅打破了农业在国民经济中的主体地位,而且使农业逐渐变为一个弱质产业。

与此同时,工业在支撑文明发展的过程中逐渐成为崭新的动力和主体。然而,由于我国的工业文明发展远远落后于西方各国,因此,以现代工业技术广泛应用为特征的近代农业在我国的发展也相当滞后。

就实际情况来看,一方面,我国是世界上人均资源占有量最小的国家之一,生态环境承载着巨大的压力。当前我国环境受到污染,自然资源短缺,各种突发性的自然灾害频发,使农业发展面临着更大的自然风险,严重影响着农业的发展。根据有关的回归分析,我国自然灾害变量对农业经济增长的影响已大于农业基本建设投资变量。另一方面,农业受市场变动的影响很大,往往导致农业生产效益不能变成现实的经济效益。根据恩格尔定律,农产品具有很强的市场需求刚性,当农产品供过于求时,会出现增产不增收现象,即萨缪尔森所说的"丰收悖论"。在我国的传统计划经济体制下,农业生产几乎不会受到来自市场的挑战。但随着计划经济向市场经济、传统农业向现代农业的历史性转轨,我国的农业发展已处于市场化之中,生产经营的境况则变得复杂化。但目前我国农业生产规模较小、较分散,市场组织化水平较低,市场信息不完全、不对称,因此更容易出现农产品市场供求失衡,造成农民增产不增收。尤其是随着我国农业市场化开发程度的不断提升,农业生产经营活动在获取了更广阔的市场空间的同时,还面临着国际市场波动的更大风险。因此,在自然风险和市场风险双重影响下,农业的比较效益较低,在市场竞争中处于弱势地位,导致农民收入水平一直较低。

由于产业结构存在差异,利润率较高的工业和第三产业是城市的主导产业,随着市场化和城市化的带动,城市工业通过体制创新、科技创新,集中了大量资金和各种优势资源,不断提高第二、三产业劳动生产率,促进了城市居民收入的快速增长。而农业是我国国民经济中的弱质产业,农业的小规模经营状况使其劳动生产率低下,农民增收困难,增长速度缓慢。因此,工农业效率差异也是影响我国城乡协调发展的重要因素。

三、制度性原因:城乡资源的不合理流动

(一)劳动力资源:户籍制度约束下的固化和非正常流动。我国是一个人口大国,劳动力资源的数量丰富,但劳动力的质量偏低,就业不平衡,结构性失业问题比较突出。合理开发和充分利用劳动力资源,不仅是基本国情的要求,也是经济、社会发展战略的重要组成部分。对于整个国民经济和社会发展具有决定性的意义。政府在开发和利用劳动力资源方面,大有可为。从取得的成绩来看,诸如控制人口数量,提高人口素质;在发展普通教育的同时,发展职业教育;通过知识青年上山下乡部署人口流动;实行对外开放政策,在吸收国外资金和技术的同时,扩大劳务出口;改善所有制结构、产业结构和技术结构,搞活经济,鼓励劳动力合理流动,等等。但是,自20世纪50年代开始实行的户籍制度,将城市人口和农村人口固定在出生地。对人口流动实行行政化管理,使人口流动随经济发展对劳动力市场的需求而自由流动成为不可能。改革开放以后,我国农村劳动力开始向城市转移,进入农村劳动力持续转移阶段。但是,从制度方面看,由于户籍制度、财税政策、教育制度的影响,从劳动力自身看,由于受教育程度、就业观念等的影响,我国农村劳动力的转移形成独有的特征。一是居民身份的边缘化。由于从国家层面没有对户籍制度进行彻底改革,导致进城农民不能从根本上摆脱原有的农民身份,即使在一个城市工作许多年仍不能取得城市户籍,成为既不是农村居民,也不是城

市居民的"边缘化群体"。二是单体转移居多。大多数农民工孤身一人或夫妻二人在城镇务工,其抚养的家庭成员尤其是子女往往不随其一同转移至城镇务工地。新型候鸟群体由此产生,尤以春节前的返乡潮、节后的返工潮为甚。这导致全国范围内的交通压力超大,用工量集中地企业的人力资源管理和协调的难度加大。三是劳动力待遇的双轨制。即劳动力的社会待遇不公正,农民工人与城市工人同工不同酬,同工不同时,同工不同权。在工资水平、社会保障待遇等方面,农村居民与城市居民存在很大的差距。形成了事实上的社会待遇双轨制。四是人的城镇化和土地的城镇化不同步。随着我国城镇化水平的提高,农村土地越来越少,城市占地面积越来越大。与此同时,失地农民并没有完全随着土地的城镇化而成为城市居民。显然,农村劳动力转移是解决"三农"问题的根本出路,是城乡统筹协调发展的纽带,是我国走向现代化以及全面建设小康社会的关键。确定市场在资源配置中发挥决定性作用,才能有利于将相对有限的资源调配到最紧缺的地区、部门和效益最好的企业。结束歧视性的城乡就业制度和政府的城市倾向性政策,将加强城乡之间劳动力资源的自由流动,形成城乡劳动力资源特别是农村劳动力资源市场化流动,带动物质流、资金流、人力流、信息流在工农之间、城乡之间的正常循环。不仅可以大大提高资源利用效率,也有利于城乡经济社会的统筹协调发展。

(二)资本资源:非市场因素导向下的非有效配置。资本是指能够创造和带来新增价值的价值附着物。资本资源指的是用于生产的基本生产要素,包括资金、厂房、设备、材料等。包括实业资本、金融资本、土地资本等。新中国成立之后,在一个较长的时期内实行的是中央集权的计划经济体制。且不说当时对资本的认识如何,在这种计划经济体制下,包括资金、厂房、设备、材料等资本资源都是通过国家计划配置的。政府的城市偏向决定了这种配置是以城市为重点的,主要把资金、厂房、设备、材料等资本资源分配给城市。无论是新中国初期的 156 项工程,还是之后的大小三线建设,都没有也不可能是把资金、厂房、设备、材料等资本资源在城乡之间统筹分配。改革开放以来,我国实行社会主义市场经济体制。市场在资源配置中的地位和作用发生着变化。先是提出要建设有计划的商品经济,之后提出建设有中国特色的社会主义。同时对资源配置先是政府为主、市场为辅,而后是市场在资源配置中其基础性作用,十八届三中全会则明确市场在资源配置中起决定性作用。然而,明确政府和市场在资源配置中的地位和作用,不可能是即刻见成效,需要有一个过程。应该说,在目前我国资本资源的配置上,计划经济的痕迹、人为的左右仍然较多。从而导致我国在资本资源的配置上合理性、有效性都有待提高。

(三)科学技术资源:二元经济条件下的城乡失衡。科学技术也是生产力。科学技术资源是人类从事科技活动所利用的各种物质与精神财富的总称。科技资源是进行科学技术活动的基础,是创造科技成果,推动整个社会和经济发展进步的各种要素的集合,是提高社会和经济发展速度、质量和效益的重要保障。一般而言,科技资源包括科技人力资源、科技财力资源、科技物力资源、科技信息资源部分,其中科技人力资源和科技财力资源是尤其重要的。在中华民族文明发展史中,科学技术占据着非常重要的、辉煌灿烂的篇章。从五大文明古国的崇高地位、四大发明的举世盛名,到经济总量位居世界前列、奔月计划的如期实现,我国的科学技术水平日渐提高、科学技术资源日益增加。但是,由于多种原因造成的二元经济结构,不可避免的形成科学技术中的人力资源向城市流动,科学技术研发向工业集中,科学技术财力支持以城市为重点的局面。农业科技人员流失严重,农业科技研发项目少且持续性不强,农村科技信息不通顺,农产品的科技含量低等现象,形成了农村经济的困境和恶性循环。虽然,我国在十五大之后把科教兴国作为国家战略,但解决二元经济结构下导致的科学技术资源的城乡失衡问题仍然是个非常繁重的任务。

(四)公共品资源:城市偏向的不合理配置。公共品资源主要包括国防、外交、立法、司法、公安、环境保护、行政管理、科技服务等,也包括基础教育、公共卫生、社会保障、水、电、道路、公共设施等。统筹城乡发展,从本质上讲,就是要求城乡之间公共品的供给合理适度,使经济社会的发展保持一个合理的速度和比例,能相互适应、相互促进。使城乡居民能够享受到大致相同的公共产品和服务,居住、就业等不受城乡差别的干扰。而实现这一目标,就必须在城乡间科学、合理地分配资源,让公共品资源在城乡之间合理配置,顺畅流动,优化组合,高效利用,从而确保城乡全面、协调发展。近年来,城乡差距未能缩小,反而有扩大的趋势,其根源就在于城乡之间公共品资源配置不公平,城乡各自所能支配使用的资源数量和质量不同。这种能支配资源的多少主要取决于城乡各自所拥有和所能吸引的资源量。其中,所拥有的资源主要指一个城市或者乡村自身固有的客观存在的自然资源,如土地资源、矿产资源等;而所能吸引的资源是指一个城市或者乡村组织、吸引、聚集资源的能力,如通过各种手段和办法,吸引、聚集各方的人才、资金、技术等流动性资源为已所有、为己所用,从而扩大资源的拥有量,为自身发展奠定基础。① 从我国的资源拥有实际情况来看,我

---

① 姜作培:《资源配置:城乡统筹发展的关键》,《福建论坛》(人文社会科学版)2005 年第 2 期。

国人口众多,虽各种资源总量不少,但人均并不充裕,城乡之间在自身固有的资源上差距甚小。因此,城乡资源流动和资源组合的合理程度,才是直接影响和决定城乡发展协调程度的因素。可以说,城乡资源占有、流动和组合状况的不同,直接导致了城乡发展速度的不同,最终导致了城乡差距的扩大。

新中国成立初期到改革开放之前,我国实行高度集中的计划经济体制,公共品资源配置权由政府垄断,政府通过行政手段、指令性计划方式直接分配公共品资源,决定资源的流向、流量。在优先发展重工业和城市偏向的工业化发展战略下,政府对城乡之间的资源分配存在偏好,形成了典型的城乡二元经济结构,将大量公共品资源用于城市的发展,影响了农村的发展,导致了城市与农村发展的严重分化。改革开放后,公共品资源由政府和市场两方面力量配置,社会利益和经济利益都对资源的流向、流量产生影响。但是,一方面,由于我国城乡发展已出现严重不平衡,各方面差距较大。公共品资源配置政府欠账较多,难以在较短时间内解决;另一方面,为求得城乡协调发展,理应组织、引导各种资源向农村流动,以加快农村发展。但是,农村的现实情况决定其不但吸引不了城市资源,而且农村现有的资源和政府应投入农村的资源不断向城市流动,出现了不合理的城乡公共品资源配置格局。如征地补偿机制,义务教育、医疗卫生服务等资源配置,仍体现了城乡之间的不合理。同时,政府的财政投资取向和社会保障制度等,又是增加了城市公共品资源拥有量,促进了城市发展。这无疑加大了城乡之间的差距,影响了城乡之间公共品资源的公平分配和协调发展。

四、助推性原因:城市偏向政策

改革开放前,我国实施重工业优先发展战略,使得农业资本投入长期不足,致使农业发展严重滞后。1979—1984年,改革开放后,农村实行了家庭联产承包责任制,大大解放了农村生产力,调动了农民的生产积极性,再加上农产品收购价格的大幅提高,城乡二元结构有所改善,农民人均收入以每年17.7%的速度增长,城镇居民的人均收入增长只有7.9%。在这一时期,农民经营自主权扩大,可以自理口粮到县城、小城镇落户,而城市居民仍旧享有计划经济体制下的福利制度,农民收入的增加和生活水平的提高在一定程度上使城乡差距缩小。但1985年改革的重点转移到城市,国家对工业的发展投入了大量的资金、人力等资源,同时依靠农业的支持来发展工业,这种倾斜性的发展政策使城乡差距又进一步扩大。

首先,在农村继续抽取农业剩余,并呈现加剧化的趋势。据中国农业科学院牛若峰教授提供的资料推算,1985—1998年间,国家通过继续使用农业税、财政转移支付等方式从农村汲取资金近20000亿元。同时,政府以社会事业的名义向农村征收各种费用。一直以来,我国城市义务教育的费用全部是由国家承担,然而自从1985年以来,却开始在农村对农民按农民纯收入的1.5%—2%的标准开征"教育附加费"。据2002年国务院发展研究中心"县乡财政与农民负担"课题组发布的研究报告,从1985—1999年政府共向农民征收"教育附加费"1100亿元。政府还通过寻求新的方式汲取农业剩余,一个最突出的现象就是在征用农民集体所有的土地过程中,利用对一级土地市场的垄断权,实行不合理的征地补偿机制,既未体现土地的潜在收益、真正利用价值和市场供需状况,又未能考虑土地对农民承担的生产资料和社会保障双重功能,无形中强制拿走了农民土地补偿款。导致失地农民在相当长的时期内,处于"种田无地、就业无岗、低保无份、发财无门(信息)"的

"四无"困境。据统计,从1997年—2005年的7年间,我国城市扩张和盲目建设工业园区,就使我国农民失地近1亿亩,失地农民近4000万人,从农民手中拿走土地资产收益大约19000亿元。

其次,执行歧视性的城乡就业收益标准,直接从进城务工人员手中抽取劳动收益。根据2005年中国社会科学院人口与劳动经济研究所的调查报告推算,2004年全国进城务工人员共1.03亿,由于达不到与城市劳动力同工同酬的工资标准,每个劳动力每年平均少挣2284元,全部进城务工人员每年共少挣2343亿元,而他们每年总收入中的汇回农村的纯剩余仅为1624亿元。这样城乡就业的"同工不同酬"便又无形中成了一种国民收入在城乡间的分配机制,将本该属于农村、农民的财富补贴给了城市和城市居民。

再次,倾向性的国家投资取向和社会资源享有的不平等,弱化了农村经济社会发展基础,进一步扩大了农村与城市之间的差距。1979—1990年,国家基本建设投资由501亿元增加到1703亿元,增长了240%。然而,这一期间农业基建投资只是由53.3亿元增加到70.4元,只增长了32%。期间农业占基建投资总额的比例由10.6%下降到4.1%,到1992年又降到2.8%,1993年降到1.9%,1994年降至1.7%。这就说明,绝大多数的财政支出和国家投资资金是用在城市和其他非农领域,投资于城市的工业化、现代化发展,而对农村和农业发展的投资十分有限。这种支出和收益的不对等,导致广大农民没有平等参与现代化进程的机会,也未能平等地分享这一事业的成果,在城乡之间形成了一道"鸿沟"。加之社会资源享有的不平等,进一步加大了城乡福利水平差距。教育、卫生医疗及社会保障是国家财政的主要项目,城乡居民有平等的享受权利。但我国在这些项目上却对城乡居民区别对待,一直将大部分资金用于城镇教育、卫生医疗及社会保障的发展和完善,忽视了农村社会资源的享有权,间接扩大了城乡之间的差距。

第二节　相关政策对城乡统筹发展形成的制约

一、我国城乡统筹发展中的财税政策作用不足

(一)税收政策统筹城乡意图不明显。虽然我国在新中国成立之后不断进行税制改革,逐步完善税收体系,但在统筹城乡经济社会发展方面却未起到应有的作用。因为我国的税收制度安排实行城镇和农村分割的两套税收体系。在相当长时期内,在城市基本实行的是以增值税、营业税和所得税为主体的体现现代市场经济发展要求的工商税收体系,按照收益及收益大小来缴税,而在农村实行的是以农业税为主体的表现出明显与自然经济相一致的地租特征的农业税收体系,按照使用土地常年产量来缴税。2006年起,这种税种也取消了。随着工业经济和城市市场经济的发展,城乡收入水平的不断提高,但由于农业生产落后,生产水平低下,农民收入增速缓慢。与城市工商税收相比,农村经济发展中名义上没有征税,实际上不少缴税的现实,在隐形中增加了农民负担。

在对城市居民直接征收的增值税、营业税和个人所得税中,都规定了起征点和免征额税收优惠政策。在原有的农村税收政策中,也有一些对农业、农村的减免税等税收优惠政策,但对农业税收的征收,基本没有考虑农业生产成本的增长,也未考虑农业生产的自然风险和市场风险。不管农业生产收益如何,也不管农业生产是否减产和农产品价格是否下降等,农民收入是否增加,涉农税收仍然照常被隐形征收。根据国家统计局统计数据,2008年我国

国内生产总值是 1991 年的 13.8 倍,而第一产业仅为 6.36 倍,但 2008 年农业税取消两年后,农业税收却为 1991 年的 18.64 倍。另外,税收优惠形式有多种,包括:减税、免税、退税、起征点、免征额、税收抵免(纳税抵免、投资抵免)、税收扣除、延期纳税、快速折旧、亏损抵补等。这些税收优惠形式在城市发展中被大量使用,而在涉及农业的税收优惠中,只有起征点、免征额、减税、免税优惠,其他的税收优惠形式使用较少,影响了税收调节作用的发挥。可见,城乡之间的税收体系差异和不公平,无形中增加了农民负担,成为扩大城乡发展差距的一个主要因素。导致城乡差距在城乡居民收入差距不断扩大的基础上进一步拉大。

(二)财政政策统筹城乡程度较低。在财政政策方面,我国未对城乡经济社会的协调发展进行长远的、整体的谋划。财政政策缺乏持续性和导向性,尤其是缺乏长期稳定的支持农业、农村经济发展和统筹城乡发展的财政政策,其结果必然是普遍重视工业、第三产业以及城镇的发展,片面强调经济增长指标,忽视城乡发展的统筹兼顾和城市经济对农村经济的带动作用。这主要是通过以下两种政策的差异所导致。

一是城乡分立的社会保障政策。为尽快实现工业化道路,政府不断加强城市的各个方面建设,在社会保障方面,我国的城市基本形成了统一的覆盖率较高的社会保障制度,初步适应了社会主义市场经济发展的要求。但在我国广大的农村,由于市场经济的冲击,过去建立在集体经济基础上的社会保障制度因集体经济的破产很快瓦解。同时,农村市场经济发展缓慢,对农村社会保障制度的需求还不强烈。因此,一直以来,政府没有承担起建立农村社会保障的责任,积极地推动农村社会保障的制度建设。在农村养老制度中,普遍采取的是家庭养老方式。这种方式受经济来源、家庭结构、生活方式等的影响很大,在目前农产品价格较低,农民收入增长缓慢的情况下,农村养老的经济来源已成为一个较大的难题。在农村的医疗保障上,过去农村的合作医疗制度已不存在,近几年政府提出的农村新型医疗合作政策覆盖范围尚小,其效果也不明显。缺乏医疗保障,是现在农民负担过重的又一重要原因。由此可见,目前旧的农村社会保障机制已失去作用,新的保障制度又没有建立和完善起来,农村社会保障制度的不健全,严重影响了农村经济的发展和农村社会的稳定,加重了农民负担,间接地扩大了城乡经济社会发展差距。

二是城乡分治的公共产品供给政策。城市公共产品和公共服务的供给,如教育、道路、照明、排水、环境、卫生等,一般由国家或各级政府供给。而农村公共产品和公共服务的供给,过去是农村集体经济的事。农村集体经济破产之后,无疑就直接落在了农民自己身上。对于教育这种外溢性非常明显的公共产品,理论上,其发展所需资金应由国家财政承担,我国城市的九年义务教育资金也基本是由国家承担。但由于城乡分治的体制,农村的九年义务教育由乡镇管理,资金来源于乡镇财政和农村教育费附加征收的收入,而乡镇财政收入多年来主要是农民交纳的农业税,最终是农村九年义务教育完全由农民负担。实际上,农村基础教育的受益者不仅是农民自己和农村地区,而是整个国家、整个民族。尤其在目前人才向城市和沿海地区的大量流动和集中的情况下,从农村教育中受益最大的是城市和非农业。因此,农村九年义务教育支出完全由农民自己承担是不公平、不合理的。这种接受教育起点的不公平,影响到农村青年接受高等教育的几率,使农村在发展起点上就落后于城市。对于农村道路、卫生、环境、科技及文化等需投入大量资金的基础设施建设,政府投入也相对不足。没有制定出围绕中心城市发展的农村长远发展规划。农村处于自我发展的状态,发展进度较慢,不可能实现城镇和农村经济社会的健康协调发展。

二、城乡统筹发展中财税政策之间的配合乏力

财税政策在城乡经济社会发展中的不协调性,不仅仅体现在财政政策、税收政策内部的独立不协调,而且还体现在财政、税收政策之间的相互不配合、不协调。尤其是 2006 年取消农业税以后,税收政策在统筹城乡发展方面几乎没有发挥作用。而农业税取消以前,由于特殊的城乡二元经济结构,造成了城乡居民收入差距大、经济发展差别大、社会发展不协调长期存在。在这种情况下,政府应通过一定的税收政策,并实行与其相配合的财政政策,在综合考虑的基础上,从收入、支出两方面进行合理调节,从而达到缩小城乡差距、促进城乡经济社会统筹发展的目的。但实际上,我国的农业税自身在确定纳税额和对农业生产成本的扣除、减免上仍存在较大的缺陷,不但未能为农民减轻负担,反而在隐形中增加了农民负担,减少了农民收入。而相应的财政政策也并未实现与税收政策配合使用,而仅仅是从支出单方面考虑出发,没有考虑到税收政策所带来的城乡居民实际税收负担的不同。不但没有通过加大对农村经济社会发展的资金支持,来间接增加农民收入,反而遵循了税收政策的实施效果,通过其城乡有别的社会保障政策和公共产品供给政策,进一步加剧了城乡居民的实际收入差距,影响了城乡经济社会的统筹发展。

三、城乡统筹发展中的财税政策与金融政策协调不够

要实现城乡经济社会统筹发展、和谐发展,其最首要、最核心

的问题是要增加农民收入。造成农民收入低下的根本原因是国家宏观分配格局的严重不合理,而这种宏观分配格局主要又是通过财政收支体制和金融资源配置方式来实现的。因此,财政政策和金融政策的不配合,是导致城乡发展不协调的一个重要因素。

计划经济体制时期,为推行振兴经济、发展工业的发展战略,国家实施了一系列城乡分割的政策措施。造成了我国城乡之间的"二元经济"结构,随着这一特殊经济结构的不断深化和影响的不断扩大,城市化进程越来越快,而农村经济发展越来越缓慢,农村贫困化日益严重。在"二元经济"结构深化的过程中,农村金融的发展也陷入了不断循环的低水平均衡陷阱之中。计划经济体制时期的农产品价格"剪刀差",造成了农村最初资本的有效供给不足。金融的实质就是资金的融通,缺少资金金融发展势必会受阻,最终陷入困境。而农村金融发展一旦受阻,可能追加的投资也就化为泡影,没有了投资,农业产业也就失去了可供继续发展的资金来源,进而农业发展将越发困难。同时,农业发展不顺畅,直接结果是农民人均收入过低和农民的持续贫困,低收入和持续贫困无法创造经济发展所需要的储蓄,而没有储蓄就没有投资和资本形成,从而又导致农村的低收入和持久贫穷。这一资金链的恶性循环,使农村金融发展一直处于较低水平的状态,未能为农业发展提供有效、充足的资金,影响了农村经济的发展。

农村金融是为支持农业、农村发展而建立起来的,但事实上农村金融却是商业性大于政策性。一直以来,金融机构投向农村的资金都是非常有限的。我国农民的人均收入远远低于城市居民。但全国农民总体数量多,其储蓄总量又是一笔较大的可利用资金。由于受生产条件的限制,农村储蓄具有高度分散、数额小、周期长、风险高的特点,被金融机构认为是不符合安全性、赢利性的经营宗旨的。由此,农村的金融机构得出了这样一个结论:农村是吸收居民储蓄存款的"仓库",却不是一个发放贷款的理想"场所"。正是基于以上缘由,"惜贷"成为各家农村金融机构不谋而合的选择。从1995年开始,农村存款与贷款的差额逐年扩大,到2008年更是达到132061.08亿元。1995—2005年的11年间,农村存贷差额累计达到986381.47亿元。在最主要的农村金融机构中,农业银行、邮政储蓄占据了60%以上的市场份额,但无论是农业银行还是邮政储蓄,其资金都是集中运用。于是,原来在农村流动的资金,大部分又回流入城市中,造成农村资金供给的严重不足。在金融机构的商业化改革开始后,农村基金会、国有银行的基层网点相继大规模撤并,使得农业发展的融资渠道更窄。[1] 由于农业发展银行、农村信用社等农村金融机构的建立和发展,为农村信贷开辟了新渠道,但金融机构对农业、农村发展的支持仍未能完善起来。

农业保险是农业经济的保护伞,能有效分散农业生产中的自然、技术、市场三方面的风险。作为农业大国,我国每年约有0.13亿公顷农作物受灾,占全国农作物播种面积的1/4,灾害损失目前仍然主要依靠民政部门实施政府农业灾害救济。近几年,我国农业保险发展取得了前所未有的进步,2008年农业保费收入达到110.7亿元,但农业保费收入仅占全部财产险业务保费收入的4.53%,农业保险的发展远远不能满足农村经济发展和农业结构调整的需要。农业的生产、中间管理以及销售都直接面临着巨大风险,导致农业保险赔付率高、赔付金额较大,这是农业保险投保率低的重要原因之一。

---

[1] 谢元态、周陈曦:《我国城乡关系的金融学透视》,《中央财经大学学报》2008年第2期。

总之,农村金融和农业保险发展都由于农村、农业自身条件的限制受到很大的制约。这两者都必须得到一定的财政政策支持,才能持续、顺畅地发展。在我国农村发展的过程中,政府在农业发展所需资金上给予农村金融机构的支持却较少,更是忽略了促进农业保险的发展,而是倾向于城市经济社会的发展,将大量本应用于农村、农业发展的资金转移到城市发展中。如果说金融政策在促进农村发展、城乡统筹发展上未发挥应有的作用,那么缺乏与之相配合的财政政策的支持则是造成这一结构的直接原因。金融与经济相互促进、相互依赖、相互制约。因此,要解决城乡差距这一历史性课题,实现城乡经济社会统筹发展,无疑只有财政和金融部门积极配合、实施"工业反哺农业、城市带动农村"的财政金融政策。

四、城乡统筹发展中财税政策对就业政策的保障性不足

1958 年全国人民代表大会通过了《中华人民共和国户口登记条例》,使城乡劳动力市场不仅在地理上,而且更重要的是在行政上被分割开,从此开始了城乡劳动力流动在特殊二元户籍制度下的漫长演进历程。毫无疑问,早期这种限制城乡人口流动的制度对减轻工业化发展、城市优先发展负担,加速工业化是有好处的。根据二元经济理论,在工业部门发展起来后会广泛吸纳农业剩余劳动力,增加农民就业,促进农业生产效率的提高,从而带动农业的发展,最终消除城乡"二元结构"的差距。因此,通过农村剩余劳动力向城市工业部门的迁移,不仅可以减少农村闲置劳动力,优化农业发展结构;而且将增加农民在城市就业人数,提高农民的整体收入水平。这是一条改变二元经济结构的重要的、可行的途径。但在面对已形成的巨大城乡差距时,我国却迟迟未打开城乡之间

劳动力自由流动的闸门,导致财政政策与就业政策缺乏有效配合。

首先,改革开放之后,政策虽开始允许吸收农村剩余劳动力进城劳动,但却只是季节性、阶段性的单纯的劳动转移。这种转移既不改变其农村户籍,又不享受城里人的福利和社会保障待遇,也不纳入城市就业管理。因为城市的各种福利待遇及公共资源利益的分配与户口紧密挂钩,农民工不是城市户口,在就业、工资、保险、教育等方面自然也就不能享受国家给予的财政优惠政策[1]。户籍把农民工排斥在城市服务体系之外,形成了农民工的迁移成本,且这部分成本数量又较大,从而无形中降低了农民工的实际收入。这必然在一定程度上抑制了农民流动的积极性,使得农村劳动力流动具有短期性和不稳定性,从而成为缩小城乡差距的体制性障碍。有学者将简化的“H-T”模型应用于我国城乡劳动力市场协调发展的扩展分析,研究得出结论:如果不能废弃城乡“二元户籍”制度,重新制定合理的户籍制度,而只是一味地发展城市经济,企图以创造城市就业岗位来解决城市就业问题。那么,这仅是一种“头痛医头,脚痛医脚”的权宜之计,其一般均衡效应是非常消极的,不仅造成更多的城市失业人口,而且会加剧城乡之间就业的不平等。[2]

其次,我国有关促进农民工就业的财税政策十分有限。1979—1997 年,我国农业剩余劳动力向非农产业转移的累计总规模达 13106 万人,其中转移到城市就业的只有 2729 万人,占农业劳动力转移总数的 20.8%,而同期转入农村非农产业就业的达

① 夏耕:《城乡二元经济结构转型的制度分析》,《山西财经大学学报》2004 年第 4 期。
② 李陈华、柳思维:《城乡劳动力市场的二元经济理论与政策——统筹城乡发展的洛伦兹分析》,《中国软科学》2006 年第 3 期。

10377万人,占农业剩余劳动力转移总数的79.2%。[1] 1997年以来,农村工业的主体——乡镇企业增长速度下降,吸收剩余劳动力的能力有所减弱,但总体上仍维持在1亿人以上的规模。可以说,改革开放以来乡镇企业是转移农村剩余劳动力的主渠道,在实现我国农业剩余劳动力的转移方面发挥着极其重要的作用。然而,这些乡镇企业一般规模小,发展资金不足,仅靠自身发展不免困难重重。针对这一状况,政府却未能及时给予资金支持,也未通过实施相应的财税政策减轻其税负,增强其扩大规模、吸收就业的能力。由此导致,20世纪90年代以来,乡镇企业增长速度放缓,就业增长也随之下降,吸纳农业剩余劳动力的能力明显减弱,影响了农业剩余劳动力的转移力度。

再次,对农民就业培训的支持与补贴力度不够。如若不能提高农民的综合素质,增加其专业技术知识,农业发展缓慢的现状将不能彻底改变,农民收入也就不可能增加。即使实现农民工向城市的自由流动,缺乏技术和专业知识的农民工也只能从事操作简单、技术含量低、收入低的行业,不能真正地实现收入的增加,城乡差距也将继续存在。改革开放后,我国开始在农村免费开展科学种田、科学管理的培训,对向城市转移的农村剩余劳动力组织进行各种专业技术知识的培训,但面对我国数量巨大的农民,这些政策所覆盖的范围还是相对较小的。同样,农业直接补贴和针对农业发展的转移支付也存在支持力度不够的问题。

由此可见,只有改变现有的不合理户籍管理制度,实现农村剩余劳动力向城市真正意义上的转移这一基本前提,并在此基础上真正实现就业与财税政策的相互协调配合,才能达到提高农民收

---

① 张桂文:《中国二元结构转换研究》,吉林人民出版社2001年版。

入的目的,从而逐步实现城乡经济社会协调发展。

五、财政政策对产业政策的引导科学性不够

从新中国成立后至今的产业结构发展可以看出,财政政策对产业政策的体现、推进作用十分明显。但是,较长时期内实施的"重重轻轻"的产业政策显然使我国城乡发展不协调的现状加剧,没能促进我国产业结构的优化,也没有由此给城乡居民带来更多的福利。因此,近年来,虽然一直在强调优化产业结构,但实际上效果不明显。

第五章　我国城乡统筹发展的
财政税收政策分析

第一节　我国城乡统筹发展的
财政政策存在问题

一、我国城乡统筹发展中的财政体制发展历程

财政体制是指通过规定各级政府管理财政收支的权限,据以处理中央及各级地方政府之间的财政分配关系的管理制度。它是国家财政管理工作中的主要制度。在我国社会经济发展过程中,财政体制经历了五个阶段。

(一)1950—1952年,高度集中、统收统支的阶段。新中国成立后,在长期革命战争中形成的分散管理、分散经营的财政经济工作状况,已不适应新的政治经济形势的要求。为了平衡财政收支,稳定市场物价,安定人民生活,1950年3月,政务院发布《关于统一国家财政经济工作的决定》《关于统一管理1950年年度财政收支的决定》及其他有关决定,使国家财政从分散管理转向集中管理的轨道。其主要内容是:①一切财政管理权限归中央。所有的财政收支项目、收支程序、税收制度、供给标准、行政人员编制等,均由中央统一制定。②一切财力集中在中央。除地方税收和其他零星收入抵充地方财政支出外,其他各项收入,包括公粮(农业税)、关税、盐税、货物税、其他工商税收、国营企业收入和折旧提

存,以及清仓物资、战争缴获物资、没收战犯敌伪财产、新解放城市接管的金银外钞和其他实物、公债收入等,统归中央财政。③一切支出由中央划拨。各级政府及国营企业所需经费,均需编制本地区、本企业的收支预算和财务收支计划,逐级上报中央政府,经由中央统一审核批准后,逐级拨付。地方组织的财政收入同地方财政支出不发生联系,收支两条线,收入按规定缴入金库,支出由金库统一支拨,如无中央财政的拨款通知,金库一律拒绝支付。④统一国家预算。各项财政收支,除地方附加外,全部纳入国家预算。此外,为了保证中央财政的需要,规定在支拨粮款时,如有不足,必须遵守先中央后地方,先军费后政费,先前方后地方等原则。由于全国的各项财政收支统一由中央管理,故人们将这种预算管理办法称之为"统收统支"体制。

(二)1953—1957年,划分收支、分类分成阶段。自1953年起,新中国开始进行大规模经济建设的第一个五年计划时期。在财政体制上,适时地转向统一领导、分级管理财政体制。先是实行中央、大行政区和省三级财政,后是撤销大行政区财政预算,增设县级财政,形成中央、省、县三级管理的财政体制,并且在划分中央地方收支上实行分类分成的办法。

在这种财政体制模式下,财政收入分为固定收入、固定比例分成收入和中央调剂收入三大部分。地方预算每年由中央核定,地方的预算支出,首先用地方固定收入和固定比例分成抵补,不足部分,由中央调剂收入弥补。分成比例一年一定。属于中央财政固定收入的有:关税、盐税、烟酒专卖收入和中央直属企业收入;属于地方固定收入的有:印花税、利息所得税、屠宰税、牲畜交易税、城市房地产税、文化娱乐税和车船使用牌照税等七种地方税,以及地方国营企业、事业收入;属于固定比例分成的收入有:农(牧)业税、工商业营业税、工商所得税;中央财政的调剂收入主要有:商品流通税、货物税。在财政支出方面,基本上仍然按照行政、企事业单位的隶属关系归口。地方财政以固定收入和分成收入弥补其经常性支出,若有年终结余则不再上交中央,而由地方留在下年度使用;若不足,则差额由中央财政划给调剂收入进行弥补。

　　尽管在"一五"时期财政体制每年都有一些变化,但主要倾向仍然是在集中财力保证重点建设的前提下,实行划分收支、分级管理的财政体制。分类分成这一模式留给地方财政一笔固定收入,中央财政不参与其分成。虽然这部分收入在地方财政收入中占很小的比重,这仍然在一定程度上调动了地方政府组织收入的积极性。但同时对于地方财政收入划分清晰、明确,多收才可以多支,少收则只能少支,不利于各地区统筹发展。另一方面,由于实行的是三级管理的预算体制,在政策上对中央财政的倾斜依然是非常明显的。这一期间,中央财政直接组织的收入占45.4%,省县两级地方财政组织的收入占54.6%;中央财政支出(包括直接组织的支出和地方上解收入解决的支出)占74.1%,地方财政支出仅占25.9%。由此可见,中央和地方的财政收支存在较大缺口,不利于地方的统筹发展。

　　(三)1958—1979年,划分收支、总额分成阶段。划分收支、总额分成财政管理体制,是指地方财政收支全额挂钩,就地方组织的总收入(不包括中央固定收入)与其总支出对比,核定一个上交、留用比例,在中央和地方间进行总额分成的财政管理体制的总称。这种财政体制的特点是将地方组织的收入按一定的比例在中央财政与地方财政之间分成,如地方财政收入增加,中央与地方财政都增加分成收入;如财政收入减少,则相应减少分成收入。由于这种形式简便易行,并且将中央与地方财政紧密联系在一起,使其对收入完成情况共担风险和责任,有利于调动和发挥地方组织财政收入的积极性。这种财政体制自 1958 年以后的许多年度以不尽相同的形式实行。总额分成的类型主要有:"总额分成,一年一变"体制和"收支挂钩,总额分成"体制。

"总额分成,一年一变"体制全称"收支下放,计划包干,地区调剂,总额分成,一年一变"预算管理体制,在这一体制在 1959—1967 年和 1969—1970 年的 11 年中执行,主要内容是:①收支下放。收入方面,除少数仍由中央直接管理企业的收入和铁道、邮电、海关等不便按地区划分的收入外,全部划作地方预算收入,不再按类别划成几种收入;支出方面,除国防、援外、债务支出以及中央级的经济建设、行政、文教等支出外,均作为地方预算支出,不再区分地方正常支出和中央专案拨款支出。②计划包干。根据国民经济计划和有关指标计算地方的预算收支,收支相抵后,多余部分按比例上解中央,不足部分中央加以调剂补助。在这个基础上,由地方包干使用。③总额分成。地方负责组织的总收入和地方预算总支出挂钩,以省、自治区、直辖市为单位,按收支总额计算一个分成比例,即地方财政总支出占地方总收入的比例,作为地方总额分成比例,地方按比例分得收入。④一年一变。地方当年的预算收支指标、分成比例和补助数额,中央每年核定一次。其中,1968 年因受"文化大革命"影响,当年预算无法编制,收支指标无法落实,被迫采取了"收支两条线"的管理办法,即该年的地方收入全部上交中央,地方支出也都由中央拨给,收归收,支归支,收支分别算账。

"收支挂钩,总额分成"体制全称"定收定支,收支挂钩,总额分成,一年一定"预算体制。1976—1979 年实行。其内容与"总额分成,一年一变"体制基本相同,都是收支挂钩,按收支总额计算核定分成比例,但有区别。主要是:①地方财政收支范围和财权与之前相比均有扩大。地方财政收入占国家财政总收入的比例,由67%增至87.3%;地方支出占国家财政总支出的比例,由37.8%增至53.2%。②建立地方第二预备费,在保留1974—1975年地方实行固定比例留成办法既得利益的基础上,国家拿出21亿元,作为地方机动财力。③改变过去超收分成办法,将超收部分按总额分成比例进行分成的办法,改为按两个分成比例分成,即总额分成比例在30%以下的地方,其超收按30%分成;总额分成比例在70%以上的地方,其超收按70%成分。

以上分析可以看出,1980年以前,我国一直实行中央集权的计划经济体制,与此相配套的是高度集中的财政体制。这有利于中央为完成工业化进程筹集大量建设资金,在全国城乡范围内统筹安排,为我国社会主义事业的建设发挥了积极的作用。但这种资源高度集中的计划配置,是在管制价格、统一金融、计划投资等一系列造成中央和地方收支不协调的措施的基础上实现的。其中,最为首要的环节是对价格的高度集中控制,政府通过操作价格"剪刀差"把农业等部门的剩余资金强制集中到中央政府,由中央政府直接安排这些资金的使用。在以工业为主导,优先发展重工业和城市偏向这一赶超型工业化发展战略下,中央将大量资金用于工业化建设、城市建设,直接影响了农村发展,导致农村发展速度缓慢,城乡经济社会发展差距越来越大,造成了城乡的不协调发展。

(四)1980—1993年,划分收支、分级包干阶段。这是以1980年2月,国务院颁发的《关于实行"划分收支,分级包干"的财政管理体制的规定》建立起来的一种财政管理体制,俗称"分灶吃饭"财政体制。这一体制的主要内容是:①明确划分中央财政与地方财政的收支范围,即根据各种财政收入的性质和企事业单位的隶属关系,实行分类分成的办法,将财政收入划分为中央固定收入、地方固定收入和中央与地方调剂分成收入三类。属于中央财政的固定收入有:中央所属企业收入、关税收入和中央其他收入;属于地方财政的固定收入有:地方所属企业收入、盐税、农牧业税、工商所得税、地方税和地方其他收入;属于中央与地方调剂分成的收入有:各地上划给中央部门集中管理的企业收入,20%划给地方财政,80%划给中央财政;工商税收作为调剂分成收入,分成比例根据各地区收支情况分别确定。财政支出按企事业单位的隶属关系划分,由中央直接管理,列中央财政预算支出;由地方管理的,列地方财政预算支出。另外,中央设置专项资金,用于解决预算执行中发生的特殊问题,如特大自然灾害救济费、支援经济不发达地区发展资金、边境建设事业补助费和基本建设专项拨款等。②合理确定收入、支出基数和调剂分成比例。依据上述收支划分范围,地方财政的收入、支出包干基数以 1979 年财政收支执行数为基数确定。地方支出基数首先用地方固定收入抵顶;固定收入不足以抵顶支出基数,则划给调剂分成收入,然后再与支出基数比较,收入大于支出基数的按比例上交中央财政,收入小于支出基数的由中央财政给予定额补助。收入基数、支出基数和调剂分成比例确定以后,五年不变。③对民族地区、大包干地区和北京、天津、上海三市不实行上述体制。而另外制定有民族自治地方财政管理体制、"大包干"财政体制。

　　1983—1984 年,上述体制进行了调整,将地方固定收入与调剂分成收入加在一起,与支出基数比较,计算出总额分成比例,实行比例包干。同时,将中央财政向地方财政的借款相应调整列入地方包干基数,调减了地方财政分成比例或减少了中央财政对地方的定额补助数额。

（五）1994年至今,分税制财政体制阶段。为适应建立市场经济体制的基本要求,我国于1994年起在推行分税制财政体制。分税制是在中央政府与地方政府之间、地方各级政府之间,在明确事权的基础上,划分各自收支范围及权限的一种财政管理体制。

我国1994年分税制财政体制改革的主要目标是:加强中央政府对税收来源的控制,提高"两个比重",尤其是要提高中央财政收入占全国财政收入的比重;提高地方政府征税的积极性,解决中央和地方之间长期存在的利益矛盾;通过调节地区间分配格局,促进地区经济和社会均衡发展;实现基本公共服务水平均等化,实现横向财政公平。

分税制的实行,对于保证企业平等竞争和全国统一市场的形成,对于规范中央政府与地方政府间的财政关系,促进财政收入的合理增长,提高中央财政收入的比重都有着重要的作用。其主要内容如下。

在收入方面,将税种划分为中央固定税、地方固定税、中央与地方共享税,通过分税稳定中央和地方的财力关系。其中,属于中央固定收入的税种有:关税,海关代征消费税和增值税,消费税,中央企业所得税,地方和外资银行及非银行金融企业所得税,铁道、银行总行、保险总公司等集中缴纳的收入(包括营业税、所得税、利润和城市维护建设税)等;属于地方固定收入的税种有:营业税(不含银行总行、铁道、保险总公司集中缴纳的营业税),地方企业所得税(不含地方和外资银行及非银行金融企业所得税),个人所得税,城镇土地使用税,固定资产投资方向调节税,城市维护建设税(不含银行总行、铁道、保险总公司集中缴纳的部分),房产税,车船使用税,印花税,屠宰税,农牧业税,耕地占用税,契税,遗产和赠予税,土地增值税等;中央与地方共享税的税种有:增值税,资源税,证券交易税(目前为证券交易印花税)。其中,增值税中央分享75%,地方分享25%。资源税按不同的资源品种划分,大部分作为地方收入,海洋石油资源税作为中央收入。证券交易税中央与地方各分享50%。此外,还明确规定:①中央企业的上缴利润归中央财政,地方企业的上缴利润归地方财政。②中央财政对地方的税收返还办法。明确中央财政对地方的税收返还额以1993年为基期年核定。因实行分税制,1993年净上划给中央的收入数额,全额返还地方。1994年以后,税收返还额在1993年基数上逐年递增,递增率按全国增值税和消费税的平均增长率的1:0.3系数确定,即全国增值税和消费税平均每增长1%,中央财政对地方财政的税收返还增长0.3%。但如有的地区1994年后上划中央财政收入达不到1993年基数的,则相应扣减税收返还数额。③分设税务机构。在原有税务机构的基础上,分中央税局和地方税局,各征各的税。这是实行分税制财政体制的必要条件。

在支出方面,中央财政主要承担国家安全、外交和中央国家机关运转所需经费,调整国民经济结构、协调地区发展、实施宏观调控所必需的支出以及中央直接管理的事业发展支出。地方财政主要承担本地区政权机关运转所需支出以及本地区经济、事业发展所需支出。即根据中央和地方政府的事权,确定相应的财政支出范围。具体规定,中央财政支出主要包括:中央统管的基本建设投资,中央直属国有企业的技术改造和新产品试制费,地质勘探费等,国防费,武警经费,外交和援外支出,中央级行政管理费和文化,教育,卫生等各项事业费支出,以及应由中央负担的国内外债务的还本付息支出。地方财政支出主要包括:地方统筹的基本建设投资,地方国有企业的技术改造和新产品试制经费,支农支出,城市维护和建设经费,地方文化事业费,地方教育事业费,地方卫生事业费等各项事业费和行政管理费,价格补贴支出以及其他支出。

1994年分税制财政体制是一次重大的改革,建立了分税制的基本格局和运行机制。这次改革又是渐进式的改革,即在实行分税制以后,原体制的分配格局暂时不变,过渡一段时间再逐步规范化。1994年的分税制财政管理体制改革,是作为经济体制改革总设计师邓小平南方谈话精神的现实体现,是党中央确立社会主义市场经济目标模式的具体实践,是构建社会主义市场经济的必然选择。随着分税制的实施,我国政府与企业之间的关系、中央政府与地方政府之间的关系开始逐步趋向规范,政府间权利的划分开始从行政性分权向经济性分权的目标迈进。

1980年以后,中央高度集中的财政体制就有了一定的变化,尤其是1994年分税制以后,地方财政收入不断增加,有利于地方根据自己的实际情况自由发展。但是,中央仍然拥有较高的财政收入分成比例,中央政府仍然继续将其筹集资金使用于城市建设和发展,对农村经济发展的支持较少。仍然在城市建立和完善社会保障事业,将大量资金用于城市教育、卫生、科技的发展,对农村社会事业发展提供的资金支持很少。忽视了城乡发展的统筹兼顾,忽略了城市经济对农村经济的带动作用。这不但使原来的城乡差距未能得到缩小,反而使其进一步扩大。

二、我国城乡统筹发展中的财政政策分析

纵观我国财税制度的发展历程可以看出,由于长期以来对统筹城乡发展缺乏科学认识与深刻理解,财税政策存在明显的缺陷

和误区。虽然,近几年我国采取了一系列支持农业、农村经济与社会发展的财税政策,对促进城乡统筹发展起到了一定的积极作用。但是,由于多方面因素的长期累积及我国特殊的历史背景,现行财政税收政策仍然存在较多问题。

（一）财政体制改革不彻底。1994年实施的分税制改革,在强化中央宏观调控能力,提高地方政府税收征收管理的积极性,促进地区经济和社会均衡发展等方面发挥了重要作用。但是,改革并没有到位。存在的问题主要有:首先,政府间事权划分不明确且不够合理,公共产品供给尤其是对农村公共品的供给责任划分不合理,地方政府事权大而财力小,而中央政府的转移支付制度又不合理,致使许多在城市无偿提供的公共品在农村却转变成收费服务或者经营性项目,农村公共品提供明显不足。其次,中央税与地方税结构不合理,地方财政收入基础不稳,使得县乡财政困难日益加剧,客观上形成了县乡财政无力提供公共产品与服务,对农村环境、交通、卫生、科技及文化投入相对不足的状况,严重影响了基层政权组织的正常运转和农村经济的健康协调发展。第三,地方财政收支缺口大。1994年税制改革以前地方财政收入远远高于中央,但随后地方财政收入呈下降趋势,2010年地方财政收入占全国财政总收入的48.9%,不足一半。而与此同时,中央和地方的支出结构则发生着相反的变化,70%左右的支出责任在地方。理论和各国实践都证明,地方财政收支缺口适度,是调动地方政府组织收入的积极性的制度措施,是国家财政收支规律的客观要求。但是,地方财政收支缺口过大,则不利于调动地方政府的积极性,而且会影响地方政府履行承担的职责。(见表5—1、表5—2)

表 5—1　中央和地方财政收入及比重

年份	全国 财政收入 （亿元）	中央 财政收入 （亿元）	地方 财政收入 （亿元）	中央财政 收入比重 （％）	地方财政 收入比重 （％）
1978 年	1132.26	175.77	956.49	15.50	84.50
1979 年	1146.38	231.34	915.04	20.20	79.80
1980 年	1159.93	284.45	875.48	24.50	75.50
1981 年	1175.79	311.07	864.72	26.50	73.50
1982 年	1212.33	346.84	865.49	28.60	71.40
1983 年	1366.95	490.01	876.94	35.80	64.20
1984 年	1642.86	665.47	977.39	40.50	59.50
1985 年	2004.82	769.63	1235.19	38.40	61.60
1986 年	2122.01	778.42	1343.59	36.70	63.30
1987 年	2199.35	736.29	1463.06	33.50	66.50
1988 年	2357.24	774.76	1582.48	32.90	67.10
1989 年	2664.90	822.52	1842.38	30.90	69.10
1990 年	2937.10	992.42	1944.68	33.80	66.20
1991 年	3149.48	938.25	2211.23	29.80	70.20
1992 年	3483.37	979.51	2503.86	28.10	71.90
1993 年	4348.95	957.51	3391.44	22.00	78.00
1994 年	5218.10	2906.50	2311.60	55.70	44.30
1995 年	6242.20	3256.62	2985.58	52.20	47.80
1996 年	7407.99	3661.07	3746.92	49.40	50.60
1997 年	8651.14	4226.92	4424.22	48.90	51.10
1998 年	9875.95	4892.00	4983.95	49.50	50.50
1999 年	11444.08	5849.21	5594.87	51.10	48.90
2000 年	13395.23	6989.17	6406.06	52.20	47.80
2001 年	16386.04	8582.74	7803.30	52.40	47.60
2002 年	18903.64	10388.64	8515.00	55.00	45.00

续表

年份	全国 财政收入 （亿元）	中央 财政收入 （亿元）	地方 财政收入 （亿元）	中央财政 收入比重 （%）	地方财政 收入比重 （%）
2003 年	21715.25	11865.27	9849.98	54.60	45.40
2004 年	26396.47	14503.10	11893.37	54.90	45.10
2005 年	31649.29	16548.53	15100.76	52.30	47.70
2006 年	38760.20	20456.62	18303.58	52.80	47.20
2007 年	51321.78	27749.16	23572.62	54.10	45.90
2008 年	61330.35	32680.56	28649.79	53.30	46.70
2009 年	68518.30	35915.71	32602.59	52.40	47.60
2010 年	83101.51	42488.47	40613.04	51.10	48.90
2011 年	103874.43	51327.32	52547.11	49.40	50.60
2012 年	117253.52	56175.23	61078.29	47.91	52.09
2013 年	129142.90	60173.77	68969.13	46.59	53.41

表 5—2　中央和地方财政支出及比重

年份	全国 财政支出 （亿元）	中央 财政支出 （亿元）	地方 财政支出 （亿元）	中央财政 支出比重 （%）	地方财政 支出比重 （%）
1978 年	1122.09	532.12	589.97	47.4	52.6
1979 年	1281.79	655.08	626.71	51.1	48.9
1980 年	1228.83	666.81	562.02	54.3	45.7
1981 年	1138.41	625.65	512.76	55	45
1982 年	1229.98	651.81	578.17	53	47
1983 年	1409.52	759.6	649.92	53.9	46.1
1984 年	1701.02	893.33	807.69	52.5	47.5
1985 年	2004.25	795.25	1209.00	39.7	60.3

续表

年份	全国 财政支出 （亿元）	中央 财政支出 （亿元）	地方 财政支出 （亿元）	中央财政 支出比重 （％）	地方财政 支出比重 （％）
1986 年	2204.91	836.36	1368.55	37.9	62.1
1987 年	2262.18	845.63	1416.55	37.4	62.6
1988 年	2491.21	845.04	1646.17	33.9	66.1
1989 年	2823.78	888.77	1935.01	31.5	68.5
1990 年	3083.59	1004.47	2079.12	32.6	67.4
1991 年	3386.62	1090.81	2295.81	32.2	67.8
1992 年	3742.20	1170.44	2571.76	31.3	68.7
1993 年	4642.30	1312.06	3330.24	28.3	71.7
1994 年	5792.62	1754.43	4038.19	30.3	69.7
1995 年	6823.72	1995.39	4828.33	29.2	70.8
1996 年	7937.55	2151.27	5786.28	27.1	72.9
1997 年	9233.56	2532.50	6701.06	27.4	72.6
1998 年	10798.18	3125.60	7672.58	28.9	71.1
1999 年	13187.67	4152.33	9035.34	31.5	68.5
2000 年	15886.50	5519.85	10366.65	34.7	65.3
2001 年	18902.58	5768.02	13134.56	30.5	69.5
2002 年	22053.15	6771.70	15281.45	30.7	69.3
2003 年	24649.95	7420.10	17229.85	30.1	69.9
2004 年	28486.89	7894.08	20592.81	27.7	72.3
2005 年	33930.28	8775.97	25154.31	25.9	74.1
2006 年	40422.73	9991.40	30431.33	24.7	75.3
2007 年	49781.35	11442.06	38339.29	23	77
2008 年	62592.66	13344.17	49248.49	21.3	78.7
2009 年	76299.93	15255.79	61044.14	20	80

年份	全国 财政支出 （亿元）	中央 财政支出 （亿元）	地方 财政支出 （亿元）	中央财政 支出比重 （％）	地方财政 支出比重 （％）
2010 年	89874.16	15989.73	73884.43	17.8	82.2
2011 年	109247.79	16514.11	92733.68	15.1	84.9
2012 年	125952.97	18764.63	107188.34	14.9	85.1
2013 年	139744.26	20471.75	119272.51	14.7	85.3

第四，地方债务重。地方政府性债务是指地方政府、事业单位、融资平台公司等，为公益性、基础性项目举借、拖欠或因提供担保形成的债务，是地方政府为发展地方经济筹措资金的一种形式。目前，我国法律没有赋予地方政府举债权。然而，随着经济社会发展需要，地方政府为弥补财力不足，通过融资平台公司等方式举借债务，形成了事实上的政府性债务。2011 年 10 月 20 日，经国务院批准，上海市、浙江省、广东省、深圳市开展地方政府自行发债试点；2012 年，地方自行发债仍仅限于上海市、浙江省、广东省、深圳市四省（市）。事实上，地方政府举债已经是一种客观存在。而且，地方政府债务总体规模较大、增速较快。1997 年以来，我国地方政府性债务规模随着经济社会发展逐年增长。1998 年和 2009 年债务余额分别比上年增长 48.20%和 61.92%，2010 年的债务余额比上年增长 18.86%。截至 2010 年年底，全国省级、市级和县级政府性债务余额分别为 32111.94 亿元、46632.06 亿元和 28430.91 亿元，分别占 29.96%、43.51%和 26.53%。截至 2010 年年底，有 78 个市级和 99 个县级政府负有偿还责任债务的债务率高于 100%，分别占两级政府债务总和的 19.9% 和 3.56%，这些地方政府性债务存在债务违约的高风险。由于偿债能力不足，部分地方

政府只能通过举借新债偿还旧债,截至2010年年底,有22个市级政府和20个县级政府的借新还旧率超过20%。还有部分地区出现了逾期债务,有4个市级政府和23个县级政府逾期债务率超过了10%。而且,地方政府的隐性债务更是不容忽视的问题。国家审计署发布的2011年第35号全国地方政府性债务审计结果表明:2010年年底,全国地方政府性债务余额107174.91亿元中。政府负有偿还责任的债务67109.51亿元,占62.62%;政府负有担保责任的或有债务23369.74亿元,占21.80%;政府可能承担一定救助责任的其他相关债务16695.66亿元,占15.58%(见图5—1)。

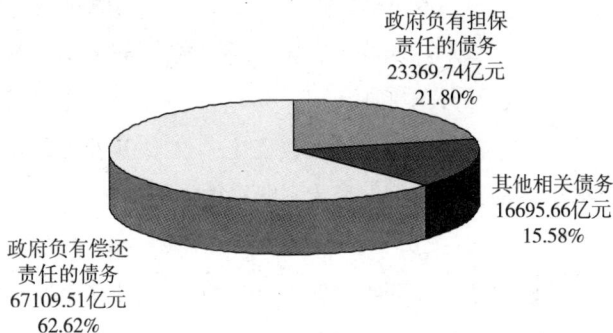

政府负有担保
责任的债务
23369.74亿元
21.80%

其他相关债务
16695.66亿元
15.58%

政府负有偿还
责任的债务
67109.51亿元
62.62%

图5—1　2010年年底全国地方政府性债务规模情况

(二)财政政策缺乏导向性和重点。如前所述,我国对城市经济和农村经济的定位不明确、不科学,没有对城乡经济的长远、整体谋划,政策缺乏持续性和导向性,尤其是缺乏长期稳定的支持农业、农村经济发展和统筹城乡发展的财税政策,其结果必然是普遍重视城市工业及其他产业的发展,片面强调经济增长指标,忽视城乡发展的统筹兼顾和城市经济对农村经济的带动作用。其实,在国家经济社会发展中,城市和农村的作用不同;各个城市、各地农村所处的位置、环境不同,其在社会经济发展中的作用也不同。一个省份之内也是如此。如果各个城市的功能定位、各城市的经济社会发展目标存在误区,形不成自己的特色和明显优势,就很难承担起对周边农村的带动作用。从农村发展来看,发展农村自己的特色经济是适应需求结构升级,合理布局农业生产区域,建设社会主义新农村的必然选择。总体来看,我国在农村经济发展中的特色发现与挖掘阶段、产品化阶段、产业化阶段及品牌化阶段,缺乏必要的财政税收引导和扶持,农村经济发展特色不明显、后劲不足。从财政政策方面看,存在的主要问题如下。

第一,财政从农村收的多,而向农村投入的少;而对城市则相反。据专家分析,长期以来我国农民负担的直接、间接税费每年至少达到 7406.6 亿元,其中间接税近 5000 亿元[1]。对农业支出最多的 2007 年也只有 4318.32 亿元。收支之差在 680 亿元—3000 亿元。这样,弱质的农村反倒向城市不断提供支持,城乡差别自然会加大。

第二,财政给予农民的收入偏少。表5—3为转移性收入在我国城镇和农村居民总收入中所占比重的情况比较,所谓转移性收入就是指国家、单位、社会团体对居民家庭的各种转移支付和居民家庭间的收入转移。包括政府对个人收入转移的离退休金、失业救济金、赔偿等;单位对个人收入转移的辞退金、保险索赔、住房公积金、家庭间的赠送和赡养等。这里的转移性收入概念与我们通常所理解的政府进行收入再分配的转移性收入概念的范围更广一些,但政府转移支付部分在其中占据主导地位。

---

[1] 杨斌:《将农民缴纳的"钱"还给农民——建立逐步解决"三农"问题的财政机制》,《涉外税务》2004 年第 3 期。

表5—3中数据显示,1990年以前我国城镇居民收入中的转移性收入已经占有一定比重,而农村居民并无任何转移性收入。20世纪90年代中后期,我国农村居民也增加了转移性收入这一项目,但与城镇居民的转移性收入相比,不仅在绝对值上相差过大,在转移性收入在居民总收入中所占比重上也存在很大差距。1995年我国城镇居民的转移性收入是725.76元,而同年农村居民的转移性收入仅有57.27元,城镇居民的转移性收入是农村居民转移性收入的12.67倍;2000年城镇居民的转移性收入是1440.78元,而同年农村居民的转移性收入仅有78.81元,城镇居民的转移性收入是农村的18.28倍;2010年城镇居民的转移性收入高达5091.9元,城镇居民的转移性收入是农村居民转移性收入的11.24倍。2013年城镇居民的转移性收入高达7010.3元,城镇居民的转移性收入是农村居民转移性收入的8.94倍。从转移性收入占居民总收入比重来看,转移性收入在城镇居民总收入中所占比重一直远远高于农村。目前,城镇居民的转移性收入占总收入中比重是农村的3倍。

表5—3 转移性收入在城镇和农村居民总收入中所占比重

年份	城镇		农村	
	人均年转移性收入(元)	比重(%)	人均年转移性收入(元)	比重(%)
1985	65.88	8.80	——	——
1990	328.41	21.66	——	——
1995	725.76	16.96	57.27	3.63
2000	1440.78	22.88	78.81	3.50
2001	1630.36	23.74	87.90	3.71
2002	2003.16	24.50	98.19	3.97

续表

年份	城镇		农村	
	人均年转移性收入（元）	比重（%）	人均年转移性收入（元）	比重（%）
2003	2112.20	23.31	96.83	3.69
2004	2320.73	22.91	115.54	3.93
2005	2650.70	23.41	147.42	4.53
2006	2898.66	22.79	180.78	5.04
2007	3384.6	22.70	222.25	5.37
2008	3928.23	23.02	323.24	6.79
2009	4515.45	23.94	397.95	7.72
2010	5091.90	24.21	452.92	7.65
2011	5708.60	23.81	563.3	8.07
2012	6368.10	23.62	686.7	8.67
2013	7010.30	23.73	784.3	8.82

资料来源：表中数据是根据历年《中国统计年鉴》计算得出。

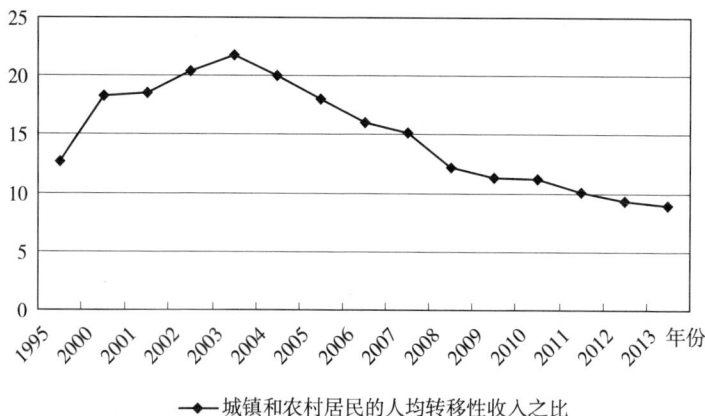

图5—2 我国城镇和农村居民的人均转移性收入之比

第三,财政支农政策中支持重点不突出。主要体现在财政支农资金的分配使用上。财政支农资金是指国家财政用于农业、农村和农民的预算内及预算外资金,主要包括支援农村生产支出、农林水利气象等部门事业费、农业综合开发资金、农业基本建设支出、农业科技三项费用、财政扶贫资金、社会福利救济费、政策性补贴支出、育林基金、农业发展基金等。从表5-4中数据分析,改革开放初期,我国财政支出用于支持农业发展的比重在10%以上,但随着改革中心向工业、服务性企业的转移,农业支出在财政支出中所占比重出现下降趋势。进入21世纪后,支农支出在财政支出中所占比重已经下降到7%左右。而且财政支农支出中,60%—70%用于人员供养和行政开支,真正用于农业建设的较少。农村建设性资金中,用于农业、农村基础设施建设的少,用于农业科技方面的资金也较少,没有体现出围绕中心城市的农村发展长远规划。所以,就整体而言,虽然我国财政对城市给予了大量的投入,但是我国城市发展速度较慢,城市竞争力比较弱,不能发挥城市经济在国民经济中的龙头带动作用。而农村又由于投入不足,缺乏城市带动,农村发展没有特色,进步较慢。

表5—4 我国财政收入中涉农项目支出情况

单位:(亿元)

年份	合计	支农支出	农村基本建设支出	农业科技三项费用	农村救济费	其他	用于农业支出占财政支出比重(%)
1978	150.66	76.95	51.14	1.06	6.88	14.63	13.43
1980	149.95	82.12	48.59	1.31	7.26	10.67	12.20
1985	153.62	101.04	37.73	1.95	12.90	—	7.66

续表

年份	合计	支农支出	农村基本建设支出	农业科技三项费用	农村救济费	其他	用于农业支出占财政支出比重(%)
1990	307.84	221.76	66.71	3.11	16.26	—	9.98
1991	347.57	243.55	75.49	2.93	25.60	—	10.26
1992	376.02	269.04	85.00	3.00	18.98	—	10.05
1993	440.45	323.42	95.00	3.00	19.03	—	9.49
1994	532.98	399.70	107.00	3.00	23.28	—	9.20
1995	574.93	430.22	110.00	3.00	31.71	—	8.43
1996	700.43	510.07	141.51	4.94	43.91	—	8.82
1997	766.39	560.77	159.78	5.48	40.36	—	8.30
1998	1154.76	626.02	460.70	9.14	58.90	—	10.69
1999	1085.76	677.46	357.00	9.13	42.17	—	8.23
2000	1231.54	766.89	414.46	9.78	40.41	—	7.75
2001	1456.73	917.96	480.81	10.28	47.68	—	7.71
2002	1580.76	1102.70	423.80	9.88	44.38	—	7.17
2003	1754.45	1134.86	527.36	12.43	79.80	—	7.12
2004	2337.63	1693.79	542.36	15.61	85.87	—	9.67
2005	2450.31	1792.40	512.63	19.90	125.38	—	7.22
2006	3172.97	2161.35	504.28	21.42	182.04	303.88	7.85

资料来源:表中数据来于《中国统计年鉴(2007)》,中国统计出版社2007年版。

仅有的农村基础设施建设投资,在决策使用上也存在问题。主要包括:一是财政对基础设施投资偏少。表现在:农村基础设施建设投资占财政总支出和全社会固定资产的比重仍然偏低,未能严格执行《预算法》有关每年财政农业投入增长率要超过财政收入增长率的要求,由此造成农村基础设施建设资金不足,许多必需

单位：亿元

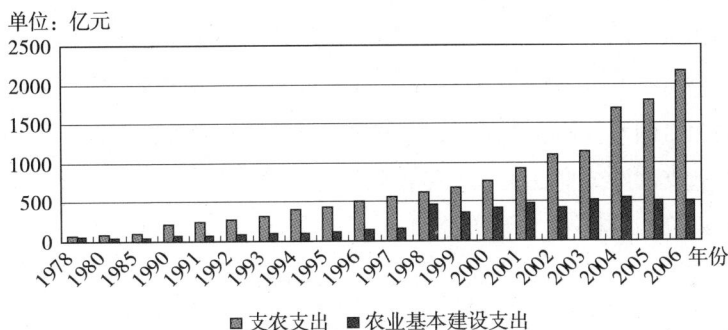

图 5—3　我国支农支出、农村基本建设支出比较

的项目受财力限制不能展开。二是农村基础设施投资管理失范。
表现在：农村基础设施投资多头管理，缺乏科学、系统的规划。目
前，我国农村基础设施投资建设的主体比较分散，农业、林业、水
利、卫生、教育等多个部门都有参与，但各部门之间缺乏有效地协
调，同一性质的资金往往分散在多个不同部门，由于投资时间和空
间不一致，难以形成合力，并增加了资金的使用成本，最终使资金
的效用大打折扣。三是农村基础设施投资决策不科学。表现在：
农村基础设施投资决策缺乏民主性、科学性和有效评估。各地农
民是农村基础设施建设的直接需求者，对当地农村亟须的基础设
施建设项目最有发言权，但往往被排斥在决策之外，被动接受政府
提供的基础设施，一些真正的需求常常难以得到满足；在增长
GDP 优先的情况下，建设性资金往往投向近期经济效益明显增加
的项目，真正基础设施建设项目投入不足；基础设施项目原则上必
须要进行严格的评估，才能决定可否建设。但从实际情况看，项目
评估对农村基础设施投资建设项目来讲，往往成为摆设。四是农
村基础设施建设项目监督失效。由于农村基础设施建设投资项目

审查批准、项目管理、检查验收所经政府级次和部门较多,项目内控约束机制不完善,不仅建设资金被截留、挪用、改变使用方向等问题时有发生,而且由于财政透明度不高,预算审查不严谨,往往使项目的监督检查流于形式。这些问题的存在导致本来就不多的财政支农资金难以发挥应有的作用。

第四,财政支农政策分散,形不成合力。按照现行的预算支出分类科目,我国财政支农资金分属多个部门管理,在分配使用环节存在着一定的条块分割、各自为战的现象。从中央部门来看,直接分配与管理支农投资的有发展改革委、财政部、科技部、水利部、农业部、林业局、气象局、国土资源部、国务院扶贫办、国家防汛抗旱办等十多个部门。如果加上交通、电力、教育、卫生、文化、民政等安排涉农专项投资的部门,则有十六七个部门之多;就省以下来看,财政资金按归口管理的原则分配使用,地方政府只能被动服从上级安排的建设项目。而且支农项目申报、评估、立项等程序不够透明和规范,资金的分配、确定受人为因素的影响较大。各有关部门谁争取到资金,就归谁管理,归谁分配使用。支农资金的这种多个部门管理的状况,在信息不对称情况下,势必造成政策之间难以有机协调,支农资金在使用方向、项目布局、建设内容等方面,交叉安排和重复投资现象比较严重,资金分散难以形成合力,造成支农资金使用上的浪费和低效率,无形中也增加了财政资金监督管理的成本。同时,基层财政有限的支农资金也难有自主性,事权与财权难以统一。总之,部门间缺乏沟通协调,致使有限的资金形不成合力,使用效果差。

(三)财政支出政策和结构不科学。具体体现是:第一,对教育的支出不科学,城乡教育不均等。表现在:城市和乡村之间义务教育服务提供不均等,城乡教育发展失衡,城乡居民文化素质差距大。尽管财政对农村义务教育的经费投入逐年增加,但从实际需要及历史欠账来看,农村义务教育阶段生均预算内教育经费仍严重不足,总体低于城市;在以GDP为中心的情况下,县级政府普遍降低了对教育投入的努力程度,尽管随着上级政府转移支付的增加,教育经费总量没有减少,但是教育经费在财政支出中的比例出现下降;城市学校教师稳定性较强且普遍超编,农村尤其是偏远农村学校教师则变动频繁缺编严重;城镇学校教学仪器、设备都比较齐全,而农村学校基本教学仪器、设备都普遍短缺,难以满足日常教学的需要;随着农村中小学生源减少,农村学校进行合并或撤销政策带来许多不便。据国家统计局调查,我国农村居民人均教育年限为7.16年,比城镇居民低3年,农村的小学和初中文化程度人口在总人口中占75%,在农村劳动力中,初中及初中以下文化程度的比例占90%以上,大专及以上程度仅占0.15%,其中没有受过任何技术培训高达76.14%。而这种城乡教育不均等与城乡教育制度不公平、农村教育公共品的长期缺失有直接关系。2003年,生均教育经费在小学、初中阶段,直辖市分别为5222.86元、5893.90元、9513.10元,一般城市分别为3012.53元、3310.56元、5133.91元,而农村地区仅为1312.67元、1516.84元、2733.29元。直辖市、一般城市大致是农村地区的3—4倍和2倍。2004年,小学人均教育经费,城市为1980元,农村为1326元,低33%;初中人均教育经费,城市为2288元,农村为1120元,低48.9%。城乡教育支出的不均等,使城乡教育差距日益加大。

　　第二,对卫生支出的城市偏向明显。从财政体制上看,由于为农村人口提供公共卫生服务的责任几乎完全从中央、省级政府下放到县、乡级政府,而且分税制后,中央政府收入又有集中化趋势,县、乡级政府的财政收入所占比例则逐年下降。在这种情况下,政府的公共卫生支出更多地流向了城镇地区,拉大了城镇和农村在卫生服务方面的差距。

有数据显示,城镇居民享受的人均卫生费用大概是农村居民的四倍左右,相当于全国的两倍多(见图5—4)。卫生支出和医疗服务方面的差别结果导致城乡居民在期望寿命方面的差别。根据2012年人口普查,中国人均期望寿命为74.83岁,其中城镇居民人均寿命为75.21岁,农村居民人均寿命仅为69.55岁,两者之间相差5岁。其他如婴儿死亡率、孕产妇死亡率,农村也比城市高出许多。

单位:元

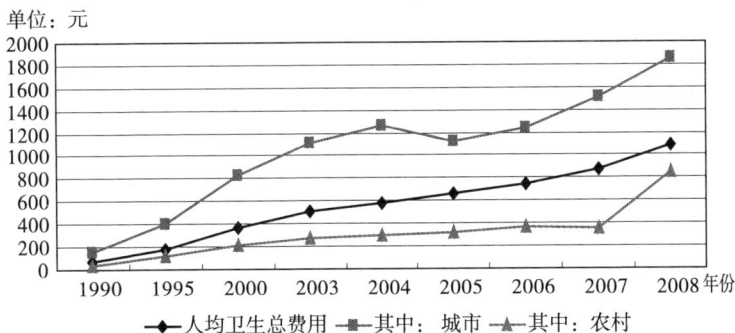

图5—4 城乡人均卫生费用比较

第三,对农村的科技投入不足。长期以来,我国虽然非常重视农业的发展,但对农业科技投入却严重不足,农业科技水平与世界发达国家相比有较大差距。有关资料显示,中国目前每年对农业的科技投入为60多亿元,约占农业总产值的0.25%左右,而发达国家平均为2.37%,发展中国家平均为0.7%—1%。[1] 中国农业

——————

[1] 苏明:《财政支出结构优化理论与制度保证(上、下)》,《现代财经—天津财经学院学报》2003年第4期。

技术推广经费占农业 GDP 的比重也远低于世界平均水平,农业科研成果的转化率低。据有关资料表明,我国每年约有 6000—7000 项农业科研成果面世,但其转化率仅为 30%—40%,远低于发达国家 70%—80% 的水平。在农产品产前和产后,尤其是在社会化服务、产业化经营、农产品检验检疫等环节,政府支持力度也明显不够。此外,目前水利资金中的大部分被应急投到了防洪、抗旱、灌溉等救急性工程项目上,对农业节水技术研究推广投入也远远不足。农业科技投入不足,一方面导致农业科技装备落后,劳动生产率较低,另一方面也直接影响到农村科技队伍的建设及其稳定性,导致农业科技创新能力较低,不能发挥对农业生产的支持和促进作用。

第四,财政政策的乘数效应发挥的不够,在动员社会资金、社会力量方面作用不明显。根据西方国家的经验,在实现城乡统筹发展的进程中,既要注重加强政府对农业部门的资金支持,同时也要十分注意充分利用市场机制的调节作用,发挥财政资金的"乘数效应"和凝聚放大功能,吸引和带动银行、企业、个人及社会其他资金投入,从而实现有机整合财政外资金投向农业的作用。但是,到目前为止,我国的农业发展还主要靠政府投入和农户的自身投入,动员的社会资金和社会力量非常有限。这一方面加重了财政支农的负担,使财政支农资金捉襟见肘,同时也不能充分发挥财政资金的导向作用,不利于实现整个社会资源配置的合理和高效。

(四)财政政策工具使用不充分。一是财政政策中,政策工具单一。长期以来,一说支持农村、农业发展就是指支农支出,即预算政策。其他如财政补贴、财政救助、政府投融资、政府采购、转移支付等政策使用的较少。二是财政支出工具中使用间接政策多,直接支持工具使用少。也就是说,在财政政策支持中,给予农业生产发展的中间环节支持较多,直接对农民、对农业、对农产品的支持较少。如 1998 年以来,政府支农投入中,每年用于粮、棉、油、糖流通的补贴在 500 亿元—700 亿元之间,占政府农业支持总量的 30% 以上,占国家政策性补贴支出的 70% 左右,年均增幅 27.16%。然而,如此巨额的补贴主要都补在了流通环节、补在了价格上,农民直接获益不多,对农民增收的贡献太小。

(五)转移支付制度不够科学。目前,我国的转移支付制度存在很多问题,如缺乏专门针对转移支付的法律法规,转移支付总体规模小,税收返还比重过高,不利于均等化的实现,专项转移支付不规范,难以确保公平,项目设置交叉重复,资金使用分散,部分项目设计与地方实际需要脱节。一些需要地方配套的项目往往得不到足够的配套资金,使项目的实际执行受到影响,也直接影响了地方可支配财力等。这使得转移支付在统筹城乡发展、支援农业生产上的作用大打折扣。而且,专项补助在转移支付中比例过高、补助过滥、透明度低等,也需要进行调整和改进。

(六)社会保障制度的城市偏向明显。尽管我国社会保障制度已经有了很快的发展,城乡居民的参保率和保障水平有了很大的提高。但是,从社会保障制度的发展过程中不难看出,我国社会保障的城市偏向十分明显。表现在:保障制度设计先城市后农村,保障标准和水平城市高于农村。虽然,就城市和农村的情况而言,各项社会保障需求确实存在一定的区别,但保障制度设计上的城市偏向显然不利于城乡统筹发展。

以新农合为例,为解决农民的基本医疗保障问题,我国从 2003 年开始逐步推进新型农村合作医疗制度,至今已实施 10 余年,目前已成为农村医疗保障制度的基石,切实减轻了农民的医疗负担。但新型农村合作医疗制度在发展过程中还面临着一些问题,不利于保证其可持续发展。比如目前我国还没有关于新农合的相关法律,使得新农合的运行、监管、审核没有相应的法律对照,使合作医疗的资金来源不稳定,管理上存在随意性和盲目性,违规行为也不能得到及时查处。新农合基金筹资机制不健全,筹资主要来源于农民自身,没有建立起农村社会经济组织的筹资机制,合法筹资渠道不明确,政府支持力度不够,使新农合的筹资水平低下,农民的受益程度有限,保障制度与农民患病实情不符。对定点医疗机构的监管存在漏洞,不合理用药问题依然存在,一些医疗服务机构不遵守操作规程及基本药品目录和诊疗目录,多开药、开贵药、故意拖长住院时间,导致参合农民的负担增加;另外,由于政府管理调控不力,医药价格长期走高,使新农合难以有效地减轻农民医药费的压力。

第二节 我国城乡统筹发展的税收政策及问题分析

一、我国城乡统筹发展中的税制沿革

新中国成立以后,随着不同时期社会、政治、经济条件的变化,我国的税收制度经历了多次重大改革,税制结构的发展演变大体经历了三个时期,五个阶段。

(一)新中国成立初期到党的十一届三中全会以前。这是社会主义税收制度的建立及发展时期,主要包括四个阶段。

第一,1950年1月,《全国税政实施要则》的颁布实施标志着我国税收制度正式建立。社会主义税制的内容主要有:统一全国税政,包括城乡统一、内外统一、工农统一;开征有货物税、工商业税、盐税、关税、薪给报酬所得税、存款利息所得税、印花税、遗产

税、交易税、屠宰税、房产税、地产税、特种消费行为税和车船使用牌照税 14 种税组成的工商税制;明确税权高度集中于中央;明确税务机关的地位;制定各种税收管理制度,如请示报告、稽征、报解、计划、统计等。以后又开征了契税,并决定薪给报酬所得税、遗产税暂不开征,房产税和地产税合并为城市房地产税。这一多税种、多环节征收的复税制的建立,在平衡财政收支、稳定金融物价、促进和保证国民经济的恢复发展等方面发挥了重要作用。

第二,1953 年的税制修正。1952 年年底,我国国民经济的恢复发展任务基本完成,社会经济结构发生了很大的变化,出现了经济日渐繁荣,税收相对下降的现象。为了解决这一问题,使税制适应新的经济形势,满足国家财政的需要,促进对私有制社会主义改造的完成,政务院决定以"保税增收,解决税制与经济发展不相适应的矛盾"为原则,对税制进行修正。主要内容是:试行商品流通税,对 22 种关系国计民生的重要货物由原来征收货物税、工商营业税及其附加、印花税,改为实行从产到销一次征收的商品流通税。同时,简化货物税,对其他产制环节的应税货物原来缴纳的工商营业税及其附加和印花税并入货物税征收。修订工商营业税,将工商企业原来缴纳的工商营业税、工商营业税附加、印花税,并入工商营业税。取消特种消费行为税,修订交易税。通过这次税制修正,使税种减少了,税制明显简化了。

第三,1958 年的税制改革。1956 年,对生产资料私有制的社会主义改造已经完成,生产关系和生产结构发生了很大变化。1958 年,全国范围的大跃进开始,财税领域"非税论"思潮涌动。在基本保持原税负,合并税种,简化税制原则指导下,我国进行了包括工商税制改革和农业税制改革在内的税制改革。工商税制改革的主要内容有：实行工商统一税，既将工商企业原来缴纳的商品流通税、货物税、营业税、印花税合并为工商统一税，实行在产制环节、零售环节两次征收制。将原来工商业税中的所得税部分改为工商所得税，使对企业征收的所得税成为一个独立的税种。同时还进行了税利合一试点。进一步简化了我国工商税收制度。农业税制改革的主要内容是：在 1958 年 6 月公布了《中华人民共和国农业税条例》，建立了以社为单位纳税，实行地区差别比例税率，以常年产量计算征税，以增产不增税、稳定负担为原则的统一的农业税制。促进了我国农业集体经济的发展。

第四，1973 年的税制改革。这时财税领域"税收无用论"思潮流行。在基本保持原税负，合并税种，简化征税办法原则指导下，我国进行了又一次税制改革。这次改革是在积累税、行业税等试点的基础上进行的。主要内容是试行工商税，简化税目税率。既将工商企业原来缴纳的工商统一税、工商统一税附加、城市房地产税、车船使用牌照税、盐税、屠宰税合并为工商税。

在这一时期，我国实行以商品劳务税为主体的"多种税、多次征"的税制模式，商品劳务税收入占整个税收收入的 80% 以上。在整个国民经济中国有企业占绝对比重、财政收入中利润上缴形式为主的计划经济背景下，这种税制结构基本满足了政府的财政需要，但税收调节经济的作用受到了很大的削弱。

（二）党的十一届三中全会以后到 1994 年税制改革以前。这是由计划经济向市场经济转轨时期。党的十一届三中全会以后，随着我国改革开放的进行，经济结构的调整和经济格局的变化，我国政府在 20 世纪 80 年代初建立了涉外税制：1980 年 9 月颁布了《中华人民共和国中外合资经营企业所得税法》，1981 年颁布了《中华人民共和国个人所得税法》《中华人民共和国外国企业所得税法》。1983年,进行第一步利改税,首次对国营企业开征了所得税,并改革了原工商税制。1984年进行第二步利改税,主要内容有:对国营企业征收国营企业所得税和国营企业调节税;将工商税一分为四,分为产品税、增值税、营业税、盐税;开征资源税;开征和恢复征收城市维护建设税、城镇土地使用税、房产税和车船使用税四种地方税;调整和开征一些工商税种。"利改税"以后,我国所得税占工商税收收入的比重迅速上升。1985年,所得税比重达到34.3%,基本形成了一套以商品劳务税为主体、所得税次之、其他税种相互配合的复合税制体系。

(三)1994年社会主义市场经济时期的税制改革。党的十四大提出建立社会主义市场经济的目标,确立了统一税法、公平税负、简化税制、合理分权,理顺分配关系,保障财政收入的稳定增长,建立与社会主义市场经济体制相适应的税制体系的指导思想。明确了加强中央的宏观调控能力;体现公平税负,促进平等竞争;合理调节社会分配;体现国家产业政策;简化和规范税制的原则。侧重于税制结构的调整和优化,在普遍开征增值税的基础上,建立了以增值税为主体,消费税、营业税彼此配合的商品劳务税体系;颁布并实施了统一的内资企业所得税和个人所得税的法律、法规;进行了资源税、其他税的改革,进行了税收征管改革和税务机构分设。明确了商品劳务税、所得税双主体地位。1994年税制改革后,我国的税种由32个减少到24个,税制结构得到了简化。国家税收收入对商品劳务税的依赖有降低趋势,而所得税收入则在增加,税制结构趋向合理。(见表5—5)

表5—5　2002—2013年我国税收收入结构　　单位:亿元

年度	流转税类		所得税类	
	流转税收入	流转税占税收收入比重(%)	所得税收入	所得税占税收收入比重(%)
2002	11560.69	65.55	4294.57	24.35
2003	14051.84	70.20	4337.55	21.67
2004	17802.23	73.67	5694.39	23.56
2005	20870.16	72.52	7438.83	25.85
2006	24761.85	71.13	9493.31	27.27
2007	24777.64	54.31	11964.83	26.23
2008	29716.8	54.80	14897.94	27.47
2009	32256.42	54.19	15486.19	26.02
2010	38322.94	52.35	17680.81	24.15
2011	44881.84	50.01	22823.75	25.43
2012	50038.73	49.73	25474.81	25.32
2013	54250.48	49.10	28947.12	26.20

资料来源:根据《中国统计年鉴(2013)》数据计算得出;其中流转税主要为增值税、消费税、营业税。

(四)2004年至今的税制改革。按照党的十六届三中全会通过的《中共中央关于完善社会主义市场经济体制若干问题的决定》中关于"分步实施税收制度改革"的部署,新一轮的税制改革自2004年起陆续启动。这次税制改革的基本思路是:按照"简税制、宽税基、低税率、严征管"的原则,围绕统一税法、公平税负、规范政府分配方式、促进税收与经济协调增长、提高税收征管效能的目标,在保持税收收入稳定较快增长的前提下,适应经济形势和国家宏观调控的需要,积极稳妥地分步对现行税制进行有增有减的结构性改革。改革的主要内容如下。

增值税改革。一是 2009 年起修订《中华人民共和国增值税暂行条例》,将生产型增值税改为消费型增值税,允许企业抵扣当年新增固定资产中机器设备投资部分所含的增值税进项税金。以此避免重复征税,增强企业扩大投资、进行技术更新改造的动力,促进企业技术进步,增强企业竞争能力。二是扩大增值税征税范围,将营业税的征税项目逐步改为征收增值税。2012 年开始在上海试点,2013 年 8 月 1 日扩大试行范围,截至 2014 年 6 月底,营业税征税项目已经改为增值税征税范围的有:交通运输业,包括陆路运输服务、水路运输服务、航空运输服务、管道运输服务和铁路运输;现代服务行业,包括研发和技术服务,信息技术服务,文化创意服务,物流辅助服务,有形动产租赁服务,鉴证咨询服务,广播影视作品的制作、播映和发行;邮政业和电信业。

完善消费税。先后对消费税税目进行有增有减的调整,适当扩大税基。以优化税收制度,平衡各消费群体之间的利益。

统一企业所得税制度。2008 年 1 月 1 日起,将《中华人民共和国企业所得税暂行条例》与《中华人民共和国外商投资企业和外国企业所得税法》合并,实现企业所得税的纳税人的认定标准统一、税基的确定标准统一、税率统一和优惠政策统一。充分体现国民待遇原则,将内外资企业一视同仁。

改进个人所得税。主要是先后对个人所得税工资薪金所得费用扣除项目和标准的调整,税率级次和水平的调整,旨在强化个人所得税对高收入者的税收调节力度,并有利于提高低收入者收入。目前,正在进行综合与分类相结合的征收制度、纳税人单位等个人所得税制度改革的研究和方案设计。

房地产税改革。先是对物业税的讨论、研究,房产税、城镇土地使用税的内外统一;继而是上海、重庆的房产税改革试点,现在正在研究适时推进房地产税的改革。

调整资源税,通过试点及逐步扩大试行范围,对资源税制度进行调整改革。包括调整征税范围,改从量计税为从价计税,实行比例税率等。

深化农村税费改革。先是取消农业特产税,逐步降低农业税的税率;2006年取消农业税。

总之,2004年以来我国税收制度改革,无论是改革广度,还是改革深度、力度,都可以与1994年的税制改革相媲美,都迈出了重要步伐。

目前,根据国家整体战略部署,财税理论和实务界专家学者正在分别就我国营业税改增值税的全面推开、地方税体系建设、房地产税制改革、资源税改革、个人所得税完善和环境保护制度建设等,进行系统研究,为解决深化分税制改革的核心问题,为下一步经济体制改革的顶层设计、深入推进提供智力支持。

二、我国城乡统筹发展中的税收政策分析

新中国成立以后,我国较大税制改革基本上是大约10年左右进行一次。这些税制改革以结构性的、系统性的大改居多。而且大都是在社会发展、经济发展的新形势、新要求下进行的,在制度改革中起着开关启锁作用的改革。每一次改革的社会环境、指导思想、改革原则、改革内容及改革方式都有明显不同,其发挥的作用也就有明显的不同。经过分析,我国城乡经济社会发展中税收政策存在的问题如下。

(一)税收制度的二元性明显。每次改革都是城市和农村税收制度分别进行。国家制定税收政策时,考虑城乡经济社会统筹发展的少,单独考虑城市或农村的较多。"一五"期间,我国把发展工业、发展城市经济作为首要任务,但同时我们没有把如何通过城市带动农村发展、城乡统筹发展综合考虑。这个时期,我们制定了较多的对工业、对城市的优惠政策,而对农业仍然采取比例税率、累进税率两套制度。1958 年的税制改革更是分别对城市税制和农村税制进行改革,城乡税制分设更明显。1962 年开始的经济调整,也只是号召城市人口到农村务农,在税收政策上没有什么调整。一直到 2006 年取消农业税后,虽然历经几次税收制度改革,城乡税制分设的格局仍然没有打破,我国税收制度还是二元税制。

(二)现行税制功能定位单一,导致收入分配调节作用较弱。我国现行税制安排不合理,税收制度设计时考虑税收收入多,考虑税收调节作用少。使得税收对收入分配调节的力度不够,表现在税制结构、税种设置和税制要素设计等方面。第一,以商品劳务税为主体的税制结构制约了税收对收入分配的调节。我国现行税收制度是以增值税、消费税、营业税等商品劳务税为主体税种(随着营改增的推进,营业税将逐步退出历史舞台),虽然从理论上讲,增值税、消费税、营业税对收入分配可以产生影响,但这些税种是间接税,其税收负担在商品劳务的流转过程中会发生转嫁,其税收负担的最终归宿不能准确确定,从而无法有效地发挥收入分配的调节作用。而且,从缴税负担来看,商品劳务税使中低收入者处于不利地位。因为,在边际递减作用下,高收入者承担的商品劳务税占其收入的比重要低于中低收入者。

第二,个人所得税的制度缺陷导致其对收入分配的调节功能难以得到充分发挥。在现行税种中,个人所得税在实现收入公平分配功能方面是调节能力最强的税种,发挥着其他税种难以替代的作用。但是,由于目前个人所得税制度设计的缺陷,导致其调节收入分配的功能具有相当大的局限性。而且,在很大程度上背离了公平性原则。虽然近年来我国税收收入中个人所得税的征收额增长较快,但个人所得税占全部税收收入的份额却一直比较低,只有6%—7%。包括广大农民工在内的单一收入来源者、普通工薪阶层和中低收入阶层是个人所得税的主要纳税者。个人所得税现行的单一分类征收制度,对收入来源多、综合收入高的高收入阶层调控功能偏弱,大量高收入没有被纳入到个人所得税的征收范围。现行个人所得税制度将收入分为11类,除工资部分适用7级超额累进税率外,其他多项收入基本都适用20%的比例税率征收。由于费用的多次扣除和比例税率的边际累退性,使其财产性收入占有的份额越大,税收负担反而越轻。这无疑有悖于个人所得税的量能负担原则。

第三,企业所得税存在的税负转嫁性削弱了其调节作用。通常情况下,人们都会认为企业所得税理所应当由企业的资本承担,一般不会发生商品劳务税的类似转嫁的情况。但是,张阳通过建立局部要素税收两部门一般均衡模型,引入要素替代弹性和产品需求替代弹性,研究企业所得税对所有产品和要素在各个市场产生的连锁反应和影响。研究结果表明,中国企业所得税并不完全由资本承担,资本只承担了税负的83%左右,还有17%左右转嫁给劳动要素。而劳动要素大部分被低收入人群所持有,对资本所得征收的税收有17%转嫁给劳动要素承担。这明显反映出我国企业所得税制在收入分配方面的不公平。

第四,消费税制度设计不合理。在我国现行税制中,消费税功能定位是起特殊调节作用的税种。奢侈性商品和劳务等非必要性消费的主要消费群体是高收入者,对其征收较高税率的消费税,不但能起到增加财政收入的作用,而且能起到一定的调节收入分配作用。然而,一方面,我国目前消费税的征收范围相对狭窄,没有将部分高档娱乐消费和部分高档奢侈消费品纳入征收范围,导致消费税的调节难以到位。另一方面,由于消费税在税率、计税依据和纳税环节设计上存在问题,导致大量奢侈品购买力外流,我国消费品市场和税收收入等多方受损。因此,消费税在调节收入差距方面的作用未能有效发挥。

第五,财产税近乎缺失。现行财产税体系不健全,而且我国财产税的课税对象主要是企业,对调节居民收入分配的作用不大,特别是对存量财产征税力度不够,使其调节财富分配的功能大打折扣;遗产税和赠与税等对个人收入调节作用比较明显的税种还未开征。

另外,税收约束力不强,存在税收征管漏洞。我国现行税制大多以法规和规章的形式出现,约束力较弱。在存在许多税收征管漏洞的情况下,大量高收入者纷纷避税,造成税款的大量流失,结果加剧了收入分配的不平等。

(三)地方税体系不健全,影响地方政府行政能力。主要表现是:第一,地方税体系的主体不明确。地方税体系有别于中央税体系,它以地方政府为主体,以地方税为核心。建立和完善地方税体系,首先要明确其主体即地方政府,明确地方政府的含义,明确地方政府的责任权限,只有这样,地方税体系才能真正建立起来。而我国由于长期实行统收统支的财政管理体制,财权税权高度集中,实行分税制以后中央政府和地方政府都不太适应,使分权分税都存在不彻底之处。虽然在政体上规定有一级政权就有一级财权、有一级税权,但在实践中,在具体规定上,财权的划分到省、市、县、乡,而涉及地方税体系时则只到省级。所以,根本没有形成以省、市、县、乡政府为主体的不同层次的地方税体系。

第二,地方政府税收权限不完整。税收权限主要包括税收立法权、税收开征权、税收调整权、税收减免权等。目前,我国省及其以下政府没有税收立法权,只有税收执法权。在 1994 年税制改革方案中,划分为地方税的税种有 18 个之多,并明确其中屠宰税、筵席税的立法权下放地方。但筵席税自 1988 年立法后,只有内蒙古等极少数省份开征过(2001 年上半年内蒙古也已停征),屠宰税虽然曾经给四川等省份带来不少收入,但现在也早已停征。这样,省以下政府的税收立法权已不复存在。而省以下政府的财权与事权不统一,即收支之间有缺口是一个客观事实。世界上实行分税制的许多国家是这样,我国也不例外。据统计数据分析,2000 年财政收支缺口最大是吉林达 60.17%,最小是广东也有 15.71%。

由于不赋予地方政府税收立法权,使其不能通过规范的税收来解决收支缺口问题,地方政府就会通过非规范的收入形式如收费来解决,就极易出现"税不够,费来凑"的问题。据中国财政年鉴的资料显示,我国地方税收收入在地方财政总收入中所占比重从 1994 年至今一直仅有 30%左右。

第三,地方税主体税选择无差异。我国地域辽阔,各地经济发展差别很大。各地经济发展水平不同,决定了各地收入总量及人均额度不同,税收收入的来源也就不同。如 2000 年收入总量最多的是广东 910.56 亿元,最少的是西藏,只有 5.38 亿元;人均收入额度最多的是上海 3672.65 元,最少的是西藏,只有 214.36 元。其地方税中居主体地位的税种也不同。各地一、二、三产业结构不同,决定了各地税种结构不同。如 1996—2000 年北京第三产业平均占比达 55%,上海第三产业平均占比达 50%,而河南第三产业平均占比仅为 20%左右。相应的,同期以第三产业为主要征税范围的营业税占比较高的是北京,达 49.64%,营业税占比较低的是安徽,仅 18.19%;所得税占比较高的是北京,达 39.31%,最低的湖南只有 14.61%;财产税最高的达 10.78%,最低的仅 3.54%;农业税占比最高的达 16.54%,最低的仅 0.34%。到 1994—2012 年,北京第三产业平均占比达 66.91%[1],上海第三产业平均占比达 51.52%,[2]而河南第三产业平均占比仅为 28.82%。[3] 同时期,其税收收入结构也发生着同样变化。这说明经济决定税收,税收影响经济。具体讲,营业税收入的多少决定于第三产业的发展,所得税收入的多少与经济效益和人均收入水平紧密相关,而资源税和农业税收入的多少则反映了当地资源的开采使用和农业生产发展情况及其在当地经济中的地位。显然,根据各地经济状况设计其主体税并实施分级征收管理,较全国设计统一主体税种进行征收管理,无论是从公平性还是效率性来讲都是最佳选择。而我国在 2012 年实行营改增试点之前的较长时间内,一再强调各地一律以营业税为主体税,省级以下的地方政府及中央政府的税种设计均无清楚的界限,使地方税不成体系。在划归地方税的 18 个税种中,营业税有一部分按行业划归中央,资源税有一部分按项目划归中央,个人所得税中的利息所得税划归中央(现利息所得税已取消征收),企业所得税有一部分按比例划归中央,印花税中的股票交易印花税按比例划归中央,使名义上的地方税税种没有完整感。

(四)税收政策对农业、农村发展的支持力度小。现有税收政策中虽然有一些对农业、农村的优惠政策,如增值税对农产品实行 13%的低税率,对自产自销初级农产品实行免税。企业所得税法中也有相关农业企业发展、农产品经营的税收优惠政策等。但比较零星分散,整体性差,效果不明显。而且,由于政策设计缺乏整

---

① 本数据根据《北京市统计年鉴(2013)》计算得出。
② 本数据根据《上海市统计年鉴(2013)》计算得出。
③ 本数据根据《河南省统计年鉴(2013)》计算得出。

体统筹性,有些政策考虑不全面,相互协调性不够,导致政策的实施结果偏离政策意图。

(五)税收调节手段单一。虽然,我国税收制度进行了多次改革,但是,税收调节手段仍然不够丰富,而且比较单一。首先,税制结构中商品劳务税居于主导地位的特点始终没有改变。尤其是农村长期只有一个既非商品劳务税也非所得税的农业税,很难使不同税类的作用得到充分有效的发挥。在 2006 年农业税取消后,农村经济发展中名义上没有相应的税种征收。而无论是从农村经济的发展,还是从农民的国民待遇角度考虑,这种状况都不合适。其次,税收调节大都只使用税种、税收优惠;税种主要使用商品劳务税、所得税,财产税等税种使用较少,或干脆没有;涉农税制中使用的税收优惠主要有起征点、免征额、减税、免税;其他税种中涉及农业的税收优惠也大体如此。而税收优惠形式有多种,包括:减税、免税、退税、起征点、免征额、税收抵免(纳税抵免、投资抵免)、税收扣除、延期纳税、快速折旧、亏损抵补等。不同的税种,有不同的调节作用;不同的税收优惠形式有不同的作用。税种少、税收优惠形式单一,自然会影响税收调节作用的发挥。

第三节　我国城乡统筹中的财政政策实证分析

理论上,政府安排的各项财政支农支出,有助于提高农业生产总值。而农业生产总值的提高则直接增加农村居民收入,从而有利于提高农村居民生活水平,进而有助于缩小城乡居民收入差距。从居民收入与恩格尔系数的关系分析,农村居民收入的提高必然会使农村居民恩格尔系数下降。但在实践中,我国的财政支农支出、农业生产总值、农村居民人均收入、农村居民恩格尔系数之间的关系并非与理论分析完全一致。

一、数据选择及理论分析

（一）变量选取

通常分析财政政策对农村、农业、农民收入的影响所涉及的指标主要包括：农业 GDP、农村居民人均收入、财政支农支出、农业补贴、农业贷款、农业科技投入费用、农田水利等基本建设投入支出等。考虑到我国预算改革过程中的预算指标变动，其中的一些数据不易取得。在此，我们用农业 GDP、农村居民人均收入、财政支农支出、农村居民恩格尔系数等指标，作为分析我国财政政策主要是财政支农支出，对农业 GDP、农村居民人均收入的影响以及农业 GDP 对农村居民人均收入影响的变量。

（二）样本选择

我们选用 1990—2013 年我国农业 GDP、农村居民人均收入、财政支农支出、农村居民恩格尔系数为样本数据，具体数据是根据历年《中国统计年鉴》计算整理而得到的。具体见表 5—6。

表 5—6　样本数据

年份	用于农业的支出（亿元）	用于农业支出占财政支出比重（%）	农业 GDP（亿元）	农村居民人均收入（亿元）	农村居民家庭恩格尔系数（%）
1990	307.84	9.98	4954.3	686.3	58.8
1991	347.57	10.26	5146.4	708.6	57.6
1992	376.02	10.05	5588	784	57.6
1993	440.45	9.49	6605.1	921.6	58.1
1994	532.98	9.2	9169.2	1221	58.9

年份	用于农业的支出（亿元）	用于农业支出占财政支出比重(%)	农业GDP（亿元）	农村居民人均收入（亿元）	农村居民家庭恩格尔系数(%)
1995	574.93	8.43	11884.6	1577.7	58.6
1996	700.43	8.82	13539.8	1926.1	56.3
1997	766.39	8.3	13852.5	2090.1	55.1
1998	1154.76	10.69	14241.9	2162	53.4
1999	1085.76	8.23	14106.2	2210.3	52.6
2000	1231.54	7.75	13873.6	2253.4	49.1
2001	1456.73	7.71	14462.8	2366.4	47.7
2002	1580.76	7.17	14931.5	2475.6	46.2
2003	1754.45	7.12	14870.1	2622.2	45.6
2004	2337.63	9.67	18138.4	2936.4	47.2
2005	2450.31	7.22	19613.4	3254.9	45.5
2006	3172.97	7.85	21522.3	3587	43.0
2007	3404.70	6.84	24658.2	4140.4	43.1
2008	4544.01	7.26	28044.2	4760.6	43.7
2009	6720.41	8.81	30777.5	5153.2	41.0
2010	8129.58	9.05	36941.11	5919.0	41.1
2011	9937.55	9.10	41988.6	6977.3	40.4
2012	11973.88	9.51	46940.5	7916.6	39.3
2013	13227.91	9.47	51497.4	8895.9	37.7

(三)变量间关系的理论分析

为了方便分析,我们将农村居民人均收入用 JMSR 表示,农业 GDP 用 NYGDP 表示,财政支农支出用 NYZC 表示。

首先,对农村居民人均收入与财政支农支出、农业 GDP 的关系进行分析。其中,农村居民人均收入对农业 GDP 的散点图见图 5—5,农村居民人均收入对财政支农支出的散点图见图 5—6。由图可见,均存在着线性关系。理论上,农业 GDP 增加必然会引起农村居民人均收入的增加,应该是正相关的关系;财政支农支出增加也必然会引起农村居民人均收入的增加,应该是正相关的关系。

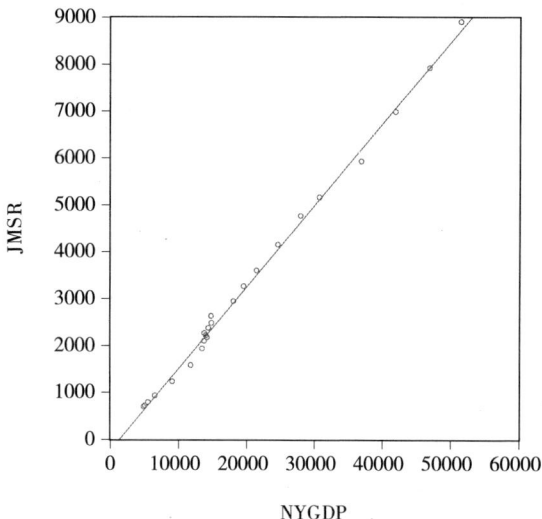

图 5—5　JMSR 对 NYGDP 的散点图

二、模型估计及分析

(一)财政支农支出与农村居民人均收入的关系

考虑到时间序列存在着自相关的问题,我们将农村居民人均收入与财政支农支出建立回归方程,如下。

$$JMSR_t = 7912.11 + 0.089NYZC_t + 2.19AR(1) - 1.90AR(2) + 0.70AR(3) \quad (5—1)$$

$$(0.59) \quad (1.74) \quad (2.19) \quad (-4.40) \quad (2.96)$$

$$F = 368.43 \quad R^2 = 0.99 \quad DW = 2.45$$

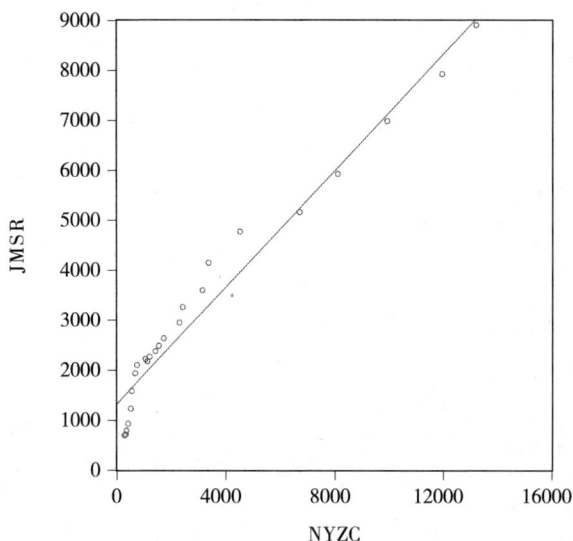

图 5—6 **JMSR 对 NYZC 的散点图**

从回归方程(5—1)分析可以看出,虽然财政支农支出的参数显著性检验的伴随概率为 0.1166,大于 0.10,但是接近 0.1。从经济学的角度分析,财政支农支出对农村居民人均收入的影响,90% 的概率认为参数是不为零的。因此,财政支农支出对农村居民人均收入的影响也是一致的,即存在着正相关关系,这与理论分析相符。同时,由于存在着三阶的自相关,说明滞后一期的农村居民人均收入实际与计划的偏差对当期存在着正相关关系,滞后二期的农村居民人均收入实际与计划的偏差对当期存在着负相关关系,滞后三期的农村居民人均收入实际与计划的偏差对当期存在着正相关关系,即农村居民恩格尔系数对农村居民人均收入的影响存在着滞后效应,这与理论相符,同时也与农民的实际生活习惯相符。

(二)农业 GDP 与农村居民人均收入的关系

同样,考虑到时间序列存在着自相关的问题,我们将农村居民人均收入与农业 GDP 建立回归方程,如下。

$$JMSRt = 16230.26 + 0.058NYGDPt + 1.66AR(1) - 0.668AR(2) \tag{5—2}$$

$$(0.116) \quad (3.86) \quad\quad (7.38) \quad\quad (-2.85)$$

$$F = 823.36 \quad R^2 = 0.99 \quad DW = 1.55$$

从回归方程(5—2)分析可知,农业生产总值对农村居民人均收入的影响也是一致的,即存在着正相关关系,这与理论分析相符。同时,由于存在着二阶的自相关,说明滞后一期的农村居民人均收入实际与计划的偏差对当期存在着正相关关系,滞后二期的农村居民人均收入实际与计划的偏差对当期存在着负相关关系,即农村居民恩格尔系数对农村居民人均收入的影响存在着滞后效应,这与理论相符,同时也与农民的实际生活习惯相符。

(三)财政支农支出与农业 GDP 的关系

样本数据的相关系数如表5—7。可知,不仅农村居民人均收入与财政支农支出、农业 GDP 之间存在着高度相关,而且财政支农支出与农业 GDP 之间存在着高度相关(见图5—7)。因此,不能将财政支农支出、农业 GDP 的增减变化同时去解释农村居民人均收入的变化。

表5—7　样本数据的相关系数

	NYZC	NYGDP	JMSR	E
NYZC	1	0.98	0.98	−0.81
NYGDP	0.98	1	0.998	−0.87
JMSR	0.98	0.998	1	−0.886
E	−0.81	−0.87	−0.886	1

同样,考虑到时间序列存在着自相关的问题,我们将财政支农支出对农业 GDP 建立的回归方程如下。

$$NYGDP_t = 10304.38 + 3.12NYZC_t + 1.30AR(1) - 0.51 AR(2)$$

(5—3)

　　　(4.97)　　(3.92)　　　(5.67)　　　(-2.38)

F = 12.59　R^2 = 0.97　DW = 1.98

从回归方程(5—3)分析可知,财政支农支出对农业 GDP 的影响是一致的,即存在着正相关关系,这与理论分析也是相符的。同时存在着二阶的自相关,说明滞后一期的农业 GDP 的实际与计划的偏差对当期存在着正相关关系,滞后二期的农业 GDP 的实际与计划的偏差对当期存在着负相关关系,这也是符合经济发展规律的。

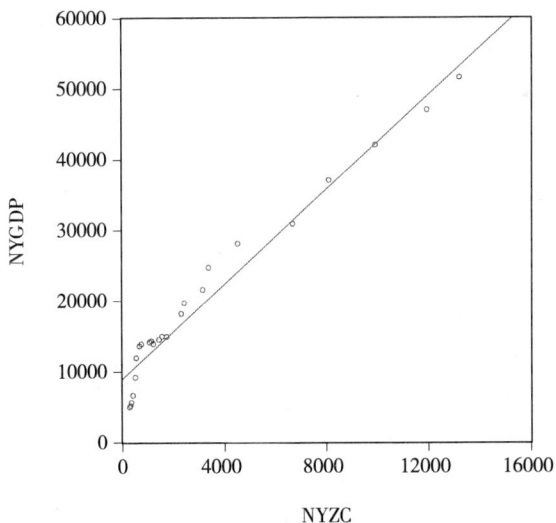

图5—7　NYZC 对 NYGDP 的散点图

(四)农村居民人均收入与农村居民家庭恩格尔系数的关系

我们将农村居民恩格尔系数,用 E 表示。从表 5—7 可知,农村居民恩格尔系数与其他三列数据均存在着较高的相关系数,且为负相关关系。理论上,农村居民恩格尔系数下降,说明农村居民生活水平提高,农业 GDP 增加,进而农村居民人均收入增加(见图 5—8)。

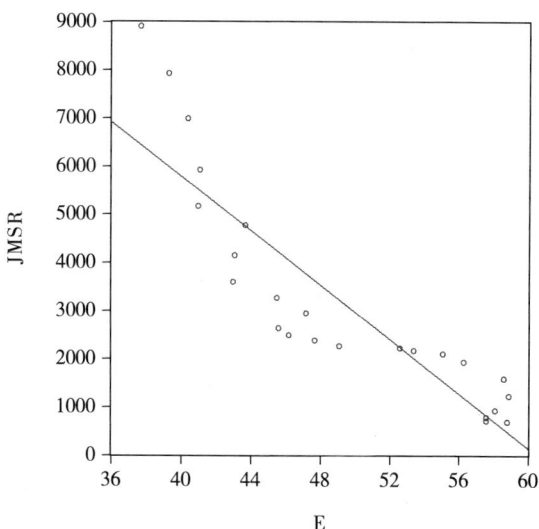

图 5—8　E 对 JMSR 的散点图

考虑到时间序列存在着自相关的问题,农村居民恩格尔系数对农村居民人均收入建立的回归方程如下:

JMSRt = 8281.6－118.5Et +0.87AR(1)－0.43 AR(3)　(5—4)

　　　(10.98)(－8.06)　(6.23)　　　(－3.42)

F = 98.39　R^2 = 0.967　DW=2.30

从回归方程(5—4)分析可以看出,农村居民恩格尔系数对农村居民人均收入的影响也是相反的,即存在着负相关关系,这与经济理论也是相符的。同时,由于存在着三阶的自相关,说明滞后一期的农村居民人均收入实际与计划的偏差对当期存在着正相关关系,滞后三期的农村居民人均收入实际与计划的偏差对当期存在着负相关关系,即农村居民恩格尔系数对农村居民人均收入的影响存在着滞后效应,这与理论相符,同时也与农民的生活习惯相符。

第四节　我国城乡统筹中的税收政策实证分析

一、数据选择

（一）指标选取

国际上通常使用基尼系数作为衡量一国居民收入差距的指标。要分析税收政策对我国经济社会发展的影响,则需要分别对增值税、消费税、营业税、个人所得税等税种的影响进行分析。但是,考虑到若用增值税、消费税、营业税、个人所得税绝对收入额作为分析指标,则会因各税种的计税依据不同,其税额的经济含义不同,造成分析结果的较大偏差,从而失去分析的准确性,失去分析的意义。因此,我们选择各税种收入水平,即各税种税收收入占税收收入总额的比重作为衡量指标,以这四个指标来反映各税种在整个税收收入以及调节收入分配中的参与度。

（二）样本选择

本书中用于分析的数据是根据《中国居民收入分配年度报告2007》《中国统计年鉴》计算整理而得到的。具体的样本数据为表5—8和表5—9中的数据。

表 5—8 1994—2013 年增值税等税种在税收收入中的占比

（单位:%）

年份	增值税比重	消费税比重	营业税比重	个人所得税比重
1994	45.02	9.51	13.07	1.42
1995	43.10	8.97	14.34	2.18
1996	42.88	8.98	15.23	2.80
1997	39.88	8.24	16.08	3.16
1998	39.17	8.80	17.00	3.66
1999	36.34	7.68	15.62	3.87
2000	36.19	6.82	14.85	5.24
2001	35.01	6.08	13.49	6.50
2002	35.03	5.93	13.89	6.87
2003	36.15	5.91	14.21	7.08
2004	37.32	6.22	14.82	7.19
2005	37.50	5.68	14.71	7.28
2006	36.73	5.42	14.74	7.05
2007	33.91	4.84	14.43	6.98
2008	33.19	4.74	14.06	6.86
2009	31.05	8.00	15.14	6.64
2010	28.81	8.29	15.24	6.61
2011	27.04	7.73	15.24	6.75
2012	26.25	7.83	15.65	5.78
2013	26.07	7.45	15.58	5.91

资料来源:《中国统计年鉴(2011)》,http://www.stats.gov.cn。

表 5—9　1994—2007 年我国居民收入差距的基尼系数

年份	1994	1995	1996	1997	1998	1999	2000	2001	2002	2003
基尼系数	0.362	0.389	0.375	0.379	0.386	0.397	0.417	0.447	0.454	0.458
年份	2004	2005	2006	2007	2008	2009	2010	2011	2012	2013
基尼系数	0.465	0.470	0.496	0.480	0.469	0.470	0.458	0.477	0.474	0.473

资料来源：《中国居民收入分配年度报告（2007）》；《中国统计年鉴》；世界银行公布数据。

二、计量分析

为了分析的便利，我们将增值税比重用 VAT 表示，消费税比重用 CST 表示，营业税比重用 ST 表示，个人所得税比重用 IIT 表示，基尼系数用 GINI 表示。采用时间序列，分别将增值税比重、消费税比重、营业税比重和个人所得税比重对反映我国居民收入差距的基尼系数的影响，绘制散点图 5—9、5—10、5—11、5—12，进行分析。

图 5—9 是对增值税比重 VAT 与基尼系数 GINI 关系的分析。根据图 5—9，可以初步判断增值税比重与基尼系数二者的线性关系较弱，回归结果显示拟合优度仅为 0.59，比较低。而考虑到时间序列存在着自相关的问题，用广义差分法进行重新估计，VAT 的参数显著为零。因此，可以判断增值税比重 VAT 与基尼系数 GINI 的关系不显著。由此可以说明，增值税作为中性税种，并没有直接缩小城乡居民收入差距的功能，而只能以减免税等各种税收优惠的方式，才能体现其支持农业发展的政策，从而达到提高农村居民收入的目的。

图 5—10 是对消费税比重 CST 与基尼系数 GINI 的关系进行分析。根据图 5—10，初步判断消费税比重与基尼系数二者的线性关系较弱，回归方程如下。

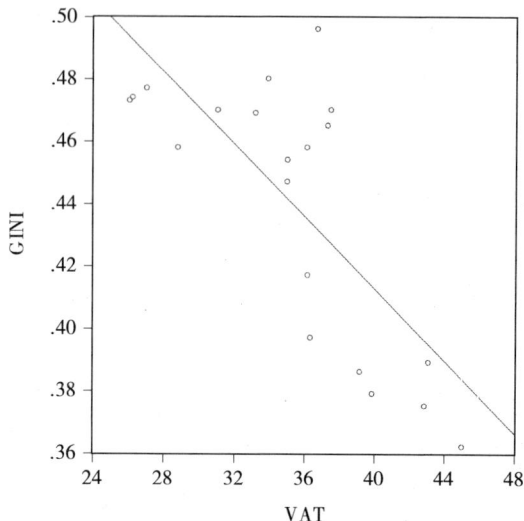

图 5—9 VAT 对 GINI 的散点图

GINIt = 0. 6−0. 03CSTt   （5—5）

　　（38. 68）（−12. 43）

F ＝ 154. 47 R^2 = 0. 92   DW = 1. 77

从回归方程(5—5)分析可知,消费税比重对基尼系数的影响相反的,即存在着负相关关系。由此可见,从 1994—2013 年,我国消费税的收入分配调节功能在一定程度上得到了发挥,进一步缩小了城乡居民收入差距,这与理论上和税制设计意图是相符的。

图 5—11 是对营业税比重 ST 与基尼系数 GINI 的关系进行分析。根据图 5—11,初步判断营业税比重与基尼系数二者的线性关系较弱,回归结果显示拟合优度仅为 0. 014,方程的 F 检验也未通过。因此,可以判断营业税比重与基尼系数 GINI 的关系不显著。所以,营业税与增值税的功能基本一样,也没有直接缩小城乡居民收入差距的功能,而只能以减免税等各种税收优惠的方式,支

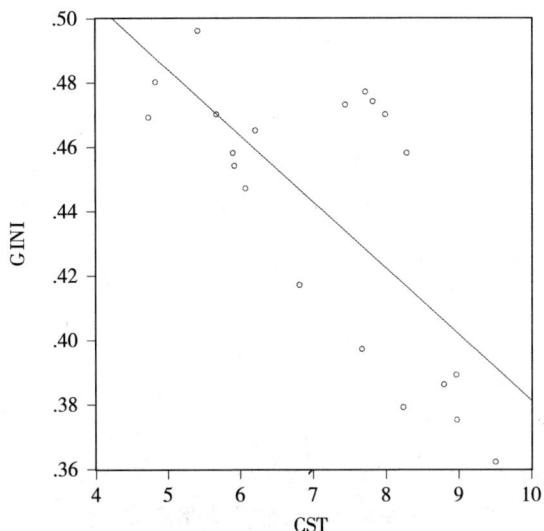

图 5—10　CST 对 GINI 的散点图

持农业发展,从而达到提高农村居民收入的目的。

图 5—12 是对个人所得税收入占税收收入的比重(IIT)与基尼系数 GINI 的关系进行分析。根据图 5—12,初步判断个人所得税收入占税收收入的比重与基尼系数二者的线性关系明显。回归方程如下。

$$GINIt = 0.32 + 0.02IITt \tag{5—6}$$

$$(38.05)\quad(11.16)$$

$$F = 124.5\quad R^2 = 0.91\quad DW = 0.93$$

从回归方程(5—6)分析可知,个人所得税收入占税收收入的比重对基尼系数的影响一致,即存在着正相关关系。由此可见,1994—2013 年,我国的个人所得税并未能充分发挥其理论上的收入分配调节功能,不但没有缩小城乡居民收入差距,反而出现了"逆调节"的现象。

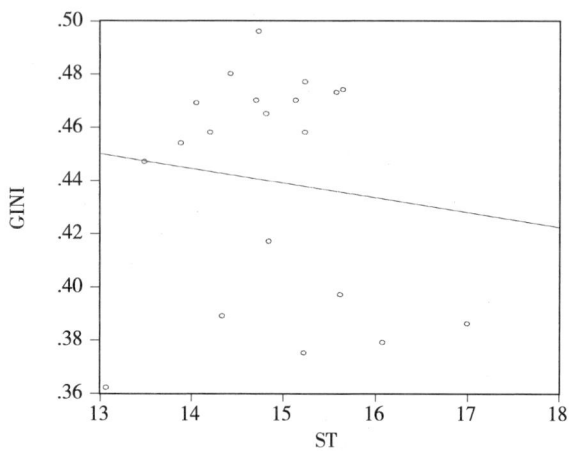

图 5—11 ST 对 GINI 的散点图

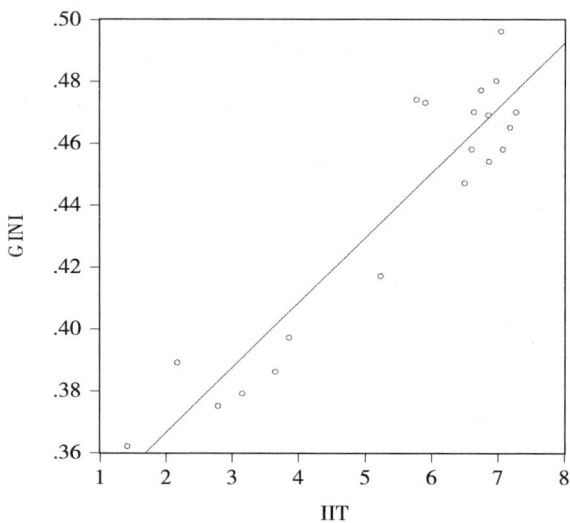

图 5—12 IIT 对 GINI 的散点图

　　从以上的实证分析可以看出,商品劳务税在调节居民收入分配方面作用不大。我国以增值税、营业税为主的商品劳务税类没有表现出直接缩小城乡居民收入差距的功能,消费税则在调节居民收入分配差距方面发挥了一定的作用。因此,在我国目前以商品劳务税类为主体税的税制结构下,要充分发挥税收调节居民收入的作用,一方面需要适时调整消费税制度,使其真正成为特殊调节税种;另一方面需要不断完善增值税、营业税的税收优惠政策,以加大财政税收支持农业发展的力度,促进城乡协调、工农业共同发展,从而达到城乡统筹发展的目的。个人所得税虽然在理论上具有较强的收入分配调节功能,但在实践中,自 1994 年税制改革后,我国的个人所得税制度暴露出较多问题,个人所得税收入增速较快,但在税收收入中的比重并没有提高太多。近年来反而有所下降。因此,个人所得税不但没能发挥缩小居民收入差距的作用,反而出现了个人所得税的征收使基尼系数扩大的"逆调节"现象,这与税收理论和税收政策目标是相悖的。

第六章 城乡统筹发展财税政策的国际比较及启示

　　农业是实现工业化、现代化的基础。与工业、商业和服务业相比,农业受自然因素的影响较大,生产周期较长,属于弱质产业。因此,在实现工业化的过程,无论发达国家,还是发展中国家,尽管经济条件和工业化模式存在巨大的差距,但都存在城乡发展不平衡的问题,这一问题并非中国特有。但是,许多国家政府在推行工业化进程中,不失时机地统筹城乡经济社会协调发展,对农业采取了一系列扶持政策和保护措施,缩小了城乡居民收入差距、缩小了城乡社会发展差距,促进了经济与社会和谐发展。通过借鉴国际城乡统筹发展的成功经验,认识和把握政府城乡统筹发展中农业财政政策目标和实施方式的演变规律,有助于提高我国政府财政支农的效率,也有助于我国由现阶段经济发展水平向发达工业国的转变。从国际经验看,城乡统筹发展是由落后的农业大国走向发达工业国家的必由之路。世界各国的城乡统筹发展模式具体可以分为:农村城市共同发展,农村发展促进城市发展,城市发展带动农村发展。不同的城乡统筹发展模式下,其财政税收政策亦各有特色。

第一节　美国:农村与城镇共同
发展的财税政策

一、农村与城镇化共同发展

美国是工业化发展比较早,且工业化、城镇化程度比较高的发达国家,也是在解决二元经济及城乡统筹问题上比较成功的国家之一。比较而言,欧洲和日本是在城镇化及工业化过程中农业出现衰退时才开始考虑城乡统筹问题,而美国的农村则是和其城镇化一起发展起来的。在工业化、城镇化实现的过程中,美国始终重视强化农业作为国民经济第一产业的地位。政府通过农产品补贴、保护性收购政策和目标价格支持等措施直接对农业给予扶持,提高农民收入。美国这种农村和城市共同发展的模式,不仅有人口和生产要素由农村向城市的集聚,也有先进生产要素和先进文化由城镇向农村的辐射,使城乡经济社会逐步走向交融,这种城乡、工农"双向运动"的结果就是城乡统筹发展。

二、推进农村与城镇共同发展的财税政策

鉴于农村经济发展的特殊性,美国政府在实现工业化、城镇化的过程中,将促进农村经济的快速发展放在重要位置。为了促进农村经济社会发展,美国政府在妥善解决土地问题的前提下,制定和实施了积极的财政政策。其政府支持的力度和规模都较大,从20世纪50年代开始,美国政府一直通过国家财政拨款和信贷加大对农村财政支付力度,到20世纪70年代中后期,全国农业生产性投资增加5000多亿美元,现在美国平均每个农场拥有30多万美元的生产性固定资产,每个农业劳动者占有的生产性固定资产

达 18.1 万美元,农业的有机构成超过了工业。[1]

(一)实施财政支农政策。美国政府制定和实施的财政支农政策包括:农产品价格补贴、农村基础设施建设和社会事业建设、农村社会保障制度以及其他多个方面。

一是农产品价格补贴政策。美国政府一直采取保护性收购政策和目标价格支持相结合的做法,以稳定和提高农民收入。1933年,美国政府制定《农业调整法》,提出了农产品价格支持政策;1973年,出台了农产品目标价格;1996年,依据《联邦农业完善与改革法》,对农产品价格与收入支持政策进行调整,而政策的重点始终是调控农产品市场价格,稳定和提高农民收入。进入 21 世纪以来,美国通过所谓的生产灵活性合同和反周期补贴等形式,使农民直接获得政府的收入支付和农产品补贴;美国政府还通过各种政策性倾斜,如对农民购买大型农业机械实行的优惠贷款与补助等,扶持农业产业部门的发展。针对农业自身面临风险的特点,美国通过政府支持的方式为农产品办理农业保险。美国联邦政府对投保的农场主提供补贴,补贴比例为农场主所交保险费的 50%—80%,农场主只需要交少量保险费就可以得到全额保险。据统计,20 世纪 30—60 年代,美国政府农业投资累计达 88 亿美元,使 680万农户受益(当时美国全国农户数不足 1 000 万户)。[2] 而且,资源与环境保护也已经逐渐成为美国农业政策的一个日益重要的长远战略目标,表现在美国政府把大量农业补贴转变成农业污染补贴,将保护农民收入与改善环境质量目标有机挂钩。

---

[1] 刘助仁:《国外农业发展的公共政策与启示》,《经济研究参考》2009 年第 5期。

[2] 李燕凌、曾福生、匡远配:《农村公共品供给管理国际经验借鉴》,《世界农业》2007 年第 9 期。

二是农业基础设施和社会事业建设投入政策。自 20 世纪 30 年代以来，美国政府一直重视农村的道路、水电、排灌、市场等基础设施及教育、文化、卫生等社会事业建设。美国的大型灌溉设施都是由联邦政府和州政府投资兴建的，中小型灌溉设施虽然是由农场主个人或联合投资，政府也给予一定的补助。2000 年，美国政府支付给农民的直接脱钩收入补贴就超过了 100 亿美元。① 目前，大部分乡村的基础设施和公共服务与城市相差无几，这对美国农村的经济和社会发展起到了重要作用。

三是农村社会保障制度建设。美国是实施商业医疗保险模式的典型代表。美国实施了农村商业医疗保险制度。1935 年，美国通过了历史上第一部以社会救助为主要目的的社会保障法典——《社会保障法》，随后其社会保障制度不断完善。

大多数美国农民参加了商业保险，政府负责老年人和贫困者的医疗保险。在联邦政府及州政府的财政预算中，明确农村社会保障支出在 GDP 中所占的比例。对低收入农户、妇女儿童等特定人群所需的食品救助、营养补贴等，除了联邦政府农业部食品和营养局负责执行联邦和州的援助计划外，各地慈善机构也免费提供。

（二）农业税费政策。政府除按照国家统一的所得税及其他税法向所有纳税者普遍征收的税费，包括所得税、就业税和遗产与赠与税外，没有专门针对农民的税费。同时，不仅农业经营需缴纳的税种少，而且税收总额也很低。税种少、针对性强和按收入纳税是美国农业税最主要的特点。

一是对农业生产者个人的税费政策。美国允许农业生产者选

---

① 张秋：《美、日城乡统筹制度安排的经验与借鉴》，《亚太经济》2010 年第 2 期。

择现金收付制记账,而不像其他行业一样必须使用权责发生制记账。这样,在缴纳个人所得税时,既可及时地申报成本,又可节约大量的人力物力。只需在年终时清点库存产品,有效地减轻了农业生产者的负担。而且,大量的美国农产品在销售时被划入了"资本"项而不是"产品"项。"资本"是指用于再生产的资金、设备等。资本的增值在计算个人所得税时,适用的税率低于其他所得(包括产品销售所得)税率。1997年,在美国的大规模税收减免行动中,考虑到农场和牧场的收入由于难以控制的市场和无法预计的天气情况而在各年间变动较大,因此,美国国会同意农场和牧场主可以选择在1998、1999、2000年三年内平均其收入,从而避免在获利年度面对超额的高税率。这种收入平均政策使农业生产者避免了比同等收入而较为稳定的纳税人缴纳更多的税收。此外,该次行动还修改了农业生产者经常净亏损可以向前或向后结转的年份限制,并且同意因为天气干旱、洪涝等不可抗力原因而被迫出售的牲畜的销售收入可以延迟一年计入应税收入,这些都对农业生产起到了鼓励的作用。

二是对涉农中小企业的税收优惠政策。美国政府鼓励涉农中小企业的发展,使其在增加城乡就业岗位、促进城乡协调发展方面发挥了重要作用。在美国,政府注意利用税收减免或特定扣除来减轻农业企业的所得税,允许农业企业把当年用于购买设备的生产性资本开支从应纳税所得额中完全扣除,以鼓励农业企业更新设备。政府还运用投资抵免,来鼓励企业设备更新及再投资。对中小企业实行"凡购买新的设备,若法定使用年限在5年以上的,其购入价格的10%可直接抵扣当年的应付税款;若法定使用年限为3年者,抵免额为购入价格的6%;某些不动产以及某些购入的旧设备,也可以获得一定程度的税收抵免;小型企业的应纳税款如

果少于 2500 美元,这部分应纳税款可百分之百用于投资抵免"的
优惠政策。[①] 还规定,对出售农业固定资产的所得的 60% 予以免
税,只需按收入的 40% 纳税等,这些减免税政策的重要目的之一
都是保护中小农场。这些税收政策的制定与实施,使美国的中小
企业加快了资本积累,得到了较快发展,对减轻在城乡统筹发展中
的就业压力等方面起到了一定的促进作用。

三是涉农遗产税政策。美国遗产税的税率高达 55%,这对于
家庭农场的继承和农业生产的继续是很有影响的。因此,美国政
府对农业生产者也给予了一定的优惠。例如农业生产者过世时,
其拥有的土地不是按一般采用的标准市值计值征税,而是按土地
在农业方面的使用价值计算遗产税。为鼓励土地继承者从事农业
生产,美国税法还规定继承人在继承期满 10 年后出售其所继承的
土地,可享受以标准市价计算土地的成本,而不必再按继承遗产时
的土地价格计算成本。

(三)政府农业融资政策。从美国农村资金运营发展来看,农
村合作金融已经成为农民资金运营结构中相当重要的来源。美国
农村合作金融机构是政府根据不同时期农业和农村发展特点,由
政府出资支持,采用自上而下的方式逐步建立起来的。它是由联
邦土地银行及联邦土地银行合作社、联邦中期信用银行及生产性
用合作社、合作社银行系统等三大独立的系统组成,自成体系,承
担美国农村融通资金的任务。经过长期的发展,到 20 世纪 70 年
代后期,贷款额在众多家信贷渠道中跃居第一位。在美国政府办
理的农村贷款中,其目的主要在于贯彻国家农业政策和推行农村

---

① 罗玉崑:《促进中小企业发展的税收政策研究—以江西省吉安市吉州区为
　例》,南昌大学 MPA 研究生学位论文,2007 年。

建设计划,其主要投向私营金融机构以及合作信贷系统按其经营原则难以办理的贷款。

由美国联邦政府主导创建的政策性农村金融机构也是专门为本国农村和农业发展提供资金融通的机构。它是由农民家计局、农村电气化管理局、商品信贷公司和小企业管理局组成。其宗旨为控制农业生产规模,调整农业生产结构,改善农业和农村生产环境,增加农民收入,为农民贷款的起着最后保证作用。

同时,美国政府为了鼓励金融机构对农业经济的资金投入规定,对农用信用社免征联邦所得税,从而增强了农用信用社对农业发展的支持力度。

(四)支持农业科教发展政策。在美国,科技在农业生产中发挥了很大的作用,农业科技贡献率已近 70%。然而,科技在美国农业生产中之所以贡献率高,主要是由于美国政府对农业科研、教育的重视和支持,以及美国比较健全的农业技术推广体系。美国的农业技术推广工作主要是由州立大学的农学院承担。这类大学的大学教授有 1/3 时间从事推广工作。大学与地方郡政府联合组建郡农技推广中心,负责本区的农业技术推广工作。农技推广中心人员由大学教授和地方招聘的科技人员组成,经费由联邦政府、州政府和地方郡政府分别承担。大学除了为农民推广技术外,也为种子、农药、化肥等有关涉农企业提供技术培训、咨询服务。美国也非常重视对农民工的职业技术教育及其后代的教育培训。这些支持农业科技发展政策的实施是为适应农业发展的需要,进一步研究和发展农业科学技术,并通过教育和推广培养能掌握现代科技和管理的劳动者,最终实现提高农业生产效率,增强其农产品在国际市场上的竞争力。为此,美国政府组织建立起了比较完善的"农业科学、教育和推广"体系,把教学、科研和推广融为一体,而政府资金则是开展这些活动的有力保障。

由此可见,切实可行的财政税收政策,是美国政府用以支持城乡协调发展的重要手段。美国政府从促进乡城协调发展的总体政策目标出发,通过财政支农、价格补贴、社会保障、税收优惠、政府融资等政策,以及不同税种的不同税收优惠方式,构建起一个针对城乡产业、就业、环境保护尤其是农村建设等方面的财政政策支持体系,实施统筹城乡发展,对城乡经济社会的协调发展起到了积极的推动作用。

第二节　日本:通过工业化实现城乡
统筹发展的财税政策

一、通过工业化实现城乡统筹

第二次世界大战结束后,日本为了加速其经济发展,在城市化发展上选择了大城市集中发展模式。在这一战略引导下,日本选择了若干城市集中发展工业,作为城市化经济发展圈。事实证明,日本的这一战略选择是成功的。1950—1977 年,日本城市化水平从 37.5%上升到 76%,一举跨入了世界高水平之列。但与城市的快速发展相比,日本农村的发展却远远落后。由于日本的农业生产经营主体都是以农户为单位,分散经营、规模狭小,人多地少的矛盾突出等农业生产组织结构和资源条件方面的限制,日本农业一直发展缓慢,在历史上一度城乡差距比较大。而第二次世界大战后的城市化发展战略无疑更是加剧了城乡之间的差距。为了摆脱这一困境,缩小城乡差距,实现城乡经济社会协调发展,日本政府适应工业化、城市化不同发展阶段的需要,通过立法不断推进农村土地制度改革,适时调整农业发展政策,并在解决与城市化、农地制度改革相关的农民利益保障问题的过程中,建立并不断完善包括农村在内的社会保障制度,实现农村从土地保障向现代社会保障制度的转变。在充分保障农民利益的同时,极大地促进了农业和农村经济的发展,逐步实现了城乡统筹协调发展的目标。

二、通过工业化实现城乡统筹发展的财税政策

从农村工业化计划的出台,到有关政策及法律、法规的制定,直到其具体实施,日本政府在其中自始至终都发挥了重要作用。其中,日本政府通过提供直接、间接的财政补助和税收优惠等政策,对农村工业化给予的大力支持尤为明显。自 20 世纪 80 年代以来,日本政府每年农业补贴总额在 4 万亿日元以上,农业收入的60%来自政府的补贴。据经合组织的调查显示:2000 年,日本农业补贴超过了农业产值(农业产值占国内生产总值 1.1%,同期农业补贴达到 1.4%)。现在,日本农民的平均生活水平不低于城市劳动者,农村的基础设施也同城市没有太大的区别,城乡差距基本消失,实现了统筹发展。日本的城乡统筹发展经验和做法主要有:财政投资、农村财政补贴和农业转移支付等。

(一)投资改善农村基础设施。在农业的发展过程中,日本政府特别重视基础设施的重要作用。用于农业生产基础设施整治、农村生活环境整治以及农村地区的保护与管理等农业基础设施建设的投资,主要是日本政府通过大量财政资金支付。农业基础设施的改善,适应了土地规模经营的发展要求,加强了城乡之间的物质和信息流通,为农业生产率的提高发挥了积极作用。

日本对农村投资的方式及渠道较多,中央政府主要是对建设项目进行财政拨款及贷款,地方政府除财政拨款外,还可以发行地方债券,用于公共设施的建设。进入 20 世纪以来,日本政府每年

对农村基础设施的投入都在 11000 亿日元左右。农业基本建设的预算占农业预算的比重由 20 年前的 30% 提高到目前的 57%。对于农场及农村基本建设,只要达到审核标准,各级政府的补助可以达到项目费用的 90%,对农户购置农业机械和设备的补助最高可达总价款的 50%。①

(二)加大农业财政补贴。日本政府采取多种财政补贴,对农业给予支持,以促进农业快速发展。

一是建立补助金农政。为解决农业发展资金不足的问题,1930 年日本建立了补助金农政。所谓补助金农政,是指政府把推行农业政策所必需的经费,包括人员经费、材料费、补助费、补助金、委托费等列入财政预算,交付给执行政策的地方公共团体、法人、个人或者其他团体使用,以保证农业政策的落实。补助金农政包括两部分内容:无偿的财政性投入,有偿的政策性融资。其中,无法回收项目的资金支持主要靠财政投入,能够回收项目的资金主要靠政策性金融。20 世纪 60 年代日本第二次新农村建设期间,日本政府加大了补助金农政的实施力度。日本政府指定 3100 个市町村推进农村基本建设和经营现代化建设,约占当时日本市町村总数的 80%。每个市町村除政府补贴 9000 万日元外,还由国家农业金融机构贷款 2000 万日元。

二是农产品价格风险基金。在"造村运动"期间,政府也没有减少对农业的财政投入,除直接进行农产品价格补贴外,还建立农产品价格风险基金,农民和政府各出资 30% 和 70%。

三是价格等财政补贴。自 20 世纪 80 年代以来,日本政府每

---

① 王习明、彭晓伟:《缩小城乡差别的国际经验》,《国家行政学院学报》2007年第 2 期。

年用于农业的补贴额一直较多,包括价格补贴、进出口补贴、投入补贴以及政府在资源环境、科技教育、基础设施建设、保险等方面的支持,这些来自政府的补贴已成为农民收入的重要组成部分。一度达到农民收入的 60%。据经合组织的调查显示:2000 年,日本对农业的补贴已经达到国内生产总值的 1.4%,而同期的农业产值只有 1.1%,农业补贴超过了农业产值。

四是灾害补贴。日本政府还根据相关法律,提供各种灾害补贴。灾害补贴的对象包括被灾害损害的公共设施及农地、农业设施等多个项目,灾害补贴费用主要由国家财政承担。日本的这种补贴方式可以减轻农民的负担,降低农产品的生产成本,使农民不会因自然灾害损失而过分地影响收入和生活水平,为日本农业的发展提供了可靠的保障。

(三)加大对农村的转移支付力度。日本政府直接通过财政转移支付和税收调节来提高落后地区的财政能力,主要是实行交互地方税制度,即用中央财政下拨给地方财政的税收以弥补地方自主财源的不足部分,以此来缩小地区间人均财政支出或人均公共支付的差距,效果十分明显。从 1950 年到 2003 年末,日本中央财政通过国库支出金和地方交付税等财政转移支付方式,对北海道地方财政补助的比例高达 70%,高于其他地区平均 50%—65%的比例和冲绳等欠发达地区 68%的比例。①

(四)建立和完善城乡统筹的社会保障体系。城市化与农民社会保障之间存在着必然的联系,是实现城乡统筹发展的必要保证。日本政府不仅为农业发展提供支持资金,对农民的社会保障

---

① 孙国策:《借鉴先进经验统筹地区和城乡发展》,《山东行政学院山东省经济管理干部学院学报》2006 年第 1 期。

也十分重视,建立了覆盖全体国民的比较全面的社会保障体系。

一是城乡统筹的养老、医疗保障制度。这一制度的建立标志着日本的社会保障从职业型向普遍型转变。1959 年颁布、1961 年实施的新《国民健康保险法》,要求全国的农户、个体经营者等无固定职业和收入者均必须强制参保,实现了全民医疗保险。1959 年首次颁布、1961 年实施的《国民养老金法》,将原来未参与公共养老保险的农民、个体经营者,强制纳入社会养老保险体系中。到 20 世纪 60 年代,以农村公共医疗和养老保障为支柱的农村社会保障体系初步建立并开始得到迅速普及,形成了城乡一体化的国民公共医疗和养老保险体系。有力地缩小了城乡收入差距,不失为促进城乡经济社会统筹发展的重要决策。

二是创设农业人养老金制度。1970 年,日本创设农业人养老金制度。参加者的条件是具有一定面积以上农地耕作权的农业人,兼业农民则被鼓励参加其他与其职业相关的社会保障。农业人若要获得经营转让养老金,则要将所耕种的农用地经营权转让给农业后继者或第三者。这项制度不仅起到稳定老年农民收入来源和缩小城乡社会保障差距的作用,而且鼓励老年农民、兼业农民"离农",以利于扩大经营规模的农地政策相互补充。

三是就业保障制度。政府还采取多种措施,提供各种雇工信息,进行就业指导及职业介绍等。

(五)调整税收制度和税收优惠政策。作为财政支持政策中主要方式之一的税收优惠也是日本缩小城乡差距、实行城乡公共服务水平均等化最基本的手段。

一是调整对农村的税收政策。随着日本工业化发展,中央财政丰裕后,日本税收制度开始向农村倾斜,对农村实行优惠于城市的所得税制和土地税制,增加国家税收对农村地区的返还。中央对农村的税收返还比例从 1955 年的 12%上升至 1970 年的 22%,2000 年续增至 25%。考虑到农村地区发展的特殊性,日本政府还在各税种中设置了相应的优惠政策。例如:开垦地产出的农业所得为免税所得;对农村地区的利息所得不征市町居民税;继承农用地并继续经营农业的继承人,如果其遗产税的税额超过农地的交易价格,超出部分可通过提供担保而延期缴纳,而当该继承人死亡或连续从事农业 20 年以后,延缓的税款可免除;农业经营者将其农业用地的全部或草场及放牧用地的 2/3 以上,赠送给预定从事农业经营的人(限子女),经税务部门审批后,可以将赠与税的交纳时间推迟到赠与人死亡之日;当赠与人死亡时,免除赠与税,将赠与税改为继承税,按继承税的规定纳税等。同时,日本通过降低农业合作组织的企业税、所得税的税率,并给予其一定的税收豁免权等一系列税收政策来支持其发展。总之,日本政府通过减免租税、免除地方税、确保资金、装备基础设施等优惠政策来引进企业,以促进农村工业生产力的聚集,调动地方政府发展农村工业的积极性。

二是建立优化城乡环境的税收政策。20 世纪 60 年代前,日本注重国家的经济恢复与发展,没有对环境保护并加以重视。20 世纪 60 年代之后,随着日本经济发展迅猛,能源消耗量不断增加,城乡环境问题日益突出,使日本认识到不能以牺牲环境来发展经济。由此,日本开始制定了一系列优化城乡环境的税收政策,在一系列促进城乡环境优化的税收政策实施下,农村工业企业对环境的影响得到一定程度的改善。

(六)支持基础教育农村职业教育发展。1947 年,日本出台的《基本教育法和学校教育法》中,将义务教育年限从 6 年提高到了 9 年,以实现全民基础教育。战后,日本非常重视发展教育,政府对于公共教育的投资力度不断加大。1965—1973 年,日本的公共教育投资年均增长 17.6%,超过了经济总量的增长速度。到了 20 世纪 80 年代,日本已经普及了高中教育,40%农村适龄学生能够进入大学继续深造。① 除了基础教育以外,日本政府还特别重视农村职业技术教育。政府和私营企业同时参与,形成了分层次、有重点的农村职业教育体系,对农民进行职业技能培训,为农村谋职者提供各种学习机会,使其适应工作环境并获得劳动技能。良好的农业职业技术教育促进了新机械、新技术在农村的普及,对于土地规模经营和土地生产率的提高发挥了积极作用。高质量的教育成为提高农业、工业和服务业效率的共同前提,也促进了城市化的顺利进行。

(七)加大对农业科研与开发的投入。为了提高农业生产率,日本政府不断加大对农业科研与开发的投入。其用于农业科研与开发的经费在发达国家中所占比例最高。20 世纪八九十年代,日本农业科研开发经费占全部科研开发经费的 20%(美国同期只占 2%)。日本农业科研体系和农业改良推广体系比较健全,科研机构由国立和地方公立科研机构、大学、民间科研机构三部分组成。日本农业科研机构的经费来源主要是政府预算,农业科研经费中国立和公立科研机构经费占 43%、大学占 22%、公司和私人研究机构占 35%。2000 年,中央和地方政府对农业科研经费的投入占农业国内生产总值的 2.2%,同时,民间科研经费也迅速增长,大约占全国科研经费的 40%。在农业技术推广方面,多年来,农业推广事业经费预算稳定在 360 亿日元左右,约占日本农业相关预

---

① 李恩平:《韩国城市化的路径选择与发展绩效——一个后发经济体成败案例的考察》,商务印书馆 2006 年版。

算总额的 1.4%,其中中央与地方支付比例为 7∶3;在科技人员的培养方面,截至 2004 年年底,日本共有区域农业改良推广中心 447 个,专门技术人员约 600 人,改良普及人员 8765 人。[①]

另外,注意保护农民的收益,对农产品实行限产,对价格实行保护价。日本国内水果、蔬菜、大米等价格都相当高,农民从事农业的收入不比城里人差多少。使三大产业协调发展,城乡差别进一步缩小。

第三节　韩国:通过新村运动拉近
城乡差距的财税政策

一、通过"新村运动"拉近城乡差距

第二次世界大战结束后,韩国依然是一个传统的农业国家。在产业民族化的方针下,韩国政府大力扶持本国工业尤其是重工业的发展,并取得了相当大的成效。到 20 世纪六七十年代,韩国已成功地转变为工业发达国家。但是,在工业发展的同时,韩国也面临着二元经济的挑战。统计资料显示,1970 年韩国农民年均收入仅为城市居民的 61%,其中 67% 的农民年平均收入不到城市居民的 50%,城乡经济发展不平衡已成为严重制约韩国经济社会协调发展的障碍。1970 年,韩国政府针对城乡发展失衡的困境,启动了"新村运动"。韩国的"新村运动"没有简单遵循"工业反哺农业、城市支持农村"的模式,而是随着不同历史时期政治、经济、社会的需要不断发展和演变:从单纯的政府主导转变为政府主导与

[①]　王习明、彭晓伟:《缩小城乡差别的国际经验》,《国家行政学院学报》2007年第 2 期。

民间参与相结合,从农村经济社会建设扩展为全国城乡经济社会
建设,从单纯解决农村既有问题演变为实现整个国家的现代化。
开始了以政府为主导,平衡城乡经济发展的农村工业化道路。

"新村运动"为韩国经济的迅猛发展和经济实力的大幅提高
发挥了助推器的作用,使得韩国在短短30多年的时间里从贫穷落
后的农业国一跃而成为经合组织(OECD)成员,经济地位上升到
世界第11位。"新村运动"使韩国城乡经济基本保持平衡发展势
头,创造并实现了一个发展中国家跨越式、超常规发展的模式。

二、通过"新村运动"拉近城乡差距的财税政策

在以政府为主导的"新村运动"中,韩国政府制定实施了许多
促进农村经济发展水平提高,逐步实现城乡统筹发展的财税政策。

(一)实施农村工业化发展小城镇。"新村运动"开始,韩国政
府就将农业工业化作为重要战略任务,制定实施了一系列相关财
政税收政策。

一是实施农村工业化战略。韩国政府制定的农村工业化战略
主要包括:第一,实行农村工厂计划,由政府提供乡镇企业发展的
基础条件,如完善农村基础建设、建立公用设施等;第二,政府对传
统农村生产性企业给予资金贷款和税收上的优惠政策,大力扶持
农业现代化;第三,实施农村工业区计划,目的在于推进农村工厂
规模化,将农村工业区建在农村人口密集区,避免把工厂扩散到广
大农村地区,使农村的非农产业集中发展,从而实现农村工厂的外
部规模经济,即通过促进农村工业化的发展,提高农民收入,推动
城乡均衡发展。1983年起开始实施农村工业园区计划后,韩国政
府为了解决新村工厂因位置不便、人力缺乏和资金支持不足而收
效不大的问题,对园区位置进行适当规划并对进入园区的企业提

供一系列的税收优惠,并适当放宽了贷款限制,这大大促进了农村工业化的发展。

二是发展小城镇。韩国在实施农村工业区计划,推进农村工业化进程中,形成了小城镇工业区的发展模式,走出了一条颇具特色的城乡均衡发展的道路。韩国政府行政自治部(原内务部)为支持小城镇发展,专门制定和实施了一系列有关小城镇发展的政策。韩国政府规定:实施这些政策的小城镇可以获得一定的财政资金支援,其投资资金的16.7%由中央政府承担,其余则由地方政府承担。

(二)建立多元化农业投资体制。在"新村运动"中,韩国建立了以政府投入为主体、多方参与的多元化农业投资体制。新农村建设的投资主要来源于政府投资和乡村集资,其中,政府投资比重各年份在20%—60%不等。在农业预算经费中,中央、道和市郡三级财政投资要占农业投资的一半以上,其中,中央财政经费要占1/3。资金投向重点是农业基础设施建设,高附加值的经济作物、特种作物和畜产品开发,农产品流通体系建设,农业科学技术推广等。1992—2002年期间,韩国用于农业方面的投融资82兆韩元,其中,中央支援62兆韩元,地方支持10兆韩元。1991年年底,韩国政府制定了"农业与渔业结构调整计划",政府拨款550亿美元用于提高农业部门的劳动生产率和竞争力,其中470亿美元用于调整农业结构,其余资金用于提高农村居民的生活质量和收入水平,主要用于:建立农业开发区,实现农业作业机械化和自动化,开展农技培训,对青年农民实行特殊的信贷、技术培训计划等多个方面。[1]

---

[1] 北京市农委:《韩国城乡统筹发展考察报告》,《北京农业职业学院学报》2006年第2期。

(三)注重改善农村基础设施。在农村建设初期,以政府行政为主导,政府对农村开发的资助一直集中在农业灌溉、排水、耕地整理等农业生产设施方面。20世纪70年代的"新村运动"开始后,韩国政府把工作重点转移到改善农民的生产和生活环境上,加大了对农村交通如公路、桥梁建设,帮助农民接通自来水,改善农民居住条件,实现农村电气化等方面,为新农村建设提供了有利的基础设施条件,以缩小并最终消除城乡差别。1971—1975年,韩国在农村共新架设了65000多座桥梁,修筑宽3.5米的进村公路。① 到20世纪70年代后期,韩国基本构筑起了城乡畅通无阻的公路网,修筑和加固了各种大小河流水库及农渠,改进了农村的水利设施。大力改进了农村电网,到20世纪90年代全国已实现了电气化。韩国政府还采取了"政府出大头、地方出中头、农民出小头"的建房政策,向农户发放贷款帮助建房,改善农村居民居住环境。这些政府支农措施的实施,改善了农村的基础设施,改变了农村的落后面貌,增加了农民收入,直接缩小了韩国城乡之间的差距,为实现城乡统筹发展提供了可能。

(四)加大对农业的科技投入。一是农业科技研发投入。在农业种植发展中,韩国政府以良种培育和推广为重点,加大了对农业的科技投入,引导农业产业结构优化调整。"新村运动"初期,韩国政府在全国范围内推广"统一号"水稻高产新品种,推广科学育苗、合理栽培的技术,鼓励发展畜牧业、农产品加工业和特产农业。

二是农业科技服务投入。在高效的农业科技服务体系建设方面,韩国"新村运动"的初始目标之一就是要提高农业生产水平,

---

① 李水山:《韩国新村运动30年》,《中国国情国力》2006年第3期。

尽快化解当时国内的粮食供应危机。由于韩国土地十分有限,所以只能通过加快农业科技进步的办法来达到提高农业生产水平的目标。为此,韩国政府在推动农业科技进步方面建立起了一套健全、高效的农业科技服务体系,农业技术研究和推广、服务人员的工资以及农业技术院所需的科研、示范与推广服务费用基本上都是政府足额拨付。这些先进农业技术的使用,在"新村运动"中发挥了重要的作用,农业生产力水平得到显著提升,农民收入也有了很大提高。

(五)有效增加农民收入。一是给予财政补贴。在全国范围内推广水稻新品种、鼓励部分农户种植经济作物、调整优化农业结构等的同时,韩国政府通过财政补贴、保护水稻新品种的价格以及大量投资扶持农村经济持续发展等多种措施,提高农民农业收入。韩国自 1998 年起,主要通过对环境农业直接支付、退休农民直接支付、稻田直接支付三种形式对农民进行直接补贴,最大限度地增加农民所得,直接支付已成为近年来韩国农民收入最重要的支持政策。二是建设农村工厂。支持工业化和城市化逐步向农村地区扩散,通过政府投资、政府贷款和村庄集资的方式建立各种"新村工厂",不断提高农民的非农收入比重。随着工业化和城市化逐步向农村地区扩散,农户收入中的非农收入所占比重逐步增大。到 2004 年,非农收入所占比重从 1994 年的 35%增加到 50%。[①]随着农民收入的增加,城市居民和农村居民之间的收入差距逐渐缩小。有数据显示,1965—1969 年间,韩国居民收入年均增长率分别为:城市增长 14.6%,农村增长 3.5%,城乡居民收入存在较

---

① 陈昭玖、周波等:《韩国新村运动的实践及对我国新农村建设的启示》,《农业经济问题》2006 年第 2 期。

大差距。而1970—1979年城市居民收入增长4.6%,农村居民收入增长9.5%,农村居民的收入有了很大的提高,城乡差距逐渐缩小。

(六)城乡基本统一的社会保障制度。建设新农村,必须以构建和谐农村为着重点,促进经济社会发展协调化,而社会保障是最有力的保证。韩国的社会保障制度经历了先城市后农村的发展过程,在政府实施各种新农村建设政策之后,韩国政府大力推进农村社会保障工作,不断完善农村社会养老保险、农村医疗保险、失地农民保障等制度,健全社区卫生服务体系,提高社区卫生服务站建设水平和新型合作医疗参合率,使韩国农村公共事业有了较大发展,社会保障工作覆盖面不断扩大。目前,韩国的社会保障制度已经覆盖了城乡所有居民,社会养老保险于1988年1月开始实行,1995年7月开始扩大到农村和渔村。1998年韩国开始在全国农村强制实施医疗保险,经费筹集结构为农民家庭支付50%,政府支付50%。这一强制性医疗保险覆盖率为90%的农村人口,10%的贫困农民由政府提供医疗救济费用。① 韩国农村和城市在公共救济和社会福利上也是统一的,公共救济包括生活保护、有功人员津贴及灾难救护等。开展"新村运动"后,韩国已逐渐建立了一个由城市到农村、由城市居民到农村居民相对比较完善的农村医疗保障制度,农民同样具有国家和法律规定的医疗权利,可以享受前所未有的医疗保障,即使是对于花费相当多、比较难以治愈的癌症,现在也正在逐步地被纳入到医疗保障的范围内。

(七)重视农村基础教育和职业教育。韩国的农业教育体系是一个国家财力支撑、三级机构提供劳务、农户受益的有效机制。

① 李水山、许泳峰:《韩国的农业与新村运动》,中国农业出版社1995年版。

高质量的教育成为了农业、工业和服务业产业效率提高的共同前提,也促进了农民的顺利城市化。

一是重点扶持农村基础教育。韩国开展以"勤勉、自助、协同"为精神实质的面向全国国民的新村教育,优先扶持农村基础教育,加强对农民的教育和培训。到 2002 年,在全国范围内实施了初中义务教育。在普及义务教育过程中,韩国实行了先偏僻山区、农村,后城市的政策。国家优先投资偏僻、贫穷地区的教育,大中城市的教育主要靠地方和私人来办。为保证偏远地区的教育发展,韩国专门制定了《偏僻、岛屿地区教育振兴法》。

二是建立农村职业教育体系。韩国政府十分看重对农民进行教育和培训,从中央到地方均设置了指导和培训机构,中央设立农业振兴厅,各道设立农村振兴院,各市设立农村指导所。这三级农业服务机构集科研、推广和培训于一体,在各市郡农业指导所均建有培训楼,免费把村民组织起来接受教育,培训内容涉及地区开发、意识革新、经营革新、市民教养等方面。良好的农业职业技术教育促进了新机械、新技术在农村的普及,对于土地规模经营和土地生产率的提高发挥了积极作用。

三是常态化的培训教育。政府还组织成立了农民协会、兴建村民会馆,利用协会和会馆举办各种农业技术培训班和交流会,展示各地农村发展计划和蓝图,鼓励农民同心协力、共同改变农村落后面貌。20 世纪 70 年代,基层农民协会数量发展到 1500 个,农民协会在保障农民权益,促进农业生产和流通等发挥了积极作用。

(八)税收优惠主要是中小企业税收优惠政策。一是对涉农企业的税收优惠。为扶持农业产业发展,韩国政府通过降低法人税、免征农产品加工和农用油供应的税收等方式促进本国农业以及涉农企业的发展。政府规定,农渔业中小企业可享受所得 50%

免税的优惠,并在韩国加入关贸总协定后把农产品一直排除在进口自由化范围之外,还尽量放慢农产品的进口自由化速度,保障了韩国农民利益。

二是中小企业税收优惠政策。韩国从1996年起颁布了一系列的政策法规,明确规定了众多促进中小企业发展的税收政策,包括:对新办的中小企业所得税实行"三免二减半",对因债务人的欠款而陷入困境的中小企业给予一定的税收减免,对中小企业购进机器设备可以按购进额的30%抵免所得税以及减免雇佣税收及其他相关费用等。这些政策的制定与实行极大鼓励了韩国中小企业的发展,促进其扩大生产规模,增加招工数量,在很大程度上支持了以中小企业为主的农业产业的发展。据有关资料显示,1970年,韩国农业总产值只有8亿韩元,1997年达到了293亿韩元,按可比价格计算,28年间增长了1.38倍。[①]

总之,韩国的"新村运动"为其农业的发展、农民的收入提高、农村经济的迅猛发展发挥了助推器的作用。通过以上措施的大力实施,韩国很快扭转了城乡发展失调、城乡差距扩大的失衡状况,开始走上了城乡统筹发展的良性轨道。

第四节　巴西:城市化带动下城乡统筹发展的财税政策

一、城市化带动的城乡统筹发展

巴西是一个先进的发展中国家,从经济总量上看位居世界第

---

① 张忠根:《70年代以来韩国农业发展与近期政策走向》,《世界农业》2001年第5、6期。

九,人均收入约 2000 美元。巴西的城市化水平在所有发展中国家中名列前茅,2000 年巴西的城市化率为 81.4%,而同期世界平均水平仅为 46%,其农村城市化则随着整个国家的城市发展而具有很高水准。巴西的二元经济十分典型,贫富差距极大:占人口10% 的高收入者拥有全国 50% 的财富,同时,贫困和营养不良的低收入者为数众多,城乡差别相当突出。因此,巴西政府不断地进行努力,尝试城市化带动农村经济发展,不断缩小城乡差别。①

二、城市化带动下城乡统筹发展的财税政策

(一)大幅度增加农业及农村投入。为了弥补市场机制的缺陷,巴西政府针对其本国存在的城乡发展不平衡问题,采取财政投资、公共部门投资等政策,向落后地区和农村倾斜,对农业产业的发展、农村公共事业的发展和建设给予了较大的财政支持。1965—1985 年,政府用于农业的政策资金累计约 2191 亿美元,其中 310 亿用于农业补贴,其他用于投资和市场政策。② 通过这些措施,不断缩小城乡差距,逐步实现城乡经济社会统筹发展。

(二)给予农业税收支持。巴西根据自己的国情制定的农业税收政策具有一定的特色。其给予农业的税收政策主要有以下方面。

一是对不同的纳税人实行"区别对待"。巴西农业税收政策的基本方针是"抓大放小",即征税的主要对象是大的庄园和农场,而小农业生产者的各种税收负担则相对较轻。巴西联邦政府在农村征收的税费有土地税、个人所得税、社会保障基金和农业协

---

① 高强、董启锦、史磊:《巴西农村城市化的进程、特点和经验及其启示》,《世界农业》2006 年第 4 期。

② 蔡玉胜:《城乡统筹发展的基本经验剖析》,《经济纵横》2007 年第 12 期。

会会费等,其中土地税与市政府各分一半。州政府只征收商品和服务流通税,从农户出售农牧产品所得收入中扣除。市政府基本上不征其他税。农业协会会费也具有税收性质,农户要按照其耕种的土地面积计算缴纳会费数额,并设立上下限额。但小农户免交,其他农户则需要每年缴纳一次。这直接减轻了小农户的负担。

二是利用税收手段促进农业生产和土地的有效利用。如为鼓励大豆、烟叶的生产,免征该产品的出口附加税;为迫使大土地占有者提高土地利用率,对大量闲置不用的土地课以重税,土地利用率达90%以上者则可免交土地税。

(三)注重农村基础教育和职业教育。在巴西的农村城市化进程中,政府对农村教育较为重视。一是注重提供基础教育。巴西的农村教育主要由财政负责。公立学校的日常费用和教师的工资都由政府拨给,不向农民收费。贫困家庭的孩子在公立学校上学,不仅提供免费午餐,联邦政府还给该家庭发放上学补贴。二是支持农村职业教育。巴西税费中的农村职业教育费,从收购商那里直接扣缴,税率为农产品销售额的0.2%。明确规定,该项费用的指定用途是用来发展农村职业教育,提高农民的生产技能。

(四)建立农村社会保障制度。在巴西的农村城市化进程中,政府逐步建立适用于农村的社会保障制度。主要包括以下方面。

一是农村医疗保障制度。巴西农村的公共医疗卫生费用由政府负担,农民也和城里人一样,在公立医院和卫生站看病免费,但很多药品则需要自己花钱。1990年,巴西正式建立全国性的"统一医疗体系",患者在公立医疗机构看病免费,住院患者食宿也不交费,像癌症、肾透析和艾滋病这样耗费昂贵的大病也免费治疗。当劳动者在生病、发生工伤事故、产假、入狱、死亡、丧偶时,社会保障机构会发放工资、补贴或抚恤金。[①]

二是全国统一的养老保险制度。巴西实行包括农民工在内的全国养老保险制度,巴西农民进城后享有与城里人同等的待遇。农民享有社会保障,也需要缴纳社会保障基金。该基金的税率是其农产品销售额的 2.1%,由收购商直接扣缴。缴纳基金的农民可以享受退休金、疾病和工伤事故补贴、家庭困难补贴、带薪产假和抚恤金等福利。

(五)支持农产品出口。巴西政府制定鼓励本国产品出口的政策和措施,积极开展经济外交,努力消除别国对巴西农产品出口设置的贸易壁垒。为提高本国产品的国际竞争力,政府制定了"鼓励出口计划",为出口产品提供信贷、贴息和出口担保,鼓励包括农产品在内的本国产品出口,调动出口企业的出口积极性,提高其本国产品的国际竞争力。

(六)重视农业科技发展。近年来,巴西政府重视科技在农业生产中的作用,成立了专门的研究机构。同时,加大农业科研的投入,该项投入占联邦政府开支的15%。巴西联邦政府的财政资金主要保证国际农业科研项目的研究、农业科研机构的经费和农业院校的教研经费等。州政府的财政资金主要集中用于保证农业新技术的开发和应用。强有力的财政支持使其农业科技持续发展,使巴西农业发展处于世界较发达水平。

(七)鼓励就业的税收政策。在城镇化过程中,多数国家都会出现大量农村剩余劳动力。针对这种情况,巴西政府利用税收政策大力支持农村剩余劳动力和失业人员自谋职业。对这些人员的主要流向,如小型和微型的生产、修理、工艺和服务等企业及各种

---

① 郝幸田:《国外怎样对待农民工》,《企业文明》2007 年第 5 期。

个体经营等,给予税收扶持,为一大批农民和失业者自谋职业创造了条件,也为城乡居民提供了更多就业岗位。1997 年巴西规定,对中小企业实行单一税政策,使企业纳税不再与雇员的数量挂钩,从而鼓励中小企业吸纳更多人员,增加就业,这对促进城乡就业起了重大作用。

第五节　印度:农村落后倒逼城乡统筹发展的财税政策

一、农村发展滞后造成城乡发展失衡

印度 11 亿多人口中,70%的人口居住在农村地区,是一个以农业为主、人口位居世界第二的国家。20 世纪 70 年代,印度从一个粮食常年进口国变为粮食基本自给、并有大量储备和少量出口的国家。到 1985 年,农村工业及小工业企业数达到 127.5 万个,就业人数达 900 万人,产值占全部工业产值的一半,出口额占全部出口额的 1/4。[①] 2003 年,印度的经济增长率 10.4%,其中贡献最大的是增幅高达 17%的农业。这些情况表明,印度历届政府多年对农业的扶持政策开始显现成效。需要注意的是,印度和中国同是亚洲发展中的大国,同是世界上人口数量最多的国家,在城乡统筹发展中有着许多相同的问题。因此,在缩小城乡差距、统筹城乡发展方面,印度的许多做法值得我们学习和借鉴。

二、在农村发展落后情况下推进城乡统筹发展的财税政策

(一)对农民的低税免税政策。印度城市化进程中,农村的贫

---

① 郭翔宇、颜华:《统筹城乡发展——理论、机制、对策》,中国农业出版社 2007年版,第 121—130 页。

困、城市的繁华带来的大量人口盲目涌入城市,造成失业、犯罪现象飙升。使得解决农村、农民问题成为印度经济社会发展必须解决的当务之急。因此,印度政府利用税收政策扶持本国农业发展,为城乡协调产业发展、进而为城乡统筹发展提供有利条件。比如印度法律规定,耕种面积不超过 8 英亩、年收入在 10 万卢比(约合 2300 美元)以下的农户,免交包括所得税在内的各项税收。在实际生活中,不管是印度的普通农户还是拥有几十甚至上百英亩土地的大户,其申报的实际耕种面积和年收入都低于这项规定标准。这就使得在印度的农业领域,政府几乎没有任何税收。以此吸引投资者到农村投资经营,减轻城市就业等的压力,减轻印度既有的"城市病"的症状。

(二)农用生产资料的补贴政策。一是价格补贴。化肥是印度农业补贴中最大的项目,价格由政府统一规定并实行补贴。不管是进口还是国产化肥,售价普遍低于生产成本,运输费则全部由政府承担。在 2007—2008 财年联邦预算案当中,计划继续实施短期粮食贷款利息补贴,并对肥料补贴 2245 亿卢比(约合 50 亿美元),并试点直接发放到农民。二是价格双轨。被称为"印度粮仓"的旁遮普邦规定,农业用电采取区别对待的办法:生活在贫困线以下的农民免费用电;一般农户可免费使用灌溉用电,其他用电则享受优惠价。三是延迟付款。旁遮普邦规定,农民购买柴油的款项可在出售农产品之后支付。

(三)政府出资修建农村基础设施。印度政府一直注重改善农业和农村的基础设施,提供资金支持,不断加大农村基础设施建设力度,主要有灌溉项目、农村道路、农村电气化和农产品市场的建立等。这些农村的电力、道路等基础设施建设全部由邦政府出资,自然大大减轻了农民负担。如在 100 个最落后的地区实施基础设施发展特别计划,修筑农村公路和建设农村通讯网、电力网,并在条件适合的地区发展计算机互联网设施,以便在增加粮食产量的同时促进农村各业的发展。有资料显示,截止到 20 世纪末,印度全国 603906 个村庄中已有 504426 个村庄通电,村庄通电率达到 83.53%。国家的长期贷款也向农村工业和中小企业倾斜,贷款数额每年不断增长。[①]

(四)注重乡村教育投入。印度政府不断加大对乡村教育的大量投入,以提高农村居民的整体文化素质和思想观念。1994年,联邦教育投入占预算的 26%,占国内生产总值的 6.7%,而全印平均分别仅为 11% 和 3.8%;[②]邦政府注重加强教师的职前和在职培训,不断提高教师达标率;同时,开展群众性扫盲运动,成立了邦、区、县、乡、村扫盲委员会,实施各种扫盲计划。1990 年实施了全部识字计划,之后又实施了后续项目识字活动的继续教育计划。使印度的国民素质有了较大提高。

(五)重视科技与农业的结合。虽然印度经济实力不是很强大,但是,印度政府在支持农业科技的研究和开发方面,不惜财力。各大学和科研机构的农业科研费用一般都是由印度政府出资资助。在印度 2006—2007 财年科学预算中,印度政府继续努力创建优秀机构,又有 3 所大学(加尔各答大学、孟买大学和马德拉斯大学)获得 600 万英镑的特别研究资助。上一财政年度,印度科学学院已经获得 1250 万英镑资助。旁遮普农业大学由于其在绿色革命中所作出的开创性贡献获得了 1250 万英镑资助。2006 年 7 月,

---

① 邓常春:《印度政府对农业的支持及其成效》,《南亚研究季刊》2005 年第 4 期。

② 马远军:《城乡统筹发展中的村镇建设:国外经验与中国走向》,《特区经济》2006 年第 5 期。

印度启动了致力于农业科学前沿研究的国家农业创新项目。用于农业研究的资金达到 270 万英镑,比上一年的 237 万英镑增长了 12%。但与工业化相比,农业落后制约了该国制定经济发展的总体规划。2006 年,时任印度总理曼莫汉·辛格在农业峰会开幕式上表示,城乡经济发展失衡可能会危及政治与社会稳定。值得特别一提的是印度的 KSSP(喀拉拉邦民众科学运动的缩写),这是一个专门发展民用科技的研究中心,专门研究和推广多种农村适用科技。其特点是:不断尝试推动用本地原料、能源生产日常生活的必需品,减少对外来原料、产品的需求,促进本地社区经济的发展。印度的 KSSP 坚持了 40 多年,在分阶段并适时调整策略的基础上来建设新农村。首先,在宣传发动阶段取得了成效后,便开展科学普及和农村社区建设的实验;其次,宣传发动取得成功后适时在全邦推广实践,并且针对具体情况开展"全民识字运动"和发展农用科技;最后,进入"人民计划运动"阶段,政府又适时介入。注重提高物质生活水平与开发民智并重,加大对农村建设的投入,提升农村建设的水平。印度 KSSP 最引人注目的是,在物质生活还不够富裕的时期,大力投资于公共文化活动,以此来积极推广科技知识。喀拉拉邦有 9000 多间图书馆,1.2 万多间阅览室。每个大约有 2.5 万人的乡,拥有图书馆 8 间,阅览室 10 间。图书馆经常与各类合作社和学术、农科机构合办讨论会、培训班,内容涉及农业、畜牧、能源、草药医治等。同时,自办刊物,鼓励会员写作投稿并组织辩论和研讨,还组织征文比赛、话剧创作表演、体育竞技活动等。这些乡村图书馆对积极推广农业科技知识起到了很好的促进作用。

(六)逐步完善社会保障体系。一是国家免费医疗制度。按照印度第一部宪法的规定,所有国民都享有免费医疗。为切实推行全民免费医疗,印度政府下了不少工夫。其具体内容有:首先,印度构建了一个遍布全国的政府医疗体系,基本满足了大多数人的医疗需求。在公立医疗机构中,印度农民可以享受免费的医疗服务;其次,健全农村医疗网络。印度政府规定,每 10 万名农村居民配备 1 个社区卫生中心,中心一般有 30 张左右病床和 4 名医生,并配有较完善的检查设备等。此外,每个地区通常还有 2 到 3 个地区医院,社区卫生中心无法治疗的患者都被送到这里。① 印度的农村医疗架构设计照顾到了各个层面,减轻了农村家庭的经济负担。现在,占全国人口 72% 的农村居民也与城镇人一样,享受国家提供的免费医疗。

二是养老保险制度。在农村养老保险制度和扶贫方面,印度政府对丧失劳动能力的老年农民发放补贴;1988 年,喀拉拉邦为低收入的农村工人制定了一项不用交纳保险费的养老计划。同年,国家层面开始实施农村低收入工人无偿人寿保险计划,该计划由政府支付给工人 300 卢比的抚恤基金。政府每年还对每个 65 岁以上的农村老年人发放 5 美元的养老金。②

三是扶贫制度。印度政府规定,无房的贫困农民可以获得政府的建房补助;中央和邦政府对农村贫困子女的教育给予补贴;对贫困人口购买粮食实行低价政策。③ 这些措施对保持农村社会稳定,缩小城乡差距发挥了重要作用。

---

① 胡苏云、滕文:《印度医疗制度及其对中国的启示》,《社会科学》2007 年第 11 期。
② 张文镝:《简论印度农村的社会保障制度》,《当代世界与社会主义》2008 年第 6 期。
③ 张文镝:《简论印度农村的社会保障制度》,《当代世界与社会主义》2008 年第 6 期。

第六节 城乡统筹发展财税政策
的国际经验及启示

一、发达国家与发展中国家的城乡统筹发展的过程存在差异

由于发达国家与发展中国家在经济发展水平、经济结构、经济体制以及国家制度等方面存在着很大的区别,所以,发达国家与发展中国家在城乡统筹发展问题上必然存在统筹模式、统筹过程、统筹方式等差异。发达国家城镇化与工业化是一个比较协调互动的关系,工业化与城镇化相互促进,城乡统筹发展是在城乡差距相对不太大的情况下开始启动的。因此,其城乡统筹发展的难度和阻力比较小。而且,发达国家进行城乡统筹时,其市场经济体制已经基本建立起来,因此,在其城镇化发展过程中,市场机制发挥了极其重要的作用。同时,各国政府运用行政、财政税收、规划等手段,对市场竞争与社会保障进行必要的国家干预,通过健全法制、制定和实施国家城镇化战略和公共政策等,积极推进区域结构调整,弥补市场机制的不足。

发展中国家为了发展本国经济,增强本国经济实力,大都采取先实现工业化,再以工业化、城镇化带动农业、农村发展的办法。但是,其工业化所需要的资金积累依然主要来自于农业。从农业取得资金积累的办法包括:一是让农民作为独立的商品生产者,通过市场机制让农业剩余转化为工业建设资本,政府一般不干预;二是政府通过农业税或工农业产品"剪刀差"来转化农业剩余。无论哪种途径和办法,最后都会导致农民收入水平的降低,进而拉大城乡之间、工农之间的收入差距、贫富差距,导致城乡统筹发展难度和阻力加大。因此,发展中国家的城乡统筹发展,往往是个更为

困难和急迫的问题。

二、城乡统筹发展过程中政府应起主导作用

城乡统筹发展过程中,政府应该发挥主导作用,而且在各项经济政策中充分体现统筹意识。

(一)实现城乡统筹发展必须以政府为主导。纵观世界各国城乡统筹发展的历程,我们发现,不管是发达国家或是发展中国家,不管是市场经济机制健全的国家,还是市场经济机制不太健全的国家,他们成功的一个共同经验就是:实现城乡统筹发展必须以政府为主导。20世纪二三十年代,西方国家将区域、城乡发展不平衡看成暂时现象,认为通过市场的力量可以自动地消除这种不平衡。然而,社会发展的现实却打破了这种迷信。由于农业的发展对于气候、土地等条件的依赖性相当强,落后的基础设施决定了农业的产出需要更多的成本,农业本身的技术含量相对较低等先天性不足,在完全的市场化竞争中,农业、农村与农民相对于其他产业而言始终处于弱势地位。市场的作用倾向于扩大而不是缩小地区间、城乡间的差别。但农业是解决人类生存需求的基础,为人类提供生存的各种必要的物资,为其他产业提供各种原料,在任何时期都要保证其基础地位。因此,在保证农业的发展、农村的建设,缩小地区、城乡差距,实现城乡统筹发展的过程中,唯一可行的办法就是国家干预。政府必须通过财政、税收、科技教育、社会保障制度等多个方面,为农业发展、农村建设创造条件,使处于弱势地位的农村、农民在经济发展上得到支持,在交换中受到保护,在再分配中受到照顾。由于这些制度安排与缩小城乡差距、实现城乡统筹的目标相一致,这一系列制度安排和其他的相关政策措施的实施,在城乡统筹发展上发挥了显著作用。各国的城乡统筹发

展实践表明,无论是发达国家还是发展中国家,如果没有政府的扶持,城乡统筹工作难以展开。也就是说,必须先采取倾斜的财政支付、税收优惠、教育、社会保障以及科技支持农业等具体措施,使处于相对落后状态的农业、农村、农民得到补偿性地发展,促进"三农"问题的有效解决,才能最终实现城乡协调、城乡平衡发展。

(二)城乡统筹发展需要全社会树立统筹意识。一方面,政府的政策必须突出统筹意识。在制定的各项政策中,体现将农村发展与城镇化、工业化统筹考虑,如美、日、韩。在制定的各项政策中,将农业发展与环保、科技发展统筹考虑,如美国。因为在城乡统筹发展中,政府是主导。政府制定的各项政策不能突出统筹意识,城乡统筹发展就不可能实现。另一方面,政府需要引导其国民树立统筹意识。在城乡统筹发展中,全体社会成员,不论是城市居民,还是农村居民都是主体。没有他们的积极参与,就不可能实现城乡统筹发展的目标。社会成员的参与是积极主动的,还是消极被动的,影响到城乡统筹发展推进速度、质量和效果。一定的宣传教育和组织动员是必需的。

三、财政政策是推动农村发展、实现城乡统筹的重要手段

国际经验表明,新农村建设、农村和农业的超常发展,最终实现城乡统筹发展,一要靠政府的主导和财政扶持;二是要靠社会力量的广泛参与;三是必须要有农民、农业和农村自身的发展,三者缺一不可。在城乡统筹发展中,政府支持与民间力量的结合、输血与造血的结合是重要途径,不同国家在不同的经济发展时期主导的城乡统筹发展方向和模式不同,采取的财政支持方式不同。而且,在城乡统筹发展中,政府的财政扶持不仅包括直接的财力支持和政策引导,还要注重发挥财政的乘数效应。美国、韩国、日本等

采取的政策不同,但效果都十分显著。

（一）多种经济政策相配合是实现城乡统筹发展的内在要求。在城乡统筹发展政策机制中,各种政策机制都有自己的优势和弱势。要重视金融、就业、环保、价格保护政策的综合使用。只有各项政策协调动作,才能实现统筹城乡发展的目标。如果各个政策之间不协调、不能形成合力,就只能得到抵消政策力度的事倍功半的效果。

（二）重视多种财政手段的综合运用。如财政补贴、救助、贴息等手段的使用。在经济合作与发展组织2005年发布年度报告中显示,2004年该组织成员国的农业补贴较上一年增长9%,达到2790亿美元,约占农业收入的30%。2004年,美国对本国农民的补贴分别为460亿美元,补贴率（农业补贴与农业收入之比）为18%。日本和韩国明显增加了对农业的补贴,2004年这两个国家的农业补贴分别为480亿和198亿美元,补贴率达到56%和63%。如果算上对农业基础设施建设的660亿美元补贴,2004年经合组织成员国的农业补贴占其国内生产总值的1.16%。[1] 2007年7月27日,美国众议院通过其拟定的2007—2012年农业法案,计划在未来5年中平均每年向农业提供572亿美元补贴,高于目前每年480亿美元的水平。[2]

（三）财政支持不一定是财力支持。在城乡统筹发展中,一定的财政投入是必需的。但是,世界各国的经验证明,政府财政支持,不一定是财力支持。既可以直接或间接的财力支持,也可以是

---

[1]　蔡施浩:《发达国家农业补贴不减反增　达到2790亿美元》,见 http://finance.aweb.com.cn/2005/6/22/1044422.htm。

[2]　《美国新农业法案给多哈回合开倒车》,2007年8月10日,见 http://finance.sina.com.cnlg/20070810/10011596536.shtml。

财政政策支持。即通常所说的:只给政策不给钱。如韩国新乡村建设的投资来源于政府投资和乡村集资,政府投资比重各年份在20%—60%不等。从1970年至1980年,韩国政府财政累计向新村运动投入2.8万亿韩元,相当于财政支出的1%。

四、保持对农业的合理投入,促进城乡统筹发展

(一)确保财政支出中对农业支出的比重。如前所述,城乡之间天然的存在发展不协调问题。一是由于农村、农业的弱质性所致;二是因为政府追求国家利益最大化和其城市偏好。虽然无论是从理论上,还是从国家发展的总体方向上来说,国家利益与农民利益应该是一致的、不矛盾的,但实际上,国家利益和农民利益常常表现为阶段和局部上的不一致。尤其是对二元经济结构特征明显的国家来说,更是这样。因此,对于二元经济结构的国家,更要正视国家和农民价值取向之间存在着的差异,要通过法律保证财政支出中不断提高对农业支出的比重,以从根本上改变二元经济结构带来的城乡差距问题。从世界各国城乡统筹发展经验看,大都是这样做的。世界各国的支农支出在财政预算总支出中占有一定的比重,西方国家这一比例一般为20%—50%;发展中国家这一比重则相对要小,但比重也在10%—20%。

(二)重视农村基础设施建设。为了规避城乡发展中的"马太效应",在政府财力不断增加、甚至在政府财力有限的情况下,各国政府都在不断增加对农村的财政投入和公共产品供给,逐步实现城乡公共基础设施和公共服务的均等化。不管是美国、日本等发达国家,还是巴西、印度这样的发展中国家,政府在支持农业、农村经济发展上都通过直接投入、农产品价格补贴,各种灾害补贴等方式,改善本国农村的道路、水电、排灌等公共基础设施,优化农村

生产和生活环境,缩小城乡之间的差距。如美国,其大型灌溉设施都是由联邦政府和州政府投资兴建的,中小型灌溉设施由农场主个人或联合投资,政府也给予一定的补助。日本,政府每年对农村基础设施的投入都在 11000 亿日元左右。对于农场农村基本建设,只要达到审核标准,各级政府的补助可以达到项目费用的90%,对农户购置农业机械和设备的补助最高可达总价款的 50%。韩国,自 20 世纪 70 年代开始"新村运动"后,把工作重点转移到改善农民的生产和生活环境上,加大了对农村交通、水利、电力等基础设施的投入,为新农村建设提供了有利的基础设施条件。

(三)重视农业科研的投入。农业是第一产业、基础产业,是人类生存的基础,为其他产业的发展提供生产资料,其发展是世界各国关注的焦点。为此,各国通过各种方式来促进农业发展,最重要的方法之一就是农业科技研发的投入。

在 20 世纪 80 年代,发达国家财政对农业研究的投资强度为2.23%,进入 20 世纪 90 年代这一比重提高到 2.37%。据国际粮农组织报告指出,20 世纪 80 年代中期,世界各国农业研究投资占农业总产值比重的平均值约为 1%,而发达国家一般为 2%,北美等国家高达 3%。一般认为,只有当农业科研投资占农业总产值比重达到 2%左右时,才能使农业与国民经济其他部门的发展相协调。在农业科研投资中,发达国家政府投入一般在 40%—50%,发展中国家主要以政府投入为主,如印度为 86%、巴西为 87.4%。[1]

(四)重视农业科研与生产的紧密结合。无论是发达国家,还是发展中国家,在重视农业的科学研究的同时,非常重视农业科技

---

[1]　汪飞杰、张应禄、刘振虎:《我国农业科研投入现状及政策建议》,《农业科技管理》2006 年第 4 期。

成果在农业生产和发展中的应用。在美国,科技在农业生产中发挥很大的作用,农业科技贡献率已近70%。韩国"新村运动"的初始目标之一就是要提高农业生产水平,通过建立高效的农业科技服务体系,尽快化解当时国内的粮食供应危机。与我国资源、经济发展水平相似的印度成立了专门发展民用科技的研究中心,专门研究和推广多种农村适用科技。巴西农业科研的相当一部分课题直接由企业或农场主委托研究并提供资金。政府资助的大型农业科研机构国家农牧业研究公司,实行企业化经营,在全国不同的农区设立研究机构,直接为各地区的农业产业化和农产品出口提供技术服务。这样,研究成果可以很快用到农业生产上并转化为现实的生产力,科技成果转化率高。各国的实践证明,科技在农业发展中的应用大大增加了农业产出、提高了农业生产效率,显现了科技研发对城乡统筹发展中的推进作用。

五、重视多种税收政策如税种、税收减免优惠等的使用

实施税收优惠调节是各国在统筹城乡发展中经常使用的一种手段,世界各国都重视利用税收政策来支持城乡统筹发展。如美国,在农业税法中设置了多种对农业生产及农业投资等提供的税收优惠,包括延期纳税,减税,免税措施等;韩国通过降低法人税、免征农产品加工和农用油供应的税收等方式,促进本国农业产业的发展;印度法律规定设置了较高耕种面积纳税标准、多数农户都可免交包括所得税在内的各项税收。另外,各国也对涉农的中小企业给予一定的税收减免或税收优惠。虽然各国税收政策不尽相同,却有一些共同点值得我国借鉴。

（一）重视税收政策对第一产业的扶持。通过对第一产业的扶持以促进三次产业的协调发展,进而实现城乡经济的融合与相

补。众多国家都十分重视对农业的扶持,对农业生产、销售等环节所涉及的各方面给予税收优惠,以促进农业发展。这样不仅增加了社会各界对农业研究的投入,推动了农业产业化、现代化的进程,还通过对从事农业的企业、个人实行税收减免政策,使其有更多的资金积累实现农业生产的扩大,从而壮大农业经济。另外,许多国家没有专门设计农业税收,这使得城乡发展在体制设计、制度设计层面具有平等地位,更有利于国家综合考虑城乡协调问题,也使农业得到了比较充分的发展。

(二)注重通过税收政策扶持涉农企业、中小企业的发展。通过扶持涉农企业、中小企业的发展转移农村剩余劳动力,来解决城乡发展中的就业问题。这些政策不仅为城乡失业人员提供了更多的就业岗位,还直接促进了失业人员的自主就业,从就业的供需两方面缓解了城乡就业压力。

(三)重视通过税收政策加强对污染的控制与资源的综合利用。虽然许多国家都经历了先发展经济后保护环境、先污染后治理的过程,但在当代保护环境的过程中,许多国家都注意对税收政策的运用,通过税收可能产生的再分配效应,触动市场主体的切身利益,使其能自觉控制生产过程对环境的污染。这种做法不仅能减轻国家治理环境污染的压力,也为一国城乡环境的持续改善,城乡的协调发展创造了条件。

六、完善农村社会保障体系,是统筹城乡发展的重要保证

世界各国的经验表明,农民社会保障与城市化之间存在着必然的联系,是实现城乡统筹发展的必要制度保证。这些国家在协调城乡关系时,都非常重视农村社会保障制度的建立和完善。不管是经济发达的美国、日本,还是经济发展水平较低的印度,农村

社会保障服务基本上都是由政府供给。特别值得注意的是,城市化快速发展的时期也是对包括农民在内的国家社会保障体系迅速完善的时期。

第七章　推进我国城乡统筹发展
财税政策的总体构想

城乡统筹发展是个大课题,社会各界的积极参与和政府的引导支持同等重要。财税政策无疑是其中极其重要的方面。本章主要对推进我国城乡统筹发展的财税政策,从设计理念、设计目标、设计原则、政策取向以及实现路径等方面进行分析。

第一节　城乡统筹发展财税政策的设计理念

一、财税政策是城乡统筹发展中政府主导的主要体现

(一)财政税收是国家治理包括城乡统筹的基础。第一,财税政策与国家治理相辅相成、相互依存。纵观古今中外的历史可知,财政税收是随着国家的产生而发展起来的,财政税收从来都是治国安邦的重大问题。列宁认为,"没有一定的财政支持,任何政权都是不可能建立起来"。而且,人类社会的任何国家的任何发展阶段,国家治理的主导都是政府,政府把握着国家统治的方向。财政税收则是政府履行职能的基础。没有这个基础或者这个基础不雄厚,国家治理就难以展开,国家治理的目标就难以实现。所以,财政税收与国家治理之间相互依存。只有建立先进的财政税收制度,才能建设先进的国家;只有建设现代的财政税收制度,才能完善现代国家治理体系,才能提高国家治理能力,才能建设现代化的

国家。第二,财政税收是国家治理能力的集中体现。税收是国家财政的最基本、最主要的收入形式。从一定意义上说,财政支出是以税收为基础的。财政收入的多少决定财政支出的多少和支出能力;财政收入的结构决定财政支出的结构和支出方向;财政收入结构的优劣决定财政支出的结构和支出效果。而财政收支过程,实际上就是政府履行国家治理职能的活动,是国家治理能力的体现。没有财政收入的筹措,没有财政支出的拨付,政府职能就不可能得到履行,也就不可能实现政府对国家的治理。可以说,财政税收之与政府、财政税收之与国家治理如影随形,是密不可分的统一体。第三,财政税收决定国家治理水平。无论什么样的国家,其政府职能都是无外乎通过"行政"和"理财"两大事情来体现。所谓"行政"即履行行政事务,所谓"理财"则是指管理财政事务。而这两个方面的事情处理的如何,关键要看两对关系处理的怎样。一是事权与财权关系界定的合理、清晰程度;二是支出责任与财力配置的科学、规范程度。只有各级政府和各个政府职能部门的事权与财权界定清楚了,各级政府和各个政府职能部门的支出责任和财力配置妥当了,各项政府职能的履行才能落到实处,国家治理的相关活动才能运行顺畅。显然,无论是政府职能的"行政"和"理财"问题,还是实现国家治理的"事权与财权""支出责任与财力"的问题,财政税收都是其中的重要支柱,都决定着国家治理水平的优劣。

(二)财税政策是国家治理和城乡统筹的主要体现。一方面,财税政策体现国家治理的方向,也就决定着政府城乡统筹发展的导向。财政收支既是所有政府活动的基础,作为政府财政收支安排基本计划的政府预算,可以反映和规定政府在预算年度内的工作或活动范围、方向和重点,可以了解政府的经济社会管理等各项工作,透视国家治理的活动,看出政府城乡统筹发展的方向、政策支持重点等。另一方面,财税政策体现国家治理和城乡统筹发展的能力和效果。形象地说,财政税收作为国家治理的基础地位,可以看作是木桶的底板。① 如果说其他政策出现问题,仅仅是影响木桶的储水量的话,财政税收政策出现了问题,则影响的是储水功能的存在与否。农业是国民经济的基础,农业的发展影响整个国民经济的发展。如果我们明明知道农业发展的重要性、农业发展的弱质性,却不使用财税政策去支持,城乡统筹发展就不可能实现,整个国家治理就会出现问题。只有这样,才能真正理解财政税收的重要性,才能谨慎设计财税政策,使其发挥应有的作用。或者说,只有实现财税政策统筹,才能实现城乡统筹。

二、城乡统筹中财税政策重要,但不唯一

(一)财税政策是城乡统筹发展政策体系中的重要组成部分。首先,城乡统筹发展政策是一个有机体系。城乡发展中包括产业政策、区域发展政策、价格政策、土地政策、人口与就业、货币政策等,这些都是政府可以运用的政策工具。各种政策都有适应范围,也有优势和不足。这些政策相互影响、相互制约。只有形成相互支持的政策协调机制,才能实现效益最大化。从另一个角度说,城乡统筹发展不是财政税收单方面的事,只靠财政税收政策是不行的。也就是说,考虑城乡统筹发展中的财税政策要从整个政策体系出发,考虑各种政策的相互影响和协调。其次,城乡统筹发展政策体系中,财税政策是重中之重。但如前所述,财政税收是为国家治理、社会发展理财的。所有的经济社会政策最终都会反映在财

① 刘尚希:《财政改革与国家治理》,《环球财经》2014 年第 1 期。

力上,反映在国家财力的分配和使用上。所以说,财政税收政策是城乡统筹发展政策体系中的重要组成部分。没有财政税收政策,或者说,财政税收政策出现了问题,城乡统筹发展的方向、进程以及效果,就会出现问题。在城乡统筹发展中财税政策是重要的,但不是唯一的。

(二)财税政策不能与财力划等号。农村是城市发展、整个国家发展的基础,农业是工业发展、国民经济发展的前提,农民是城市居民的先辈。没有农村、农业的发展就不会有城市和工业的发展,不会有国家经济的发展。农民的收入水平、生活水平、消费水平得不到提高,消费市场需求不旺,整个国民经济就得不到发展和提高。因此,在任何时候、任何情况下,都必须把农业、农村、农民问题放在整个国家经济发展的第一位。而且,农业属于弱质产业,农民属于弱势群体,农村随着城市化也往往成为被遗忘的角落。如果在国家政策上仅仅是提倡城乡统一发展,那么,在实际上就会形成城市发展优先、农村发展落后的状况。因此,在农业、农村和农民已经在经济社会各方面落后于城市、工业和城市居民的现实情况下,要求政府在经济社会发展政策设计上应该对农业、农村、农民有所侧重,把农村、农业发展和农民收入提高放在首位。但是,无论怎样认识农业、农村、农民问题,怎样去认识其重要性,都不等于说,政府必须把农业、农村、农民问题包下来,都应该是把如何调动农业、农村、农民的积极性,提高其造血能力、自身发展能力放在首要位置考虑。

支持、引导、协调是财政税收在城乡统筹发展中应该发挥的作用。这就是说,财税支持不只是财力支持,不能一说财税支持就是给钱。财税支持还包括给政策,通过激励政策、限制政策引导城乡发展。通过给予相应的政策调动其主观能动性才是目的。而且,财税支持不应该是只针对当下、眼前的、具体项目的支持,而应该是着眼于长远目标的、战略支持和系统支持。

三、城乡统筹中人的统筹是第一位的

(一)对城市居民和农村居民实行同等国民待遇。城乡统筹发展不是城乡统一发展,也不是城乡各业平均发展。城乡统筹发展不意味着农业、农村、农民与城市、工业、城市居民各个方面发展都要一样。而是说,城乡发展在机会上要大体相当,政府在经济社会发展政策制定上,要对农业、农村、农民有所侧重,要把农业、农村发展和农民收入提高放在首位,保证其发展更快、更好。在这里需要强调的是,城乡居民享受同等国民待遇是非常重要的。政府在财税政策制定时,一是要摒弃城乡居民消费需求梯度发展的思维定式。现实中长期存在的城乡二元经济结构,导致城乡之间在经济发展水平、消费水平、价格水平方面所表现的城乡居民的消费需求有很大的差距。这会使决策者产生误解,会让决策者误以为城乡居民消费需求成梯度发展趋势。在制定政策时,往往以此为政策起点。表现为在财税政策制定上,主要是在优惠政策、保障政策制定上,先城市后农村、先工业后农业、先市民后农民;在收入政策制定上,则往往相反。而事实上,城市居民是从农村居民成长起来的,农村居民的消费需求并不比城市居民的消费需求低。因此,在制定财税政策时,要避免城乡居民消费需求梯度发展思维定式的影响,要把城乡居民放在同等状态下考虑。二是要充分考虑农村居民的诉求。加快推进社会主义民主政治制度化、规范化、程序化,建设社会主义法治国家,发展更加广泛、更加充分、更加健全的人民民主。在制定财税政策时,要广开言路,增强政策制定的开放性、民主性,把农村居民的诉求考虑进去。不能以城市居民的诉求

代替农村居民的诉求,不能把城市居民的需要当作是农村居民的需要。虽然在我国,要真正倾听广大农村居民的意见不是件容易的事。但是,随着经济社会的发展,无论从需求还是从供给角度,广泛听取广大农村居民的诉求都是必需的,也是可行的。

(二)新型城镇化进程中重要的是人的城市化。所谓城镇化,一是人口从乡村向城镇转移,二是人口由分散式居住向高密度聚居转变,三是经济活动向城镇集聚。而新型城镇化,则强调的是在农村居民与城市居民之间均等化待遇以及城镇化的重要基础资源——土地的征收制度上有根本性的认识转变。新型城镇化不是简单的农村居民到城市去,城乡人口结构的量的转化,而是国家经济结构、产业结构及其空间分布结构的转化,是传统劳动方式、生活方式向现代化劳动方式、生活方式转化。在新型城镇化过程中,人的发展始终是最重要的因素和目标。要走出一条健康的城乡统筹发展的道路,在制定财税政策时,必须以人为本,通过政策引导使人的素质提高、使进入城市的人真正成为城市的人、成为城市的主人。

第二节　城乡统筹发展财税政策的设计目标

我国城乡统筹发展的财税政策设计,近期目标是削弱财税政策中的"城市偏向",以农村偏向政策实现财税政策支持下的城乡均等化;远期目标是规范收入基础,完善财税体制,实现城乡统筹发展财税政策的一体化。

一、财税政策近期目标:农村偏向政策支持下的城乡均等发展

"城市偏向"是城市产生以来世界各国政府的通病。纵观包括发达国家和发展中国家在内的世界各国,几乎毫无例外的都经过或正在经过以城市为中心的发展道路,其经济政策包括财税政策都体现出"城市偏向"的特征。我国经济社会发展也不例外。

政策的"城市偏向"对社会经济发展带来了许多问题。不仅在各国实践中时有表现,在理论上也受到许多学者关注。对于"城市偏向"政策的批评,首先来自于利普顿(Lipton)。利普顿针对发展中国家的城乡发展进行研究后,提出"城市偏向"的城乡关系论,他把由政府过分保护政策而导致的不公平城乡关系称为"城市偏向"的城乡关系。他认为,发展中国家城乡关系的实质就在于城市集团利用自己的政治权力,通过"城市偏向"政策使社会的各种资源不合理地流入城市集团自己的利益所在地,而资源的这种流向对农村的发展很不利;这种"城市偏向"不仅使穷人更穷,而且还由于农村富农与城市集团串通一气,把剩余食物、储蓄和人力资本提供给城市,由此获得一定的利益,从而引起农村地区内部的不平等。科布纳基(Corbridge)进一步研究证明,"城市偏向"的症结在于,低廉的食物价格以及其他一系列不利于农村的价格政策,偏向于城市工业的投资战略及由此引起的乡村地区技术的缺乏,农村地区普遍存在的医疗、教育等基础设施的落后。[①]理论和实践证明,要实现城乡统筹发展,就要削弱直至消除"城市偏向"。短期内,在城乡统筹发展财税政策的制定时,应该实行农村偏向政策,把过去对农村的欠账补上,由此逐步实现城乡基本均等,略有差别。

---

① 赵保佑主编:《统筹城乡经济协调发展与科学评价》,社会科学文献出版社2009年版,第16—17页。

二、财税政策远期目标：实现城乡统筹发展财税政策的一体化

根据国际经验，城乡统筹发展中政策的统筹、各种政策的协调是取得统筹效果的必要条件。在经过一定阶段的农村偏向之后，逐步实现城乡统筹发展财税政策的一体化是必需的。要实现城乡统筹发展财税政策的一体化，需要有规范的收入基础，科学的财税体制。

（一）规范的收入基础。"城市偏向"的存在是基于城市与农村经济社会发展不平衡，农村在各方面处于落后、弱势地位。政府收入主要来自城市，也主要用于城市。而且，政府收入大部分情况下总是处在入不敷出的状态。表现在财税政策上就是对农村的支出不能保证，对农业发展的支持力度不够，从而使农民的收入水平、消费水平低于城市居民，形成城乡差距。因此，要使城乡统筹发展成为常态，需要逐步实现政府收入基础的规范。即各级政府都有明确的收入依据和基础，有本级政府所需要的收入范围和保障。从理论和实践经验看，一般认为，中央政府以国家政治权力为依据，形成以税收为主的收入体系；地方政府以区域经济社会管理权为依据，形成以税收收入、税收分成收入和规费收入各占一定比例的收入体系；基层政府以本地资源所有权为依据，形成以财产税或资源税为主体的收入体系。

（二）科学的财税体制。财税体制要解决的是政府间包括中央政府和地方政府、地方政府之间在事权划分的基础上，划分收入和支出范围和权限问题的制度设计。十八届三中全会公报指出：科学的财税体制是优化资源配置、维护市场统一、促进社会公平、实现国家长治久安的制度保障。具体来说，科学的财税体制应该是不同政府的事权划分规范、合理、明确，与其政府职能相匹配；收入范围、规模界定清晰，与其事权相匹配，即事权与财权相匹配；支出事项、规模来源明确、金额确定，即财力与财权相匹配的制度设计。科学的财税体制应该是建立在完善立法基础上的，具有税负稳定、调节作用明显的税收制度，规范、透明的预算管理制度，事权和财权及支出责任相适应，有利于发挥中央和地方两个积极性的制度设计。显然，这些体制问题的解决，会为城乡统筹发展中"政府行政""政府理财"两件事的处理提供制度基础，为调动中央政府和地方政府积极性提供制度保障。

第三节　城乡统筹发展财税政策的设计原则

城乡统筹发展是关乎国家经济发展、人民生活的大事。城乡统筹发展财税政策的制定关乎城乡统筹的发展方向和效果。根据国内外经验，制定城乡统筹发展财税政策必须遵循统筹政府主导原则、调动多元主体参与原则、兼顾公平与效率原则、城乡需求为中心原则和整体协调可持续原则。

一、突出政府主导地位原则

（一）中央政府整体主导原则。首先，农业、农村、农民弱质性的要求。如前所述，在社会经济过程中，由于农业、农村、农民的天然的处境，要实现城乡统筹发展，要求中央政府必须在其中起整体的主导作用，为城乡统筹发展规定和把握方向，提供必要的财力支持。第二，我国国情的要求。我国生产资料以公有制为主体，实行人民民主专政。这就决定了在经济和政治上必须是中央统一领导的，各级政府必须服从中央政府的领导，国家大政方针必须由中央政府确定。中央政府为整体主导是指财税政策、法令必须统一由中央决定,必须体现中央集权。因为,财税分配是一种国家与其国民之间的经济利益分配,是国家的集中性分配,直接影响国家和居民的切身利益,影响中央与地方的分配关系。而且,财税分配是国家调节各方面经济利益的重要经济杠杆,其涉及面广、政策性强。要能够弥补市场经济的缺陷和不足,要实现国家的宏观调控目标,必须实行中央政府的整体主导。

(二)地方政府的区域主导。首先,我国国情的要求。我国是由56个民族组成的大家庭,是幅员辽阔的大国。由于种种原因,各地经济发展不平衡,这就决定了在城乡统筹发展上,必须实行地方政府的区域主导。第二,城乡统筹发展的内在要求。城乡统筹本来就是不同区域间的统筹发展问题,如果没有地方政府结合本地情况的指导支持,单靠中央政府是不行的。而且,只有有了区域间的统筹发展,才能有全国的统筹发展。地方政府的区域主导是指地方可以因地制宜管理相关范围内的财税分配活动,以调动地方的积极性。因为我国地域辽阔,幅员广大,人口众多,各地区经济发展不平衡,如果强求一致,势必造成许多负面影响。在市场经济体制建立和完善的过程中,给地方政府一定的机动权力,使其能够因时因地制宜合理处理本地区的特殊情况,对促进本地经济发展是很有意义的。而且,地方政府的区域主导也是正确处理中央与地方关系、发挥两个积极性的客观要求。

贯彻政府主导原则,应正确认识和处理集权与分权的关系。集权与分权是对立统一的。集权与分权是统一的:集权是分权基础上的集权,不是绝对集中;分权是集中统一领导下分权,不是绝对分权,绝对集中和绝对分权都是错误的。我们必须从实际出发,以一定的时间、地点、条件为基础,确定二者之间的关系。这就决定了中央确定的统一的财税政策、法令、制度是指导地方进行城乡统筹发展的依据和方向;地方的区域主导则是保证中央确定的统一的财税政策、法令、制度得以顺利贯彻执行。集权与分权是对立的:中央把权限、财力集中的多一些,下放给地方各级政府的权限、财力就少一些,地方区域调控的能力就弱一点;相反,下放给各级地方政府的权限、财力多一些,中央集中的权限、财力就相对少一些,整体调控的能力就弱一点。这就是说,中央集权与地方分权之间是相辅相成的关系。因此,在权限、财力的划分上,要集中的合理,分散的适当,把责、权、利结合起来。充分体现城乡统筹发展中宏观经济有效控制、中观经济协调发展和微观经济搞活的要求。

二、调动多元主体参与原则

城乡统筹发展的主体既包括以自然人存在、以经济实体存在的各类社会成员个体和组织,也包括政府。分析可知,城乡经济社会统筹发展的生力军是以自然人存在、以经济实体存在的各类社会成员个体和组织,而不是政府。因此,城乡统筹发展中要遵循的调动多元主体参与原则应该包括以下方面。

(一)政府主导、社会参与和市场竞争结合。在城乡统筹发展过程中,要在处理好政府和市场关系,坚持使市场在资源配置中起决定性作用的同时,更好发挥政府作用。城乡统筹发展就是要提高资源尤其是稀缺资源在城乡之间的配置效率,以尽可能少的资源投入生产尽可能多的产品、获得尽可能大的效益,给包括城乡居民在内的全体国民带来更多的福利。理论和实践证明,市场配置资源是最有效率的形式,市场经济本质上就是市场决定资源配置的经济。在这种经济条件下,社会经济主体的积极性可以得到充分的发挥,经济发展方式可以得到不断优化,城乡二元经济结构可以不断扭转。当然,市场在资源配置中起决定性作用,并不是起全部作用。因为,我国实行的是社会主义市场经济体制,我们要坚持发挥社会主义制度的优越性、发挥党和政府的积极作用。就是说,我们在城乡统筹发展中,既要发挥市场作用,也要发挥政府作用。因为市场和政府的职能不同,作用也不同。市场主要是用"无形的手",对社会经济发展进行自动调节,政府则主要使用"有形的手",对社会经济发展过程中的市场失灵进行弥补。

(二)财政资金、民间资金和经营资金结合。任何经济活动都需要付出成本,作为涉及国家整个经济体运行状况的城乡统筹发展也不例外。或者说,其需要的财力投入更大。根据之前的分析,在城乡统筹发展过程中,所需要的资金应该分别由政府、民间资本和经营资本承担。政府在城乡统筹发展中的主导地位,决定了政府必须对城乡统筹发展安排一定的财政资金。不这样,只是制定政策,不给予必需的财政资金支持,政府的主导地位就得不到体现,政府的主导作用就得不到发挥。社会成员在城乡统筹发展中的主体地位,决定了民间资金对城乡统筹发展投入的必要性。如果民间资金调动不起来,说明社会成员对城乡统筹发展没有积极性,而统筹的主体不积极参与,单靠政府的主导是不能推动城乡统筹发展的。另外,城乡统筹发展是解决二元经济结构问题的必由之路,是市场经济发展的客观要求。市场在资源配置中的基础性决定作用,决定了经营资金在城乡统筹发展中的重要性。如果经营者没有积极性,城乡统筹发展中没有经营资金的参与,形不成市场竞争机制。城乡统筹中的公平和效率问题就不能很好的解决。因此,财政资金、民间资金和经营资金的结合,才能为城乡统筹发展提供充裕的财力保障。

三、兼顾公平与效率原则

城乡统筹发展,首先是一个公平问题。要坚持城市与农村、工业与农业、城市居民与农村居民,在发展机会、发展机制、发展成果享有等方面的公平待遇。如果不公平,城乡差距大、城乡居民分配差距大,就会造成社会不稳定。但是,要使城市与农村、工业与农业能够快速发展,使城乡发展过程中全体居民收入增加,必须讲求效率。没有效率,经济发展中投入多、产出少,就可能出现城乡规模扩大、工农业生产发展,但城乡居民收入却不增加的现象。因此,兼顾公平与效率是设计城乡统筹发展财税政策时必须坚持的原则。

四、城乡需求为中心原则

首先,无论城市发展还是农村发展,人的因素都是第一位的。在城乡统筹发展的财税政策中,必须坚持以人为本,对人口就业、农村劳动力转移、人力资本投资、人口素质提高等问题,都应该给予充分考虑。因为城乡统筹发展中涉及的所有问题都是人的生存和发展问题。而人的生存和发展问题,其实就是需求问题。由于城市和农村发展程度不同,城市居民和农村居民所处环境不同,其各方面的需求也就不同。因此,城乡统筹发展的财税政策设计,就应该以满足城乡居民的不同需求为中心。第二,城乡需求具有区域性,不同的区域城乡需求的内容不同。一方面,一定区域内城市的功能定位决定其居民需求有差异。政府应该在对各个城市进行科学定位的基础上,明确各城市的经济社会发展目标,通过财税政策引导各区域城乡之间的协调发展。另一方面,一定区域内的城市发展水平影响着城乡需求结构和水平。区域内资源禀赋、产业结构人口状况等客观条件,决定着该区域城市经济社会发展,决定着所在区域城市对农村带动的方向和能力。政府应该根据各区域各城市的客观情况,科学地谋划各个小区域发展规划,通过财税政策引导各区域因地制宜、扬长避短,摒弃全国或全省各城市均无特色、千市一面。逐步形成若干以某城市为中心的、具有明显优势产业、各具特色的经济圈。要真正能够让广大农民平等参与现代化进程、共同分享改革和现代化成果。要加快构建新型农业经营体系,赋予农民更多财产权利,推进城乡要素平等交换和公共资源均衡配置,完善城镇化健康发展体制。

五、整体协调可持续原则

党的十七大报告中明确指出:科学发展观,第一要义是发展,核心是以人为本,基本要求是全面协调可持续,根本方法是统筹兼顾。科学发展观的重要内容是要实现"五个统筹":即统筹城乡发展、统筹区域发展、统筹经济社会发展、统筹人与自然和谐发展、统筹国内发展和对外开放。[①] 显然,城乡统筹发展是"五个统筹"中最为重要和紧迫的任务。而整体、协调、可持续则是科学发展观的基本要求。首先,城乡经济是国家经济中的两个系统,每个系统中的各个要素如劳动力、劳动资料、各种资源及其相互关系,都有不同的特征。要能够使城乡这两个系统平稳发展,就需要制定兼顾全局的财税政策,使政策具有整体性。也就是说,制定发展城市的财税政策时,应注意不能因为城市发展而对农村发展产生负面影响,更不能对农村的生态环境造成破坏。第二,城乡经济作为国家经济中的两个系统,具有相互依存、相互制约、相互影响的关系。

---

① 中共中央宣传部理论局组织编写:《科学发展观学习读本》,学习出版社 2006 年版。

要能够使城乡这两个系统平稳发展,就需要制定兼顾全局的财税政策,使政策具有协调性。也就是说,制定财税政策时,应能够使城乡两大系统的各个要素互相支持、协调发展,不能相互掣肘。第三,就历史来看,城乡发展是具有可持续性的:农村发展为城市发展奠定基础,城市发展为农村发展提供支持。这种可持续性体现在人口、资源等方方面面。但是,在城乡发展过程中,这种可持续性有时被忽视了。因此,在制定城乡统筹发展财税政策时,要注重可持续性。不仅要考虑当代人的生存发展,也要考虑后代人的生存发展;不仅要考虑城市经济社会的发展,也要考虑农村经济社会的发展。不能以牺牲农村环境换取眼前的城市发展,不能以牺牲后代人的利益换取当代人眼前的幸福。

第四节 城乡统筹发展财税政策
机制和实现路径

一、城乡统筹发展财税政策机制

在城乡统筹发展中,政府通过政府预算、税收等手段,推动农业、农村的发展,促进农民收入水平的提高,推动城乡统筹发展,进而实现城乡经济社会一体化。其作用机制如下图所示。

二、城乡统筹发展财税政策实现路径

(一)健全财税立法约束。通过健全各种财税法律法规,形成对政府行政的规范和硬约束,规范政府的行政行为,约束政府政策导向,削弱直至消除城乡统筹发展财税政策的"城市偏向",为城乡统筹发展提供法律保障。第一,修订财税法律法规。包括预算法、债务法。预算法是有关国家的预算收入和预算支出,以及进行预算管理的法律规范的总称。预算法是财政法中的基本法,是预

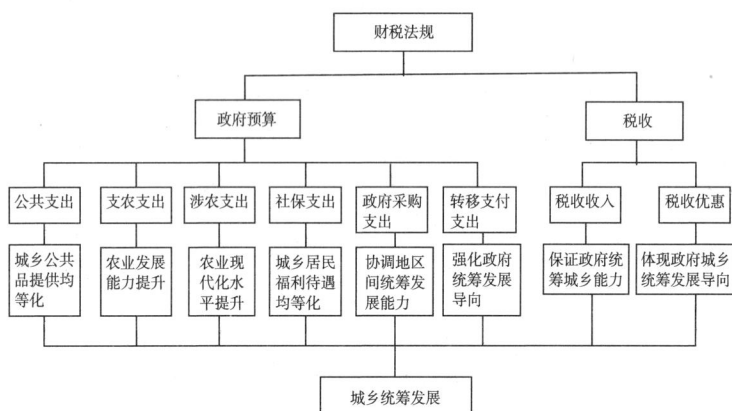

图7—1　城乡统筹发展财税政策作用机制

算管理的基本法律,对国家政治、经济生活有着极为重要的影响,被称为"亚宪法"。我国预算法自 1995 年 1 月 1 日起开始执行,1991 年 10 月 21 日国务院发布的《国家预算管理条例》同时废止。十一届全国人大常委会任期内,先后于 2011 年 12 月和 2012 年 6 月两次审议了预算法修正案草案。2012 年 7 月 6 日,十一届全国人大常委会第二十七次会议再次审议了《中华人民共和国预算法修正案(草案二次审议稿)》,并在中国人大网公布,向社会公开征集意见。2014 年 4 月 21 日至 24 日举行的十二届全国人大常委会第八次会议再次审议了《中华人民共和国预算法修正案(草案三次审议稿)》。这是预算法修法进入立法程序后进行的第三次审议。十八届三中全会部署的首要改革任务即是改进预算管理制度,实施全面规范、公开透明的预算制度,可见其重要性。

　　第二,建立财税法律法规。这包括财政法,转移支付法,收费法,税收基本法,地方税通则等。建立财政法主要是对财政收入、财政支出等财政分配全过程的法律约束;建立转移支付法旨在约束政府财政资金转移支付行为,保证财政资金转移支付的合理规模和效益;建立收费法主要是规范政府收费行为,避免政府滥用权力、乱收费、增加人民负担;税收基本法主要是对税收分配全过程,包括税收分配原则、分配范围、执法机构、税种设置等,进行规范约束;地方税通则主要是对地方税收制度的建设进行规范和约束等。

(二)深化财税体制改革。第一,深化分税制改革,解决城乡统筹发展的制度障碍。1994年实行分税制以来,对增强中央政府宏观调控能力,促进国民经济快速发展,发挥了重要作用。但是,随着形势发展变化,现行财税体制已经不完全适应合理划分中央和地方事权、完善国家治理的客观要求,不完全适应转变经济发展方式、促进经济社会持续健康发展、促进城乡统筹发展的现实需要,引发了一些社会矛盾和问题。这些问题不解决,城乡统筹发展中各级政府的事情、财权和财力划分不明确,中央政府的主导作用,地方政府的区域主导作用就得不到发挥。从某种意义上说,只有深化分税制改革,建立全面规范、公开透明的预算制度,进一步理顺中央和地方收入划分,进一步完善税收制度,才能推进城乡统筹发展进程,为城乡统筹发展提供制度保障。

第二,完善地方税体系,解决城乡统筹发展的财力保障。在市场经济条件下,稳定的地方税是支持地方政府提供良好公共服务的重要财力保障,也是密切当地群众与当地政府关系的重要纽带。2012年开始"营改增"以来,对地方政府收入造成了很大的冲击。随着营业税逐步退出历史舞台,地方政府将面临失去既往在地方税收中占比最大的主体税种的困境。这就要求尽快建立和完善地方税体系,为地方政府规范收入结构提供前提,为城乡统筹发展提供财力保障。

(三)规范政府收支。第一,规范政府收入,提升城乡统筹发展能力。这包括规范政府收入形式,使各级政府能够适时适当地使用科学的收入形式,取得本级政府应该收取的财政收入;规范各级政府收入规模,使各级政府能够从国民收入中收取合理的份额,不竭泽而渔,不损伤国民经济发展的基础。第二,优化政府支出,提高城乡统筹发展效果。包括科学设计政府财政支出项目,保证政府支出不越位、不缺位,不该花钱不花,该花的钱花到位。同时,加强财政支出的绩效管理,把纳税人的钱花在刀刃上;规范政府财政支出规模,不安排过头支出,量入为出,量力而行。始终保持政府财政收支状况良好。

第八章 推进我国城乡统筹发展的财政政策建议

城乡统筹发展是一个系统工程,制定并实施城乡统筹的财政政策既是推进城乡统筹发展的一项重要措施,也是城乡统筹发展的必然要求。按照城乡统筹发展既定目标的需要,遵循城乡统筹发展财税政策的设计原则,我们需要从规范财政收入体系、优化财政支出政策、完善转移支付制度、构建城乡基本公共服务体系和社会保障体系等方面入手,运用预算、税收、财政补贴、转移支付等手段,实施工业反哺农业、城市支持农村,力争改变城乡不平等享有公共产品和公共服务的现状,从根本上调整国民收入分配格局,逐步实现城乡经济社会全面协调可持续发展。

第一节 深化分税制财政体制改革,为城乡统筹发展奠定制度基础

一、深化分税制改革的目标

分税制改革虽然看起来是财政税收问题,实际上其触动的不仅仅是政府或企业某一方的利益,而是涉及范围很广、触动利益很深的大事,改革的推进很难。因此,尽管我国分税制改革取得了举世瞩目的成就,然而改革并未彻底,未能达到预期的目的。尤其是省以下财政体制至今未能真正进入分税制状态,引发了诸如"地

方隐性负债""土地财政""基层财政困难"等一系列问题。这些问题不是分税制本身的问题,而是分税制未能改到位带来的问题。所以,深化分税制改革,攻坚克难,实现真正的分税制,势在必行。

如果说 1994 年分税制改革是以增强中央政府的宏观调控能力为主要目标的话,那么这次深化分税制改革的目标则是要使分税制在省以下真正实际贯彻落实,是要使分税制在统一的市场经济中横向到边、纵向到底地实现全覆盖。所以,这次深化分税制改革必须首先明确市场经济目标模式取向下的政府的职能定位,真正将政府与市场的职责划分清楚;在此基础上明确各级政府法律约束下的收支权限。这就决定了这次改革是攻坚战,必须高度重视和把握的先行的动态的过程是完善立法、顶层设计。

二、深化分税制改革的内容

(一)明确政府事权范围。要正确处理政府与市场关系,要真正让市场发挥决定性的资源配置作用,核心问题是要明确各级政府的事权范围,对政府收入规模即广义宏观税负进行前提制度约束。所以,合理明确各级政府的事权划分,是深化分税制改革中制度设计和全程优化的始发环节、基础环节,要使事权明晰合理落实到各级财政支出责任的"明细单",即事权合理化、明晰化;支出规范化、制度化的分工合作方案。

(二)税基划分。税基划分应遵循客观规律,主要取决于税种的属性、适应性和特点,并且各地区间税基配置框架应该大致规范。但各地区实际的税收丰度高低多少不一,客观存在财政收入的"地区间横向不均衡"。所以,在保持宏观税负水平大体稳定的情况下,要在税制改革过程中积极构建和完善地方税体系和复合税制,形成各级政府组织税收收入的规范化的比较稳定的支撑框架。

(三)规范收支关系。因为政府间收入和支出的划分需要遵循不同的原则,不同地区的税收丰度和公共品的供给成本又有所不同。中央本级和地方本级都不可能实现收支平衡。这就客观上需要以基于"中央地方纵向不均衡"为基点的、自上而下的转移支付制度,旨在调节"地区间横向不均衡"。因此,规范收支关系包括规范地方政府收支行为,也包括规范中央政府收支行为,更包括规范中央政府转移支付行为。

(四)明确财权与事权、财力与支出责任。财权与事权相对应和财力与支出责任相匹配都是十分重要的问题,但二者属递进关系而非平行关系。只有将财权与事权分配合理了,才能为财力与支出的匹配提供条件或基础。这就是说,较适当的"中央地方财力占比"是在正确处理经济性分权制度安排各环节后自然生成的。中央、地方"两个积极性"的充分合理发挥,需要以理顺体制、通盘安排为关键。在合理界定各级政府职能的基础上,使"事权和支出责任相适应",构建"一级政权,有一级合理事权,呼应一级合理财权,配置一级合理税基,制定一级科学预算"的体制;配以"一级产权和一级举债权"的制度,形成按层级分税、上下贯通、规范、完整、透明的财政体制。

第二节 充盈政府财政收入,增强政府统筹城乡发展能力

一、规范政府财政收入

(一)政府财政收入形式多样化。财政收入,是指政府为履行其职能,为实施公共政策和提供公共物品与服务需要而筹集的一

切资金的总和。一般情况下,财政收入表现为政府部门在一定时期内(一般为一个财政年度)所取得的货币收入。通常讲,财政收入是衡量一国政府财力的重要指标,是一国实力的具体表现。政府在社会经济活动中提供公共物品和服务的范围和数量,在很大程度上取决于财政收入的充裕状况。理论和古今中外财政发展实践证明,财政收入形式是个系统。依据不同的标准,可以对财政收入进行不同的分类。国际上对财政收入的分类,通常按政府取得财政收入的形式进行。使用这种分类方法,可以将财政收入分为税收收入、国有资产收益、国债收入、发行货币收入、收费收入含规费收入、罚没收入以及其他收入等。

其中,税收收入是政府为实现其职能的需要,凭借其政治权利,按照预定的标准,强制、无偿取得财政收入的一种形式,它是现代国家财政收入最重要的收入形式和最主要、最基本的收入来源。国有资产收益是指国家凭借国有资产所的权获得的利润、租金、股息、红利、资金使用费等收入的总称。国债收入是指国家通过有借有还、还本付息的信用方式取得的有偿性收入。国债收入具有自愿性、有偿性和灵活性的特点。发行货币通常包括经济发行和财政发行两种。经济发行是指根据市场上商品流通对货币的需要量所发行的货币。这种货币发行有物质保障,是市场行为。财政发行则是指由于财政困难,政府利用其货币发行权进行的货币发行。这种货币发行没有物质保障,是一种隐性的税收。财政发行具有强制性、无偿性,但不具有固定性。过多滥用货币发行权会造成货币贬值、通货膨胀。收费收入是指国家政府机关或事业单位在提供公共服务、实施行政管理、提供特定公共设施的使用或赋予某种特定权利时,向受益人收取一定费用的收入形式。具体可以分为使用费和规费两种。使用费是政府对公共设施的使用者按一定标准收取费用,如对使用政府建设的高速公路、桥梁、隧道的车辆收取的过路费、过桥费等;规费是政府对公民个人提供特定服务或是特定行政管理所收取的费用,包括护照费、商品检测费、毕业证费等行政收费,民事诉讼费、出生登记费、结婚登记费等司法规费。收费收入具有有偿性、不确定性的特点,不宜作为政府财政收入的主要形式。罚没收入现在通常是指执法、司法机关依照法律、法规、规章的规定,对违法或违章者实施经济处罚的罚款款项、没收的赃款和赃物变价款等。其他收入一般是指基本建设贷款归还收入、基本建设收入、捐赠收入等。

在我国财政预算实践中,为了全面反映政府收入的来源和性质,预算收支科目的"收入分类"中,不仅包括预算内收入,还包括预算外收入、社会保险收入等属于政府收入范畴的各项收入。如社会保险基金收入,非税收入含政府性基金收入等,贷款转贷回收本金收入,债务收入,转移性收入等。

每一种收入形式都有其特定的特点和优势,都有其特定的适用范围。在一定时期、一定情况下,客观上有对财政收入形式的需求和约束。因此,除了税收收入以外,政府组织财政收入不能只依赖某一种收入形式,应该各种收入形式适时、适当使用,发挥不同财政收入形式的优势,这是财政规律决定的,也是城乡统筹发展的客观要求。

(二)完善分级财政收入体系。财政收支既是所有政府活动的基础,又是连接政府和家庭、企业最直接的纽带,抓住了财政职能这个关键,就抓住了政府职能履行、国家治理实现以及整个经济社会运转的全部内容。而财政收入是政府行政的物质基础,城乡统筹发展需要各级政府齐抓共管、齐心协力,各级政府尤其是地方政府、基层政府,必须要有自己的收入来源,有自己的可使用财力,才能对辖区内城乡发展进行统筹。否则,各层级政府的城乡统筹任务就难以完成。然而,财政理论和实践都证明,不同级次政府收入体系各不相同。一般认为,中央政府以税收收入为主,省级政府及其以下政府税收收入和收费等收入各占一定比例。

(三)强化县乡财力及其财政管理。县乡财政是我国财政体系中的基础环节,是县乡政府提供辖区基本公共服务的财力保障。县乡财政管理体制直接关系到县乡财力状况,而县乡财政能否走出困境,很大程度上取决于县乡财政管理体制改革及其管理水平,显然这是城乡统筹发展过程中的重要问题。加快推进县乡财政管理体制改革,推进县乡财政的科学化、精细化,更好地为农村公共品提供、为农村的现代化服务,是必须完成的任务。

首先,明确界定县乡的事权和支出责任。在目前的财政体制下,县乡承担了大量的事权责任,但缺乏相应的财力保障,这是县乡财政困难、债务积累严重的主要原因之一。因此,中央和省市对县乡应承担的事权要进行科学划分,剔除不适合县乡政府承担的事权,并给予充分的财力保障。在具体支出项目和支出标准上,要削弱上级政府对县乡的直接控制,增强县乡政府的自主能力,使县乡政府能根据自身发展需要,更灵活、合理地安排支出。

其次,完善县乡财政收入体系。随着经济发展和生产技术水平的提高,许多地方税源不断丰裕,具备了征收地方主体税种的条件和能力,因此,可以赋予这些地区征收相应地方税的权力。同时,取消原有基数法和包干制的残留成分;降低中央政府对某些共享税的分成;打破按企业隶属关系划分收入的做法,一律按属地征收原则划分收入;加快预算法调整,推进分税制法制化进程。在此基础上,实现地方税的重构,增强县乡级政府的可用财力,促进县乡公共服务水平的提高。

再次,建立健全县乡财力保障机制。一是因地制宜发展地方经济,立足生态环保,充分利用当地资源,形成优势、特色产业,增加县乡财政财力来源。二是进一步推进"省直管县""乡财县管""村财乡管"财政管理体制改革。简化财政管理层级,降低财政截留及行政成本,不断提高县级基本公共服务保障水平;调动乡镇理财的积极性,促进乡镇理财行为的规范化、科学化。三是上级财政要减少对县乡财政配套资金的要求。对财政较困难县乡的公共项目,要足额安排资金,避免对配套资金的要求,减轻县乡财政负担。四是提高县乡财政支出效率。合并精简机构设置,严格控制财政供给的人员编制,增强政府预算的完整性和调控力度,以财政资金调动居民的投入,接受居民的监督,提高财政资金的使用效率。

第四,增强财政约束,着力化解县乡债务。在合理划分收支的基础上,要采取措施,积极化解长期积累的县乡债务。对县乡债务要进行分类认定,根据性质的不同,有计划地分类分批化解。上级财政要适当帮助县乡化解债务,承担起一定的化解债务的责任,尤其要向财政困难较大的地区倾斜。偿债资金除通过预算安排之外,还可以从行政事业性收入、国资收益等收入中安排一定的资金。在化解旧债的同时,要严防新债的产生。

二、凝聚各种资金形成合力

(一)稳定税收收入。如前所述,税收收入是政府财政收入中最基本最主要的收入,是政府财政收入的主体和支柱。在国家经济社会发展过程中,政府要履行其职能,必须保证税收收入的持续稳定增长。只有这样,才能保证政府基本职能的实现。城乡统筹发展需要政府财政投入,以克服二元经济带来的城乡差距,当然就需要税收收入作为基本收入、重要支柱的稳定和持续增长。否则,社会发展的基本需要都得不到保证,政府统筹城乡发展的任务就无从谈起。

(二)规范债务收入。在现代社会中,政府借债是个司空见惯的常事。然而,城乡统筹发展过程中,对政府债务管理要注意:一是中央政府负债的合理性。一方面,中央政府的债务不能过多,通常讲不能超过国际组织测定的负债警戒线。如果超过了负债警戒线,只顾着国债的还本付息,中央政府可能会因为负债过重而无暇顾及城乡统筹问题。另一方面,中央应减少为地方政府承担过多的债务担保。避免由此引起的政府信用风险。二是地方政府债务的规范性。要正视我国地方政府债务的客观存在,加快地方债制度建设,引导和规范地方政府的举债行为。使地方政府举债规模合理、行为合法,使地方政府债务对城乡统筹发展起到有力推动作用。三是化解地方隐性债务。政府可能承担一定救助责任的债务为隐性债务,此类债务的主体多样化,且具有一定的独立自主权,难以监管与控制。同时部分隐性债务转化成显性债务的可能性较大,主要表现在收益较差的社会保障和民生工程上,如在保障房建设上,城乡建设部门所属的公用事业单位主要以承担社会责任为重点,盈利能力普遍较弱。此类隐性债务一旦显性化,也就意味着债务主体财务状况恶化,还有可能带来一定的社会问题。因此,采取有力措施,化解地方政府债务是迫在眉睫的事。

(三)吸引民间资金和经营资金。城乡统筹发展是全体社会成员的事情,每个社会成员都责无旁贷。在市场经济条件下,经营者是市场经济的主体,经营资金是经济发展的主力,城乡统筹发展中也不例外。应该通过财税政策激励经营者加大对农村、农业的投入,使经营资金在城乡统筹发展中发挥主力作用。鉴于目前我国农业发展比较落后的局面,仅仅靠财政资金远远满足不了农业和农村经济发展需要。因此,要发挥财政资金的引导性作用,充分调动和吸引社会资金,弥补财政支农资金投入的不足。优化农业投资,一方面要继续加大政府投资对农业的支持力度,另一方面必须充分发挥政府财政投资的带动作用,强化国家财政农业投资的市场效益和示范倍增效应,引导和激励其他农业投资主体的投资。

政府要强化财政资金的导向作用,建立市场经济条件下的农业投资机制。一是发挥财政政策引导作用。可通过制定税收优惠、补贴、贴息、财政借款等方面的农业投资优惠政策,吸引社会资金、慈善捐赠资金对农业的投入,加强企业、集体经济组织、外资、农户自身对农业投资的力度。二是利用金融政策的引导作用。可采取措施加强政策性银行等金融机构对农业的支持力度,如适当扩大政策性银行涉农的金融资金投入范围,完善涉农贷款的财政担保制度、委托政策性银行承担国家财政农业投资的任务等,最终带动更多的商业资金投资农业。三是通过保险政策引导。通过完善对农业保险的补贴政策,将政府财政资金注入到农业保险、再保险中等方式,鼓励保险企业不断积极开发新的农业保险品种,提高农业保险的参保率,以降低农业生产的风险,保障从事农业生产者的经济利益,从而吸引更多的资金投向农村和农业生产。

第三节　优化财政支出政策,助推
政府统筹城乡发展

一、增加财政支出规模,建立财政支农资金稳定增长机制

要使农业生产效率大幅度提高,使农业发展尽快赶上国家现代化发展的步伐,进而彻底改变农村生产和生活环境,实现城乡发展的统一协调,必须要切实增加对"三农"的投入。这要求我们认

真落实《中华人民共和国农业法》(以下简称《农业法》)的规定，使财政支农支出不仅要在绝对数量上保持稳定增长，也要在相对数量，即增长率上保持稳定增长。为保证《农业法》规定的执行，农业主管部门要制定"三农"发展政策，明确发展目标和重点；各级政府要合理划分事权和财权，明确各级政府在财政支农支出上的责任；各级财政部门都要增加对"三农"的投入，做好相关预算并严格执行，并保证新增支出向农村倾斜。调动农民自主投资、投劳的积极性，通过补贴和担保等方式吸引金融机构和社会闲散资金，建立以政府投入为主、社会力量投入为辅、农民投工投力相结合的机制；在各项制度约束的基础上，在各方面的共同努力下，逐步形成财政支农资金的稳定增长机制，以满足统筹城乡发展的资金需求。

二、优化财政支出结构，突出支农资金的支持重点

在增加财政支农资金的同时，还要不断优化财政支农资金结构，突出支农资金的支持重点，使有限的资金发挥最大效用，提高财政支农资金的使用效率。目前，投资重点主要应包括学前教育、义务教育、乡村公路、医疗卫生等。同时，要加大对农业科研、农民培训、农业生态环境建设等方面的投入力度。一是要着力加大农业科技研究、引进和推广的投入。农业科研作为公益性事业，政府投入是世界各国的普遍做法。我国农业基础薄弱，农产品科技含量低，更应加大对农业科研、农技推广的投入力度，把财政资金对农业科技的投入比例以法律的形式固定下来，保证各级政府的实际投入，以此逐步缩小同世界发达国家农业发展水平的差距。在资金分配使用上，要把具有全局性、战略性的农业项目作为投入重点，尤其应注重财政对基础性科学研究的投入；提高农业科研三项

费用的投入比例;加大对落后地区农业科研机构的支持;挖掘农业科研投入潜力,健全科技成果管理体系,提高农业科研运行效率。另外,还可通过财政补贴、税收优惠等手段多渠道筹集资金,吸引社会资金投入农业科研、引进和推广。二是要加大对农业基础设施的投入。提高农业基础设施资金占支农资金的比重,使农业基础设施投入增长速度高于财政支农资金投入的增长速度,形成农村基础设施资金稳定增长机制。在资金分配使用上,将农村道路修建养护、农田水利建设等作为投入重点;通过农村基础设施建设水平的提升,为城乡统筹发展、缩小城乡经济社会发展差距创造条件;同时,引入市场竞争机制,提高农村基础设施投资效率。

三、有效整合各项支农资金,发挥支农资金的整体效益

财政支农资金整合就是要对涉及农村的财政资金分配方式进行调整,将分散在各部门和各单位内部的财政支农资金进行清理归并,统筹安排使用,减少中间环节漏损,避免重复建设和分散投资,提高财政支农资金的使用效率。整合财政支农资金,有利于转变政府职能,提高办事效率,加速农村现代化的实现,推进城乡统筹的进程。

(一)改革支农资金分配管理方式,改变投资分散的局面。在现行行政管理体制下,要改变财政支农资金来源多头,分散投入的局面,必须充分发挥发展改革委和财政部门的作用,对各项支农资金进行整合。发展改革委和财政部门要形成与各涉农部门的沟通协调机制,及时与各有关部门进行协商沟通,实现对涉农资金的相对集中管理,归并支出事项,避免重复和分散投资,降低管理成本,提高支农资金整体效益。因此,整合财政支农资金,规范支农资金的投向,提高支农资金效益,是当前面临的一个迫切任务。

（二）做好农业和农村发展规划,构建支农资金整合载体。农村和农业资金的使用主要在县以下。以县为主的各级政府相关部门,在广泛征求群众意见的基础上,应从地方实际情况出发,充分考虑资源环境和经济环境,共同做好产业和项目发展规划,以主导产业和重点项目为平台,对现有项目资金进行整合,明确财政支农资金的投入重点。在具体产业选择上,应优先投入公共品性质较强又急需发展的项目。同时,兼顾农村、农业发展的长远目标,兼顾城乡统筹发展的需要。

（三）完善支农资金监督管理机制,确保资金安全、高效运行。加强财政支农资金的监管,就是要对财政支农资金预算的编制、修改、批准、执行和调整进行规范化的管理。也就是说,对财政支农资金,要做好事前监督、事中监督和事后监督。财政支农资金使用前要有合理的规划,明确支农资金的使用方向;使用过程中要对使用情况进行监督,确保规划的执行,避免不合理使用;支农资金使用完毕后,要对完成项目进行后续监督和评价。整个监督过程要坚持实事求是和法治原则,适当借鉴国际经验(如世界银行和亚洲开发银行贷款项目等),广泛宣传接受人民监督,财政和审计部门等做好日常和事后监督;严格执行国库集中支付制度,进行项目公示和工程招标,做好工程监理和监测评价。通过全方位和多层次的财政资金绩效评价和监督保障体系,保证支农资金效益得到充分发挥。

第四节　完善转移支付制度,形成科学合理的资金调配体系

农村税费特别是农业税取消后,县乡基层财政出现困境,严重

妨碍农村经济社会和谐发展,进一步拉大了城乡差距。转移支付制度作为统筹城乡发展、实现城乡财力均衡的重要手段,必须要发挥应有的作用,这需要我们明确界定各级政府的事权与财权,调整转移支付范围,改善转移支付办法,使我国财政转移支付制度走上法制化、规范化轨道。

一、规范转移支付制度,增强农村基层财政财力

必须要对现行转移支付制度进行调整完善,实行中央、省两级自上而下的以"因素法"为主的转移支付和必要的"生态补偿"式的地区间横向转移支付。以便充分发挥其在缩小城乡差距、改善农村生产生活环境上的作用。

(一)建立健全有关转移支付的法律法规。转移支付又称无偿支出,是指各级政府之间为解决财政失衡,通过一定的形式和途径转移财政资金的活动,是用以补充公共物品而提供的一种无偿支出,是政府财政资金的单方面无偿转移,体现的是非市场性的分配关系,是二级分配的一种手段。转移支付制度是分级预算体制的重要组成部分。根据分级预算管理体制,上下级预算主体之间、同级预算主体之间的收支规模是不对称的,转移支付制度就是均衡各级预算主体之间收支规模不对称的预算调节制度。可见,转移支付制度从表象上看,是各级政府之间的分配关系,实质上,则是反映不同级次的政府之间、政府与社会成员之间的利益分配关系。因此,转移支付制度涉及面广、政策性强,要保证转移支付的规范、公平和透明,必须要逐步走向法制化,做到转移支付的各环节都有法可依、有法必依。从国际经验看,多数国家转移支付制度的最大共性,就是有相应的法律依据。目前,我国包括转移支付制度在内的各项财经法律法规还有待建设和完善,还没有建立专门

的转移支付法律。为改变我国财政转移支付制度缺乏法律规定的现状,消除转移支付过程中人为因素的影响,克服随意性,保证转移支付制度正常高效运行,我国必须要尽快建立和完善转移支付的相关法律法规。首先,必须尽快修订《中华人民共和国预算法》。预算法是财政领域的基本法律规定,也是规范财政转移支付的最基本的法律制度。目前,我国现行的预算法中还没有对转移支付的明确规定,从而导致转移支付制度的非规范性问题比较严重。因此,在预算法的修订中,应考虑加入有关转移支付的制度规定条文,以约束政府之间转移支付制行为。其次,可研究制定转移支付法。转移支付制度是预算制度的重要组成部分,但是,它有别于其他预算分配方式,具有自身的特点。因此,有必要建立专门的转移支付法,将财政转移支付的内容、形式、分配程序、绩效评价、监督程序等,以法律法规的形式加以确定。以减少转移支付的随意性,保证一般性转移支付的规模,使其成为一项制度。

(二)建立财政资金管理委员会。从国际经验来看,为保证纳税人的钱能够使用合理有效,有些国家通过建立相对独立的管理机构,如财政拨款委员会,负责财政转移支付公式的确定和调整,财政资金转移支付等具体工作。我国也可成立独立的财政资金管理委员会机构,以提高财政转移支付的效率,保证中央地方财力的均衡分配。

(三)明确界定各级政府的事权和财权。合理划分各级政府的财权与事权,是建立合理的转移支付制度的重要依据。1994年开始实施的分税制财政管理体制,对财权划分相对比较明确,而事权划分责任不明确,相应的财政支出责任比较模糊,致使各级政府财政支出中"越位"和"缺位"现象较普遍。近年来,随着经济体制改革的深入,对财政管理体制做了调整。但是,事权和支出责任的划分并没有实质性进展,同时财权上收和事权下移却比较明显。因此,必须深化分税制财政管理体制改革,明确划分各级政府的事权和支出责任。按公共品的属性和受益范围不同,从法律上界定各级政府的事权和支出范围,消除职能交叉、相互推诿的现象。在此基础上,根据各地自身财力和实际需要,确定转移支付项目和数额。

(四)扩大转移支付资金规模,优化转移支付结构。根据财政部统计,2011 年中央对地方税收返还和转移支付支出共完成39900 亿元,增长 23.4%,增速比 2010 年高出 10 个百分点。而根据此前的预算安排,其中一般性转移支付约占 46%,占比较前年提高 5 个百分点。财政部门要通过增加一般性转移支付规模和比例,优化转移支付结构。具体说,在转移支付资金总量上,应该根据农业发展的需要,在财政承受能力范围内,考虑各地的客观条件和影响因素,适当加大转移支付的力度,逐步提高农业综合生产能力。首先,应以一般转移支付为主。在安排政府转移支付资金时,要注重多使用一般性转移支付,提高一般性转移支出的比例,缩小专项转移支付规模,增加地方政府在财政资金使用上的灵活性,以使财政资金的使用更符合当地经济社会发展的实际需要,更有利于满足城乡统筹发展的需要。第二,注重发挥转移支付的均衡分配作用。我国现行的财政转移支付形式中,税收返还、体制补助、专项补助和结算补助等形式,属于非均等化的财政转移支付。对地方的既得利益考虑过多,与财政分配的公平原则相悖。为实现转移支付制度的均等化,发挥转移支付的均衡分配作用,应该调整现行财政转移支付结构,逐步减少税收返还、原体制补助和上解等转移支付形式及其额度,更多使用一般性转移支付和专项转移支付,强化转移支付的横向均衡效果。另外,要突出财政转移支付的重点,着重增加对农业基础设施、农村基础公共设施、农业科研和推广、农业保险等方面的投入。

(五)完善省以下财政转移支付制度。转移支付资金的使用主要在基层政府,而目前中央转移支付只分配到省一级。并且,我国五级政府的架构,使中央下拨的转移支付资金在到达基层政府时大幅缩水。因此,必须要完善省以下转移支付制度的建设,清理归并部分专项转移支付项目,进一步均衡省以下财力分配。一是建立省对省以下的转移支付分配体系。省级政府要强化对省以下转移支付的责任意识,统筹兼顾,考虑城乡统筹发展的需要,根据影响各地区财政收支水平的各种客观因素,通过公式化方式分配转移支付资金,使转移性资金的分配尽量公平、合理和高效。二是要建立城市对农村的转移支付制度。将城市带动农村、支持农村,工业反哺农业制度化。各大中城市的各行各业都要积极筹措资金,加大对县乡政府的支持力度。三是减少转移支付的中间环节。要加快财政管理方式改革,简政放权,减少财政资金转移支付的中间环节,避免政策在执行过程中走样。

二、完善专项补助制度,改善农村社会经济环境

财政专项补助资金,又称财政专项转移支付资金,是具有专门方向或用途的特定财政资金。它是上级政府为了解决经济社会发展特定需要,对委托下级政府代理的一些事务进行成本补偿,而设立的专项补助资金。资金接受者必须按规定用途使用资金。安排专项补助一般是为了配合宏观调控政策、解决区域性公共产品外溢问题或促进特定公共事业的发展。近年来,我国专项补助的管理制度和分配方式不断改进,有效地缩小了城乡之间、地区之间的发展差距,促进了城乡公共服务和公共事业的建设,也在一定程度

上缓解了地方财政的困难局面。但是,多年来财政专项补助资金的分配和使用也存在着一些矛盾和问题。十八届三中全会决定中就明确提出:"清理、整合、规范专项转移支付项目,逐步取消竞争性领域专项和地方资金配套,严格控制引导类、救济类、应急类专项,对保留专项进行甄别,属地方事务的划入一般性转移支付。"

(一)科学选择专项补助项目。财政专项补助资金是基于经济社会特定需要,具有专门用途的、成本补偿性的特定财政资金。安排专项补助项目时,必须对其是否必须、是否可行、需要的资金量,深入实际进行调查研究,并组织专业机构进行专业评估,在充分进行必要性、可行性研究的基础上确定补助项目,避免形成"会哭的孩子有奶吃"的状况。

(二)明确专项补助重点。财政专项补助资金作为一种财政支出,一般是上级政府为了解决经济社会发展的某种特殊需要而安排的财政资金支持。显然,不同时期的不同情况下,经济社会发展的特殊需要是不同的,是有其特定性的。不是也不可能有许多特殊需要。这就是说,在一定时期一定阶段,财政专项补助资金应该是有重点的。这个重点应该是与国家的经济社会发展目标、任务相一致,而不能相矛盾。

(三)以持续性直补为主。科学选定的专项补助项目,应该是有关国计民生的、持续投入才能见到效果的事项。这些项目应该得到持续不断的发展,才能有利于经济结构的不断优化,有利于经济社会的统筹发展。因此,专项补助应该采取持续性、直接补助的形式,持续不断地给予选定项目资金支持,使其能够形成目标规模效益;直接补助则可以避免中间环节的截留、挪用。

(四)规范管理专项补助项目。首先,要压缩专项转移支付的项目。对分散于各预算支出科目中的专项转移支付项目要进行清理和压缩,坚决取消无足轻重和名不符实的零星专项补助,对到期的专项转移支付项目及时清理,归并重复交叉的专项补助项目,严格控制新增专项补助项目。第二,完善专项补助资金的申报和审批程序。规范专项补助资金的申报程序和申报办法,明确财政部门在项目筛选中的职责;细化预算编制,避免项目的重复申报、虚假申报、挤占、挪用等问题。第三,完善专项补助资金的监督和评价制度。要建立健全专项转移支付分配使用公开制度,使各级政府和人民群众有知情权,提高资金分配的透明度,便于人民群众监督;项目建设期间,要加强对进度和工程质量的监管,项目完成后,财政部门要进行绩效评价,推动财政资金绩效水平的提高;加大对重大违法违纪问题的揭示与惩治力度。

第五节　基本公共服务体系:从城乡均等到城乡一体

我国城乡二元结构以及与之相关的城乡制度与政策差别,使农村的基本公共服务建设远远落后于城市,出现了城乡基本公共服务的非均衡发展,使城乡统筹发展任务更加艰巨。目前,我国城市与农村的基本公共服务水平差距突出地表现在基础设施建设、基础教育、公共卫生、社会保障四个方面。政府把大量的资金投向城市基础设施建设,对农村的公共基础设施的投入相对短缺,导致农村基础设施建设明显落后;国家教育经费投入明显向城镇倾斜,城市学校的硬件设施和师资力量都要远远优于农村;优势医疗卫生资源集中于城市医院,农村医疗卫生服务严重落后;城市社会保障水平相对较高,农村还需进一步完善。构建覆盖城乡的基本公共服务,就是要实现财力与事权相匹配:使中国所有地区包括欠发达区域,都形成推行基本公共服务均等化所需的财力与其事权相匹配的境况,就是要实现城市和乡村基本公共服务的均等化直至一体化。在基础设施、基础教育、公共医疗、社会保障等方面缩小差距,实现大体均等,使每个公民都能共享经济发展的成果,促进整个社会稳定、健康、和谐发展。

一、构建有效的供需协调机制,实现农村公共品供给主体多元化

要实现城乡公共品供给的均衡,需要有一套切实有效的保障机制,其中公共品供给主体选择机制、公共品需求表达机制尤为重要。

(一)构建农村公共品多元供给机制。提供覆盖城乡大体均衡的公共品是政府的基本职能之一,但这并不排斥供给主体的多元化,并不排斥非政府组织的参与。国际经验表明,公共品供给主体的多元性,不仅能解决政府财政资金不足的问题,而且有利于提高公共品提供的质量和效率,降低公共品提供的成本。

目前,我国农村公共产品的供给主体单一,存在着严重失衡的问题。从现实情况看,尽管政府对农村公共品的供给整体相对不足,但一直扮演着供给主体的角色;由公共品的特性决定,农民个人和其他社会闲散资金没有提供公共品的动力和能力;我国的第三部门无论在农村还是城市,发挥的作用都有限。这种供给主体状况,很难满足农村对公共品的需要,并且在多种因素共同作用下,使农村的公共品远远落后于城市。构建覆盖城乡居民的基本公共服务,应在以政府为主体的情况下,加强公众参与力度,鼓励各种社会力量参与公共产品的生产和服务,形成公共产品供给主体多元化的格局,促进基本公共服务的发展,改善公共服务质量,提高公共服务供给效率。国际上一些主要发达国家也在不断对公共服务体系进行创新,形成了签约外包、特许经营、公私伙伴关系、混合策略等各种不同的供给模式,这极大地促进了公共服务的发展;从发展趋势来看,在公共品供给领域,政府应是越来越多地扮演安排者、组织者、监督者的角色。

这就是说,为有效促进农村公共服务的发展,解决农村公共产品普遍不足的问题,应根据不同农村公共品的性质,建立政府主导、社会成员、私营部门参与,非盈利组织支持的多元化农村公共产品供给机制。在多元化公共产品和服务供给体系中,政府仍起主导性的作用。在统筹谋划、总体指导、提供基本投入的同时,主要任务是落实供给责任,平衡地区差异,推进各项制度改革与创新,进行必要的监管和控制。在此基础上,进行多种供给模式的尝试,通过授权经营、财政补贴、公私合作等方式,鼓励私营部门参与农村公共品供给,调动社会成员尤其是农民参与农村公共品供给的积极性;同时,大力发展非盈利组织,构建第三方分配机制,弥补政府在供给上的不足。

(二)完善农民对公共品需求的表达机制。建立健全农民自治组织,进一步推进农村民主化管理进程,完善农民对公共品需求的表达机制,避免或削弱公共品提供中的城市偏向、城市主导,强化农民在公共品选择方面的话语权,让农民有充分表达对农村公共品供给诉求的机会,使农村公共品提供更符合农民的实际需要。

二、完善农村基础条件建设,缩小城乡生产生活差距

完善农村基础条件不仅是实现农村发展、缩小城乡差距的应有之义,也是农村和农业发展、农民生活水平提高的基础性条件。长期以来,我国大量基础设施建设资金投入城市,对农村基础设施

投入严重不足,农村基础条件欠账较多,制约了农村经济的发展和农民生活条件的提高,拉大了城乡之间的差距。

近年来,国家不断加大对农村基础设施建设的支持力度,农村电网改造、通信、水利设施建设等项目不断展开。但由于历史欠账过多,制度不健全,投资规划和管理欠科学,农村基础设施建设投资仍然存在不少问题。为缩小城乡基础设施建设差距,实现城乡居民在享用基本公共服务上的同等国民待遇,必须要对我国农村基础设施投资进行调整,不断完善农村基础设施,为城乡资源的合理流动创造条件。

(一)加大对农村基础设施的财力支持。要严格执行《农业法》的相关规定,同时抓紧制定有关农村基础设施建设的其他法律法规。要进一步加大财政对农村基础设施的支持力度,多渠道筹集建设资金。为切实保证投入的增加,要在准确界定政府和市场作用范围的基础上,明确中央和地方政府各自在农村基础设施建设中的作用范围,对原有基础设施建设落后,财力缺口较大的地区,由上级政府乃至中央政府承担兜底责任。为对地方政府形成一定的激励,可制定农村基础设施建设的一般标准。在政绩考核中,可加入农村基础设施建设的指标,以提高地方政府对农村基础设施建设的重视程度。还可开辟新的农村基础设施建设资金来源渠道,鼓励社会资金和慈善捐赠等投入到农村基础设施建设中来。

(二)形成农村基础设施建设协调机制。要打破农村基础设施建设条块分割现状,制定长远、科学的规划。对分散在各部门和各级政府的农村基础设施建设资金以县为单位进行整合,精简中间环节,统一安排使用,避免撒胡椒面的状况,充分发挥资金的整体效益。同时各级相关部门要共同制定农村基础设施建设的长远、科学规划,保证农村基础设施建设合理、有效。

（三）加强农村基础设施建设管理。要建立科学的农村基础设施投资决策和评估体系。通过完善"一事一议"制度等,建立农户对农村基础设施的需求表达机制,充分听取农户对农村基础设施建设的需要和意见,结合国家的相关政策和总体规划,委托专业评估机构和相关专家进行可行性评估,最终确保农村基础设施建设项目合理、可行。而且,要加强对农村基础设施建设项目的监管。严格执行国务院《关于加强投资体制改革的决定》,通过招投标等方式,选择建设施工单位,控制项目的投资质量和工期;明确各职能部门的监管责任,加强财政内部监督、审计监督;通过广播、电视、网络等新闻媒体,将财政支持农村基础设施建设的相关预算向社会公开,接受人民群众的监督。

三、完善农村义务教育经费长效保障机制,实现义务教育均等化

我国是个农业大国,农民在整个人口中占百分之五十左右。农民的受教育程度直接影响整个国民的素质和水平。义务教育是国民教育的基础,农村的义务教育好坏直接关系到国家的发展及和谐社会的实现。长期以来,我国农村的义务教育主要是由县、乡政府以及村负责,中央和省级政府所承担的责任较少,而基层政府财政能力有限,使得基础教育投资严重不足。《中华人民共和国义务教育法》实施以来,农村儿童的入学率基本得到保证,办学条件也得到改善,尤其伴随着农村税费改革,实行了"以县为主"的农村义务教育管理体制,实施了农村义务教育经费保障新机制,财政对农村的义务教育投入力度不断增加。但农村义务教育仍存在很多问题,城乡义务教育水平差距很大。

要实现城乡间义务教育的均衡发展,关键问题是解决教育经费

的财政投入,这就必须要进一步完善农村义务教育经费保障机制,确保农村义务教育质量的提高,使农村儿童享受公平的义务教育。

(一)进一步加大政府的财政投入力度。由国家强制执行的义务教育,具有很强的公共品属性,效益外溢性强,国家应该成为义务教育经费的承担主体,并有义务保证其平等实现。从现实情况看,政府应通过调整财政支出政策,强化对义务教育的责任意识,进一步加大对义务教育的投入力度,并且向农村地区倾斜,保证农村人口质量不断提高。而且,随着政府财政收入的不断增加,这一任务也不难实现。

(二)强化转移支付对缩小城乡教育差别的作用。规范农村义务教育的财政转移支付制度,明确各级政府对农村义务教育投入的责任。对一般性转移支付,要合理划分投入农村义务教育的比例;对义务教育专项转移支付,要向农村地区倾斜。强化中央和省级政府,尤其是中央政府对农村义务教育的责任,进一步提高中央和省级政府财政在农村义务教育投入中的比例,中央和地方分项目、按比例分担农村义务教育经费。对于农村地区义务教育领域的薄弱环节和突出问题,中央和省级政府必须承担主要投入责任。

(三)合理规划学校布局。义务教育的对象年龄小,自我保护意识和能力弱,生活自理能力差。当前为了所谓教育的规模效应,而将所有农村小学合并成一定规模的中心学校,不仅会带来受教育对象上下学路途及在校期间的交通隐患、人身安全隐患、食品安全隐患等问题,会造成上学难、接送难,会使一些学生由于种种原因辍学。① 而且会增加无谓的财政支出,导致义务教育经费支出

---

① 对撤点并校后引发的一系列问题,有很多相关报道。教育部对此也已经采取相应措施,紧急叫停撤点并校,但仅此远不能解决既有问题。

效率低下。所以,农村义务教育尤其是小学阶段的校区应该以村落、居民小区设点布校,对确有必要的一人学校、夫妻学校,要在教师资格、工资待遇、职称、学历等要求上制定特殊政策。即体现将社会效益的考量放在第一位,又使得教育投入科学有效。鉴于目前县级财力较弱,难以保障义务教育的财政投入,尤其是经济欠发达地区情况更为严峻的状况,可以考虑将义务教育的支出责任统一上划至设区市,由市财政将教育财政经费合理、均衡分配到各个学校,将教育资源合理分配到所辖区域的各个学校,为适龄人口提供平等的受教育机会。在此过程中,尤其要重点加大对农村地区的义务教育投入,合理引导包括师资、教育设备等在内的资源配置。在日常管理上,延续现行体制,由县级教育部门进行管理。

(四)建立良性师资培养和使用机制。师资队伍水平是教育产品质量优劣的关键,义务教育更是这样。要提升全民族的尊师重教观念,吸引、鼓励、留住优秀人才从事义务教育。完善师范院校优先录取制度,吸引更多的优秀人才接受师范教育。为吸引优秀人才到农村从教,必须切实提高农村义务教育教师工资水平,保证其生活质量,要制定乡村义务教育师资的高工资、高福利、高待遇制度,并增加农村义务教育教师培训和深造机会。使城乡义务教育师资从结构到水平趋于一致,保证城乡义务教育水平相当。使得人们愿意从事义务教育,愿意到农村从事义务教育。

四、加大政府投入力度,积极推进农村公共卫生服务事业的发展

农村公共卫生服务具有典型的公共品特征,有明显的外部正效应,涉及国家与社会的长远利益,政府在农村公共卫生服务的提供中负有不可推卸的责任。新中国成立以后,曾建立起不太规范的免费的农村合作医疗制度,改革开放后解体。20世纪90年代以来,政府不断出台公共卫生政策,改善农村卫生服务体系。但在城乡非均衡发展的大背景下,在两套不同的公共服务供给制度下,城乡公共卫生服务差距进一步扩大,农村公共卫生服务仍十分薄弱,并成为影响社会稳定和谐的关键问题和农村贫困的重要原因。

　　为使农村居民享有基本的卫生保障,实现公共卫生服务的均等化,促进社会公平正义,政府应建立以公共卫生服务均衡为导向的财政投入及保障机制,增加对农村公共卫生服务的支持力度。一是要切实增加农村公共卫生服务的投入。在各级政府间要合理划分投入责任,确保国家规定的公共卫生服务项目资金的需要,为形成一定的政策激励,可将公共卫生服务状况作为政府政绩考核内容。对贫困地区和贫困人口,可加大专项转移支付的补助力度。二是要加强制度建设,规范国家基本公共卫生服务项目补助资金分配和使用管理。西方发达国家经过多年实践,在购买公共服务上已取得很大成效,形成了一套较完善的机制。我国也进行了政府购买公共服务的有益探索,在政府购买社区卫生服务上已取得一些成功经验。因此在此基础上,可考虑推行政府购买农村基本公共卫生服务,充分发挥政府购买公共服务的优势,提高农村公共卫生服务机构的覆盖率,改善卫生服务状况,提高居民的满意度。三是要优化农村公共卫生财政支出结构,重点建设公共品性质较强的基本公共卫生服务。重点治理农村公共卫生环境,保障饮水供应和水源安全,妥善处理农村垃圾,增建卫生厕所。完善县乡村卫生体系,加强村级卫生机构建设,提高乡村医生的技术水平,补充和更新基本的医疗设备,有效承担预防保健、精神卫生、卫生监督等服务功能。

第六节 构建城乡居民共享的社会保障体系

基本社会保障关系公民的生存安全,我国社会保障制度起步较晚,虽然取得了巨大成绩,但整体来看社会保障体系还很不完善,城乡发展不均衡,农村居民存在比城市居民更大的社会保障权利缺失,保障待遇差距较大。统筹城乡发展,必须加快构建覆盖城乡的社会保障体系建设,重点解决农村社会保障问题,逐步建立并完善适应农民需要的医疗、养老、最低生活保障制度,以及对困难户和孤寡老人实施的社会救助,失地和进城农民工的社会保障制度等。

一、加快推进新型农村合作医疗制度的建设

新农合是我国城乡统筹发展社会保障体系的重要组成部分,是农村社会保障发展的重要飞跃,对于新农合运行中存在的问题,必须要在今后发展中进一步进行调整和完善。

(一)加强宣传培训。要以通俗易懂的形式向农民和定点机构工作人员进行新农合政策宣传和培训,提高新农合操作过程中的透明度,加深农民对新农合工作的理解,促进定点医疗机构自动执行新农合政策,最终促进新农合政策顺利实施和健康发展。

(二)完善新农合筹资体制建设,加强新农合基金监管。一是要进一步加大政府补助力度,提高财政投入水平,科学划分各级政府承担比例,保证各级政府对新农合投入增长速度不低于本级财政支出增长速度。二是拓宽新农合的资金渠道,加大金融机构对新农合的支持力度,积极引入商业保险机构与新农合机构合作,考虑明确新农合的税收来源,积极争取国债项目的支持。三是加强

对新农合基金的监管。严格实行基金封闭运行、专户储存、专款专用、收支分离、财政检查、多层监督、年度审计；对新农合基金的筹集、分配、使用各环节都要进行监管；明确监管主体的责任，对违规者严厉处罚；建立并健全既方便农民，又便于监管的新农合审核和报销办法，定期公布新农合资金使用情况，接受群众监督。

（三）设计科学的新农合补偿机制，提升新农合保障水平和保障效率。新农合目的是解决农民看不起病的问题，缓解因病而给农民带来的经济压力。随着国家补助标准和新农合筹资水平的提高，要及时调整新农合基本用药目录和基本诊疗项目，提高常见病和多发病的补助比率，减少自费项目，增加门诊报销费用额度，提高新农合基金的使用率。

（四）走法制化道路，加快新农合的立法工作。目前，新农合建立在政府主导、农民自愿的基础上，在建设法制化国家的大背景下，社会保障及新农合的立法工作也要展开，使其可持续发展具备坚实的基础。

二、建立规范有效的农村社会救助制度

社会救助制度也称为社会救济制度，是指社会成员由于不可抗力等原因而陷入生存危机或不能维持最低生活水平时，由国家和社会按照法定的标准，向其无偿提供满足其最低生活需求的物质帮助的一种社会保障制度。主要包括最低生活保障制度、专项救助、自然灾害救助、临时救助等几方面，是维持居民最低生活和实现社会稳定的有效途径。最低生活保障是为生活在最低生活标准以下的公民提供维持其最低生活需要的物质帮助，是社会救助的最低要求，任何一个公民，当其收入水平低于最低生活保障线时，都有权得到国家明文公布的法定程序和标准提供的现金和实

物救助;专项救助,主要是在医疗、教育、住房等方面给予需要帮助符合条件的家庭物质或资金帮助;自然灾害救助是为遭受地震、洪涝、台风、干旱自然灾害需要应急救助的人们提供的现金和实物救助;临时救助主要针对因交通事故等意外事件或者其他特殊原因,导致基本生活暂时出现较大困难的家庭,由政府民政部门给予资金、物资、服务等临时救助。

随着经济的发展,我国对社会救助逐步关注,但实施中也存在城乡分离情况,除自然灾害救助外,其他救助项目城市基本均优于农村。整体上城市社会救助发展较早、保障水平较高,农村社会救助近年来发展较快、增速较大。城市已形成较完善的社会救助制度体系,农村地区的社会救助制度体系初步形成,包括新五保供养、农村低保、医疗救助、住房救助(危房改造)、教育救助、司法救助、灾害救助、临时救助等。尽管我国的农村社会救助事业取得了突出成就,但由于发展时间较短,制度建设还不成熟,救助水平较低,与困难群众日益增长的救助需求不相适应,缺乏全面统筹,管理机制不健全,立法层次较低,对界定贫困的标准和实施救助的标准尚缺乏合理、公正的界定,救助还存在一定程度的临时性和随意性,很多困难群众从救助制度中获益不够。基于城乡统筹的视角和经济、社会背景的变化,需要进一步对农村的社会救助进行完善,建立综合性、管理服务规范、各项救助项制度协调、效率与公平兼顾的社会救助制度体系。

(一)要推进农村社会救助的法律法规体系建设。我国的宪法为社会救助设定了基本的原则,但有关社会救助的具体内容安排分散在不同的法规、规章和规范性文件中,而且有的救助制度仅通过"通知""意见"等实施,这导致社会救助相关规定的效力较低,难以对其基本原则、类型、管理部门、征信机制和处罚措施等作出统一规定,造成了相关部门对社会救助理解不一致、责任不明确,管理机关和管理人员违规及申请人蓄意骗保等行为。因此,加快社会救助法制化进程十分必要。实际上,早在 20 世纪 80 年代初探索农村社会保障制度时,就有了关于社会救助立法的呼声。1994 年,八届全国人大常委会把《社会救济法》列入了立法规划当中,后来几经讨论又将其更名为《社会救助法》,根据目前社会发展需要,尽快出台《社会救助法》已成当务之急。立法中应注重城乡统筹,打破城乡藩篱,城乡统一适用,中央政府要起草城乡统筹的最低生活保障条例、医疗救助条例、住房救助条例、司法救助条例专项救助等法规。对制度基础和实践经验比较成熟的最低生活保障制度、农村五保供养、自然灾害救助等作出具体规定,对教育、医疗、住房救助制度等还在探索阶段的救助作出原则性规定。要明确社会救助的基本原则、救助对象、救助种类、救助标准、救助程序、救助机构、资金筹集和监管、救助法律责任等,明确政府及有关部门、社会组织等在社会救助中的职责,明确各级政府在社会救助中的资金保障职责,明确被救助对象的确定程序、被救助对象的权利和义务,依法约束管理机关和管理人员及被救助人员的行为。

　　(二)完善农村社会救助资金筹资渠道,适时提高社会救助保障水平,实行城乡一体化的社会救助体系。在城乡统筹发展过程中,社会救助作为城乡居民最基本的生存保障,理应走在统筹发展的前列,并逐步实现城乡的均等化发展。因此需要不断加大财政对农村社会救助的投入力度,并积极扩展其他筹资渠道,为农村社会救助水平的提高、城乡差距的缩小提供资金保障,具体可从以下几方面着手。一是合理确定中央和地方政府的事权和支出责任,建立各级财政投入持续增长机制。中央政府主要负责确定救助标准、进行社会救助宏观管理和监督,省、市、县等各级地方政府则一般负责具体管理事宜。根据国情和贫困地区的区情,合理确定各级财政分担社会救助资金的比例,经济发展水平比较高,财政负担能力较强的地方财政,负担比例要稍大一些;财政负担能力较弱的地区,中央政府的负担比例要大一些。另外随着经济发展,要保证社会救助财政投入不断增长。二是积极拓展社会救助资金筹集渠道,建立以政府财政资金为主、社会民间资金为辅的多元化筹资机制。充分发挥民间慈善组织的作用,借助社会力量,促进社会捐助活动的有序发展,鼓励民间组织参与社会救助及其配套资金的筹集,帮助贫困家庭维持基本生活,尽早走出困境。三是适时提高农村社会救助水平,缩小城乡社会救助水平差距。在不断提高社会救助财政投入时,要适当向农村地区倾斜,根据经济发展情况、财政承受力以及居民消费水平等指标确定农村的救助标准,随着这些指标的不断提高,社会救助水平也要同步增长。

(三)健全农村社会救助工作体系,提高规范化、科学化管理水平。我国社会救助事务被分割在多个部门,涉及民政、卫生、人社、教育、住房和建设、慈善等等,没有全国统一的监督管理和经办机构,不利于农村社会救助的信息沟通、经验交流、资源协调和管理监管。因此,应加大各职能部门间的协调力度,整合社会救助资源,尽可能将各项救助归并到综合性的社会救助管理机构负责监督管理,可考虑在地方各级政府成立社会救助工作委员会或社会救助局,整合各部门和社会各界的救助政策和措施等社会救助资源,促进救助法规和政策的配套衔接,监督管理并承担综合规划社会救助体系发展的任务,提高救助资金使用效果,避免重复救助和救助错位。另外,还要加快农村社会救助人才、信息、平台等配套设施的建设力度。招考相关部门公务员时,向社会保障和社会工作专业以及有基层工作经验人员倾斜,加强已有社会救助工作人

268

员培训工作,促进社会救助类社团和基金会等民间组织的发展,发展民间救助队伍;推进社会救助手段信息化,建立全国联网的信息管理系统,实现申请救助对象在就业、就学、就医、住房等方面的信息共享,实现申请、审核、审批工作流程网上传输,充分发挥信息资源的整体效益,提高救助的及时性和有效性;建立乡镇(街道)救助平台,保障工作场所和工作条件,统一受理困难群众的救助申请,进而实施统一救助,确保事有人管、责有人负。

三、逐步解决失地农民和进城农民工的社会保障问题

(一)失地农民的社会保障问题。失地农民是指国家因法定原因而征用、征收农村集体土地所造成的无地或少地的农村居民,农民工是在城镇务工的具有农村户籍的劳动者,两者都是我国工业化和城市化进程与传统二元结构中户籍制度冲突的结果。由于工业化和城市化进程的推进,农村集体土地被大量地征收征用,也就是产生了失地农民;同时,大批农村剩余劳动力进城务工经商,就出现了农民工。两者产生的原因不同,但均来源于农村人口,大多文化水平较低,缺乏专业技能,在市场竞争中处于不利地位。大部分失地农民在失去赖以生存的土地之后,仅能得到维持几年生活需要的较低的补偿,就业、养老等方面的保障缺失;农民工虽然生活在城市,但处于城市社会的最底层,大多从事工业、建筑业、餐饮业、服务业和个体经营等非正式或边缘职业,在城镇期间遭遇就业、生活风险时,大部分得不到相应的保障。从城镇化加快发展和城乡一体化的需要来看,建立健全的失地农民和农民工社会保障制度尤为必要。

失地农民在土地被政府强制征用或征收后,在补偿标准较低的情况下,只能依靠出卖劳动力来维持生计,但由于失地农民本身

文化素质偏低、劳动技能水平低下,收入的不稳定性和不确定就难以避免,如果没有相应的社会保障,会对社会稳定和经济发展构成威胁,应该引起政府的高度重视。总体来看,我国传统的社会保障制度体系建立在城乡界限和所有制界限的基础上,城乡参保机会不均等,目前还没有将失地农民完全纳入到城镇居民社会保障体系之中,参加最多的是新型农村合作医疗和城乡居民养老保险,但由于制度不成熟,还存在许多问题。失地农民成为游走在城市和乡村间的边缘群体,既不能以城镇居民的身份参加社保,又失去了农民所赖以生存的土地。因此,应不断完善失地农民的社会保障体系建设,满足其失地后的生活和就业需要。

首先,要提高被征用土地的补偿标准。为避免政府强制从农民手中低价拿地,再以优惠价格转让给开发商或投资者,应完善土地交易制度和交易规则,通过建立土地市场等方式,形成真正反映农村土地价值的补偿标准,既要考虑土地的市场价格,也要考虑住房和劳动的损失,适当加大征地补偿的幅度和范围,最低应以集体建设用地形成的市场价格作为补偿标准。同时,在征地过程中,引入民主协商机制,让农民参与土地交易价格谈判与土地收益分享,采取措施保证补偿款总额到达失地农民手中。其次,改变一次性的货币补偿方式,建立起多样化的安置模式。增加专门针对失地农民的就业培训,鼓励有条件有能力的失地农民自主创业,增加对吸纳失地农民企业的税收优惠,也可借鉴采用土地入股等方式,促进农民的就业和生存问题的解决。再次,构建适合失地农民的社会保障制度。要根据各地的实际情况为失地农民建立和完善就业、养老、医疗、子女入学、住房、法律服务等方面的保障,可将社会保障作为征用土地的前提,以形成合力促进此项工作的实施。第四,改革土地产权制度,严格限定政府的征地范围。应当在现有

30 年土地使用权基础上,赋予农民享有依法转让、出租、抵押的权利,允许农民在一定范围内与城市用地者直接进行交易。对政府的征地范围进行具体界定,只有在通过市场运作不能满足公共需要时,政府才有权强制获得土地。

(二)农民工的社会保障问题。农民工在城市务工和生活的风险都比较大,工伤和失业对农民工在城市可持续发展影响最大,所以对农民工而言,最需要的是工伤保险和失业保险。根据相关法律、法规,农民工有权利要求用人单位提供包括工伤保险、医疗保险、养老保险、失业保险等在内的社会保险,这也是用人单位的法定义务。但从现实情况看,企业以追求利益最大化为最终目标,在相关立法缺失的情况下,很难有缴费的动力,农民工也缺乏维护自身权益的意识和能力,致使农民工在城市中参与社会保险的比例较低,即使可以享受到保险,待遇也较低,基本没有享受到失业保险和生育保险,医疗保险、工伤保险保障能力有限。除社会保险,农民工也基本被排除在社会救助和社会福利范围之外,不能与城市居民平等地享受廉租房、健康体检、子女入学等社会福利。随着农民工数量的不断加大,农民工的社保问题日益突出,必须要正视并有效解决。首先,加强对农民工社会保障法律的宣传,提高农民工对社会保障重要性的认识。加强对农民工有关社会保障和相关法律的宣传,使农民工对其有更深入的认识,懂得维护自身的权益;完善农民工社会保障的法律援助体系,为农民工维权提供帮助。其次,根据流动性不同,建立分类的保障。我国农民工群体数量庞大,形式多样,短期内难以进行统一管理,可根据不同的情况分别建立不同的保障。对有固定职业和住所并打算长期居住的农民工,可纳入到当地城市的社会保障体系;对不具有固定职业和住所,但长期在城市务工的,可根据居住年限给予适当的保障;对短期务工的,仍适用农村社会保障体系。再次,优先解决农民工急需的社会保障项目。在完善农民工的社会保障体系时,应按轻重缓急首先解决农民工迫切需要的保障项目。目前,对于农民工而言最迫切需要得到解决的是工伤保险制度,因为大部分农民工从事高风险、高强度的工作,很容易在工作过程中遭受工伤事故。然后是医疗保险和养老保险,增强农民工负责医疗费的能力和养老能力。第四,加强对农民工的职业培训。提升农民工的工作技能,帮助其进行职业规划,提高其抵御各种风险的能力,同时改善其生存状况。第五,从长远来看,要彻底打破城乡二元结构,建立城乡统一的社会保障制度,取消户口限制,改变农民工的身份,使农民工与城市居民享受同等的就业、教育、医疗、住房、养老等方面的待遇。

(三)户籍制度改革问题。2014 年 7 月 30 日,《国务院关于进一步推进户籍制度改革的意见》(下简称《意见》)公布,改革目标是,到 2020 年,努力实现 1 亿左右农业转移人口和其他常住人口在城镇落户。《意见》的亮点一是取消农业户口与非农业户口性质区分和由此衍生的蓝印户口等户口类型,统一登记为居民户口;二是建设和完善覆盖全国人口、以公民身份号码为唯一标识、以人口基础信息为基准的国家人口基础信息库;三是以居住证为载体,建立健全与居住年限等条件相挂钩的基本公共服务提供机制,如子女在当地接受教育的资格;人口 500 万以上的城市实行积分落户政策。这一切将有利于公民基本公共服务均等化的推行。真正让转移到城镇的农业人口享受国家统一的基本公共福利,将农业转移人口及其他常住人口纳入社区卫生和计划生育服务体系,提供基本医疗卫生服务;把进城落户农民完全纳入城镇社会保障体系。实现全国统一的社会保障制度,也将有利于全国各地通过优化环境,促进当地经济持续健康发展。户籍制度改革将为最终建立全国统一高效的人力资源市场扫清障碍,有利于人力资源全国范围内优化配置,它对于在市场规律作用下,根据地区发展战略和各自需求,推动人口理性和合理流动的作用明显。这既是区域经济持续稳健发展的基本保障,也是推进新一轮新型城镇化的机制保障,对于打破城乡间的制度壁垒,推进城乡统筹发展的意义深远。

四、积极探索完善农村养老保险制度

中国已经进入老龄化社会,养老问题日益突出,城市的养老保障在不断改革中正逐步趋于成熟,保障水平相对较高。在城乡二元体制下,农村养老保障十分薄弱。国务院于2009年9月1日发布了《关于开展新型农村社会养老保险试点的指导意见》,这是继取消农业税和实施新型农村合作医疗之后,国家推出的又一项重要惠农政策,为农村老年人口满足其基本生活需要提供了制度保障。新农保制度实施以来,取得了非常显著地成绩,目前已基本实现全国覆盖,但由于发展时间较短,仍存在一些问题,需要对其进行进一步的完善。2013年中央一号文件也提出,"健全新型农村社会养老保险政策体系,建立科学合理的保障水平调整机制,研究探索与其他养老保险制度衔接整合的政策措施"。

根据《关于开展新型农村社会养老保险制度试点的指导意见》,要在农村建立以"保基本、广覆盖、有弹性、可持续"为主要特点的新型社会养老保障制度,实行个人缴费、集体补助和政府补贴相结合的形式,养老保险待遇由基础养老金和个人账户养老金组成,政府财政部门支付全额基础养老金的最低标准数额,对参加新型农村社会养老保险的农村居民,符合国家规定条件的,可按月领

取新农保养老金待遇。从运行的实际情况看,当前的保障水平还较低,与城市差距很大,新农保并没有有效地改善城乡社会保障的巨大差异,无法满足农民养老的最低需要,只能是以家庭养老为主。从筹资模式看,许多地区地方政府和集体经济组织没有进行补助的能力,政府补贴很少,积累的基金主要来自个人缴费,但由于缺乏相应的缴费激励,参保人往往选择最低档次和最短时限来缴费,最终使得筹资水平较低。另外,目前实施的新农保由人力资源和社会保障部门管理,普遍缺乏独立的专业监督机构,不能有效保证基金不被挤占、挪用,不能有效保证新农保基金的保值、增值,直接影响到农村居民对新农保的信任感。因此,要是新农保能够实现可持续发展,有效保证农民的养老需要,缩小与城市居民的养老差距,还必须要对其不断地进行调整和完善。

首先,做好新农保相关工作人员的培训工作,积极宣传新农保政策。各级地方政府要积极引导相关工作人员学习有关新农保的各项政策规定,熟练掌握业务知识;并以通俗易懂的方式向农民宣传,与农民互动,引导农民积极参保,听取农民的意见、建议,及时发现新农保运行中存在的问题,探索形成切实可行的政策建议,促进新农保制度的完善。

其次,完善立法责任,增强新农保制度运作的稳定性。在缺乏法律效力的情况下,新农保的各项规定在执行中势必存在随意性和不稳定性,因此应以法律法规规范各级政府及相关职能部门的职责,打消农民的各种顾虑。可在现有的《社会保险法》的基础上,制定专门针对农村居民养老的《农村社会养老保险条例》,明确新农保的主要内容、遵守的原则、监督机构及管理体制等,在此基础上,各地区再根据本地区农村具体情况,细化操作办法。

再次,实时提高财政补贴标准,不断提高新农保养老金保障水平。中央政府要适时提高基础养老金标准,地方政府则应该制定适合本地区的相关政策,不断提高个人账户补贴标准,增加预期的农民未来养老金发放额度,增强农民参保的积极性。在财政资金有限的情况下,各级政府要合理安排财政支出结构,不断加强社会保障体系建设。社会保障支出也要向农村倾斜,保证新农保资金的供给。在财力得到保障的情况下,逐步提高保障标准,从长期来看,新农保保障水平应向城镇职工养老保险水平看齐,使农村居民能获得均等的养老保障。

第四,完善"个人缴费、集体补助和政府补贴"的筹资模式。为保证各级政府切实加大补贴的力度,要明确各级财政对新农保补贴增加的分担比例。中央财政补贴增加额度要保证不低于财政支出增长速度;省市一级财政实力较强,可适当多分担一些,避免财政补贴资金过分依赖县级财政;财政资金充裕的县,县级财政可多承担一些责任,财政紧张的县,可少承担一些责任;对达到一定条件的村集体,也要明确其补贴额度;鼓励其他社会经济组织、公益组织、社会成功人士为参保人缴费提供资助。在保证政府补贴和集体补助的同时,适时调整新农保养老金缴费规则。随着经济发展和农村居民人均纯收入增长,可适当扩展新农保的缴费档次;为了鼓励农民缴费,对于缴费档次高,缴费年限长的农民,要明确政府的激励机制。

第五,要拓宽筹资渠道,实现新农保基金的保值增值。新农保基金除来自于政府、个人和集体外,还可以考虑从其他方面筹集,如可来自部分国有企业收入、福利彩票发行收入等。在确保资金筹集的同时,还要努力实现新农保基金的保值增值。建立严格的监督监管机制,对新农保资金各环节严格把关,防止被挤占、挪用、贪污或浪费。在保证基金安全的基础上,可借鉴国外一些先进经验,对新农保基金进行投资运营,短期内可考虑购买各类债券,长期可考虑开发收益较高的投资项目。同时,要规范新农保基金的信息披露,让参保人参与监督,掌握资金的投资、收益和分配情况。

第七节　规范政府采购制度,促进城乡经济社会的协调合理

政府采购,是指各级政府包括各级政府机关、事业单位和团体组织,为从事日常的政务活动或为了满足公共服务的目的,利用国家财政性资金和政府借款购买货物、工程和服务的行为。政府采购是总称,不仅是指具体的政府采购过程,而且包括政府采购政策、采购程序、采购过程及采购管理,是一种对公共支出和公共采购管理的制度,是一种政府行政管理行为。完善、合理的政府采购,对社会资源的有效利用、财政资金的使用效果起着很大作用,是财政支出管理的一个重要环节,是实现财政支出包括财政支农目标的重要手段。显然,政府采购的主体是政府,是一个国家内最大的消费群体,随着政府支出规模的扩大,政府购买力日益增加。据统计,欧共体各国政府采购的金额占其国内生产总值的14%左右(不包括公用事业部门的采购);美国政府在20世纪90年代初,每年用于货物和服务的采购就占其国内生产总值的26%—27%,每年有2000多亿美元的政府预算用于政府采购。因此,政府采购规模的大小,采购结构的变化对社会经济发展状况、产业结构以及公众生活环境都有着很大的影响。从财政的角度看,政府采购的作用主要有:一是优化财政支出。理论上讲,政府采购是一种市场化、规范化的政府行政活动的制度设计。它将政府行政活动中的资金使用过程置于社会公众的监督之下,有利于保证财政支出的

合理、节约、有效使用。从国际经验来看,实行政府采购一般可以使资金节约率达到10%以上。二是实施政府宏观调控。由于政府采购对社会经济有着其他采购主体不可替代的影响,在现实经济生活中,政府采购已成为各国政府经常使用的一种宏观经济调控手段。各级政府在其行政过程中,通过政府采购实现保护辖内环境、促进辖区内产业优化、扶持不发达地区、支持中小企业发展等政策。三是把"有形的手"和"无形的手"的结合。政府采购使政府正常运转所需要的货物、工程和服务,通过公开招标、竞争性谈判等方式,按市场经济的运行规律进行。这不仅有利于政府宏观调控目标的实现,也可以促使相关企业不断提高产品质量,提高服务质量,提高产品竞争力等。当然,实行政府采购也有利于遏制腐败现象的发生。腐败对党和国家的发展影响极大,治理腐败需要从源头上抓起。许多案例表明,政府财政支出中的钱权交易是滋生腐败的主要形式。因此,通过政府采购制度约束,可以对腐败现象防患于未然。

在城乡统筹发展过程中,政府采购也有用武之地。第一,以政府采购促进支农资金使用效率。结合预算管理制度改革,积极推行国库集中支付制度,不断完善政府采购制度,对财政支农项目和大宗涉农物资、设备实行公开招标制度,增大政府决策的透明度,借助专家的智慧和市场竞争机制,提高财政支农资金的使用效率,增强政府公信度。

第二,以政府采购体现政府导向。在政府采购(包括对消费品和新产品、新技术的采购)的招投标过程中,应体现在节能减排等政策上的政府表率作用,体现对科技创新、科技成果转化的支持,形成对财政支农政策的配合和支持。

第三,设立政府采购岗位。建立对特定服务或工作岗位的政府采购制度,如对农村尤其贫困地区中小学教师岗位、医疗卫生岗位、科技推广岗位等进行政府采购,实行"两高、两好、一灵活"政策,即学习期间的高补贴;工作期间的高工资;在岗期间的好政策,如职称评聘、家属就业、子女就学等,好待遇,如工资标准以及相对灵活的工作年限等。引导大学以上科学教育人才到农村相关岗位就业。这样既可以满足相关部门对人才的需求,又可以充分体现政府对农村、农业的支持,体现政府的就业导向。

第九章　推进城乡统筹发展的税收政策建议

税收政策是国家影响或调节经济社会的重要工具,可以从多方面对统筹城乡发展发挥积极的推动作用,引导人、财、物在城乡之间进行合理配置。我国目前的税收制度虽然经数次调整,并全面取消了农业税,但仍具有城乡二元税制结构的特征,妨碍城乡的融合、良性互动及社会经济的协调发展。因此,有必要对城乡税收政策进一步进行调整,形成以工促农、以城带乡的政策体系和体制机制。

第一节　城乡税制一体化,体现城乡统筹发展目标

城乡税制一体化,就是要实行城乡统一的税收制度,改变城乡二元税制结构,也使各税种的征税范围涵盖城乡,在城乡适用同样的税种,不再单独设置专门适用于城市或农村的税种。城乡税制一体化是改变经济资源从农村向城镇单向转移,繁荣农村经济的必由之路,是逐步推进城乡一体化、实现城乡统筹发展的重要战略举措。2006年1月1日起,在全国范围内全面取消了历经数千年的农业税,这是我国城乡统一税制的良好开端。但是,作为农业大国,农业税的取消使得以农业、农村以及农民的名义税收缺失的同

时,实际上广大农村居民仍然因为消费商品和劳务而负担着转嫁来的税负。这些间接税的税收负担既是不合理的,也是不科学的。因此,从长期来看,随着我国社会经济的不断发展和城市化水平的提高,要逐步将农民纳入国家统一的税收体系中,建立起符合中国国情的现代税收制度,使农业、农村、农民融入到城乡一体化发展的格局当中。城乡税制一体化,是实现城乡统筹发展,构建和谐社会,明确农民的税收负担,提高国民纳税意识,协调政府与国民之间的利益关系所必需的。

一、明确农民纳税人地位,体现城乡居民同等国民待遇原则

国民待遇原则是指在民事权利方面,一个国家给予在其国家境内的外国公民和企业与其国内公民、企业同等经济政策方面的待遇。国民待遇原则是我们在入世前后经常提到的概念,是世界贸易组织对其成员国的基本要求,是其最惠国待遇原则的重要补充。就其实质内容而言,国民待遇原则不只是国家间经济交往中必须遵守的原则,也是对现代国家的要求,要求现代国家给予其全体国民以相同的平等的待遇。国民待遇原则是实行市场经济的基本条件,是市场经济条件下社会成员间平等竞争的基础。在现代社会中,国民的公平、民主意识日益浓厚,所有社会成员都有被给予同等社会地位、享有同等国民待遇的追求和希望,包括城市居民和农村居民。这种国民待遇包括政府提供的各种经济政策待遇,各种社会福利待遇,也包括各种作为行使权利前提的政策规定,比如纳税和缴费等。

(一)明确农民对我国税收的贡献。事实上,农民一直是我国税收的主要创造和提供者。无论是从战争时期的支前公粮小车队,还是新中国成立后的农业税以及国家从农民手中集中的收入,

都是当时国家社会经济发展的重要财力和支撑力量。即使在农业税取消之后,农民也并没有完全与国家税收脱离,仍然以隐形税收形式为国家作出了可观的贡献。

(二)加大现有各种税法的宣传力度。在我国现行税收制度中,不少税种其实是已经将城市和农村、城市居民和农村居民纳入了征税范围之内的。如《中华人民共和国企业所得税法》明确规定:对包括从事农业生产、取得农业收入的各类企业、组织征收企业所得税。但是,考虑到农业经济的特殊性,企业所得税法中又规定了相应的税收优惠条款,对农、林、牧、渔业的经营所得,给予免征或减征企业所得税。实际上,从事农业经营取得的所得是不缴税或者少缴企业所得税的。这就是说,就企业所得税法而言,已经做到了城乡经营企业和组织的国民待遇一致。因此,我们应该通过各种各样的税法宣传,让广大纳税人尤其是农村企业和组织的纳税人知道这些规定。

二、逐步统一城乡税制,消除二元经济结构的财政基础

财政税收是国家治理的基础和支柱,是财政收入的主要来源,财政收入主要是财政支出的前提和基础。显然,要改变城乡二元经济结构,真正使城乡经济社会协调发展,应当逐步解决城乡二元税制结构,按照以城镇化带动城乡经济协调发展的要求,逐步建立城乡统一税制,消除二元结构的财政基础,通过税收逐步消除城市偏向,引导城乡经济协同发展,为实现我国城镇化战略目标创造条件。

(一)统一城乡税制的原则。首先,要遵循公平税负原则。城乡税制的统一必须以税收的公平为前提。税收公平包括横向公平和纵向公平,即具有同等纳税能力的人同等纳税,具有不同纳税能力的人纳不同的税。我国农民属于国民中的弱势群体,与城市居民相比,在就业、社会保障、接受教育等方面存在较大的差距,在创造收入上很难平等竞争。农业与其他行业相比,属于弱势产业部门,收益率低下,自我积累能力差。因此,在税制设计上必须体现这些差距,要通过改革,逐步取消不符合社会主义市场经济要求的税种,合并重复设置的税种,适时开征新税种,使税制得到简化、结构得到优化,营造平等的税收环境,避免因税收制度、政策的不公平而扭曲市场竞争机制的运行,更好地发挥税收的调控作用,消除多年来二元税制给农民带来的不公平的税收待遇,促进纳税人之间的平等竞争和城乡经济社会的协调发展。这是统一城乡税制的基本原则。第二,要遵循量能负担原则。量能负担原则是税制的基本原则之一。税收是政府对社会产品进行再分配的工具。因此,量能赋税就成为一个税收制度是否完善合理的重要标志。量能原则就是要综合考虑纳税人的经济状况和实际负担,对经济能力或纳税能力相同的纳税人征收相同的税款,对经济能力或纳税能力不同的纳税人征收不同的税款,使城乡之间经济能力不同的纳税人税收负担与其纳税能力相适应,实现纳税人之间的税负水平相对均衡,使纳税人的税收负担与其经济状况相一致,从而促进经济公平和社会公平。第三,要遵循效率原则。效率原则是指以尽可能小的税收成本取得尽可能大的税收收益。税收收益不仅包括取得的税收收入的数量,还涵盖因税收的调控带来的产业结构优化、资源配置效率的提高、促进社会经济稳定发展所产生的间接效益。城乡税制的统一必须坚持效率原则,税收制度要科学简便,税款征收要讲求效率,最大限度地节省征纳双方的费用,彻底解决农业税长期以来存在的税收效率低下的突出问题。通过税收调控,更大程度地发挥市场在资源配置中的决定性作用,促进社会资源产生最大的效益,实现城乡经济社会的协调发展。第四,要遵循法制化原则。当前农村税制中的主要问题,关键在于税费混乱,缺少必要的法律约束。因此,在统一城乡税制过程中,首要的问题是要依法定税,依法定费。同时,要立法明确各级政府之间事权和财权的划分及转移支付框架,确保各级政府的收入和其职责相对应。

(二)统一城乡税制的总体思路。农村税制建设要在现有税制的基础上,按照完善社会主义市场经济体制的要求,从简化税种、统一税制、公平税负着手,合并重复设置的税种,适时开征新税种,使税制得到简化、结构得到优化,建立起多层次、多环节调节的城乡统一的税制体系。包括:对进入市场的农产品征收增值税;对农业生产者的收益征收所得税;将房产税、土地使用税的征税范围扩大到农村;适时开征环保税、社会保障税、教育税等新税种,从而形成以增值税和所得税为主体,以财产税为补充的多层次、多环节调节的城乡统一的税制体系。

三、梳理我国现有税制体系,适度归并调整税种

纵观发达国家税收制度,不难发现许多发达国家都是实行城乡统一的税制,不实行对工商业、农业的区别对待,而是分别设计不同种税一起征收,体现了全体社会成员的国民待遇和各行各业税负的公平性。在统一的税制下,农民的税收负担与城市居民一样,按其经济活动的属性分别按照各自适用的税种缴纳税款。而且,对进行农业生产和销售农产品一般征收流转税,如英国、法国、德国、西班牙等,都是对农业生产和销售征收增值税;对农业生产者收入超过规定的起征点后,按规定缴纳个人所得税;如果是以企业形式经营的农业企业,其取得的所得则缴纳企业所得税或法人所得税;对拥有土地所有权的农民,则需缴纳地产税。

自 2006 年取消农业税后,我国现行直接针对"三农"的税种仅有耕地占用税和烟叶税,其他涉农税收包括增值税、所得税、营业税、消费税等。这与城市实行的以增值税、营业税和所得税为主体的体现现代市场经济发展要求的工商税收体系已经有所接近。但是,在纳税人身份确定,在征税范围和征税对象的确定,在税收优惠形式的使用等方面,还有许多需要改进之处。从大的方向说,应根据公平、效率原则和公共财政理论的要求对现行税收制度进行梳理,逐步统一城乡税制。首先,城乡统一税制的方向应定位为以流转税和所得税为主体的复合税制,同时,需要加强涉农税收的制度基础,包括以增值税为主体,完善农业土地资源税、农业土地使用税、个人所得税、农业收益所得税等。其次,在逐步实现城乡统一税制下,对农业、农村、农民的支持要通过税式支出体现,且税式支出应该制度化,避免随意性。当然,也需要积极推进分税制财政管理体制的完善,为户籍制度和农村土地制度改革提供必要的财政支持,从而为城乡一体化建设提供资金上和政策上的支持。应该按照城乡发展统筹、城乡居民平等的考虑,按照建立公共财政体制和现代税制的要求,以公平和效率为基本原则,统一我国的城乡税制,使农民取得与其他社会成员平等的纳税地位,解决农业税收的"真空"问题。

目前,在我国现存的 19 个税种中,关税、船舶吨税两种在进出口(关境)环节征收,房产税、城镇土地使用税两种专门针对城市征收,烟叶税一种专在农村征收,耕地占用税征税基本在农村、少数在城镇,其余 13 个税种,包括增值税、消费税、营业税、车辆购置税、企业所得税、个人所得税、资源税、城市维护建设税、土地增值税、契税、车船税、印花税、固定资产投资方向调节税(现保留税种,暂停征收)征税面已覆盖城乡,但其中有一些在农村事实上并未征收。因此,为建立城乡统一的税制,对专门面向城市或农村的税种需要归并,对于在城乡统筹发展上存在问题的一些税种需要进行调整。

(一)扩展增值税征收范围。按照《增值税暂行条例》和有关文件规定,农业生产者(包括从事农业生产的单位和个人)销售的自产农业产品(包括种植业、养殖业、林业、牧业和水产业生产的各种初收产品)免征增值税。农业生产单位和个人销售的外购的农业产品,以及外购农业产品生产、加工后销售的仍属于上述农业产品的,应当按规定税率征收增值税,不属于上述免税范围。农业生产单位和个人用自产的茶青再经筛分、风选、拣剔、碎块、干燥、匀堆等工序精制而成的精制茶,不得享受农业生产者销售的自产农业产品免税的待遇,应当按规定税率征收增值税。批发和零售的种子、种苗、化肥、农药、农机免征增值税。这就是说,我国对自产自销的农产品是免于征税的。但是,从世界范围看,大多数开征增值税的国家,特别是发达国家一般都将自产自销农产品纳入增值税的征税范围。我国增值税之所以对自产自销农产品给予免税,是出于原来对农产品征收农业税,为避免重复征税而设计的政策。在农业税取消后,应将这部分农产品纳入增值税征税范围。这样,可以使增值税征税链条完整,体现工农业的同等待遇。考虑到我国农业生产效率较低,可采用较低的优惠税率,对农业投入品仍实行零税率,对从事农产品生产加工的,适用一般规定的增值税率。

(二)动态调整消费税征税项目。应根据经济发展的要求和国家产业政策的需要,动态地对消费税的税目进行调整。将原来征收农业特产税的烟叶改征消费税,达到简化、统一城乡税制的目的,对于改征后减少的地方税收收入,可通过转移支付等办法解决;通过增加税目和提高税率,增加对不利于环境保护的消费品征税;将部分高档服务消费行为和一些新出现的奢侈品纳入消费税征收范围;降低与农业生产相关产品的消费税率,如农用汽油、柴油等,以体现对农业现代化的支持和推动。另外,对一些已具备条件的消费品,如成品油,可考虑由生产环节转到消费环节征收,并划归地方所有,适当增加地方财政收入。

(三)调整所得税有关政策条款。从长远来看,对农业生产者应根据其经营和收益的不同情况,分别征收企业所得税和个人所得税。因此,我们可以考虑,一方面,继续保持和加大对农业企业的减免优惠政策。对涉农企业,如国有农场、集体农业生产组织、股份制农庄、农业合作经济组织以及公司型农户等,从事种植业、养殖业等生产经营活动的,以生产经营所得为依据征收企业所得税。但考虑农业具有弱质性,受自然环境影响较大,经营风险性高,可拓宽其纳税所得额的扣除范围,并给予减免税的优惠,减轻农业企业负担,提高其设备更新和增加科研投入的积极性,提高农业的现代化水平。

另一方面,按照国民待遇原则,凡符合个人所得税纳税条件的个人都应当缴纳个人所得税。农民作为一个重要的社会阶层,当然应该有缴纳个人所得税的义务。按照国税发〔2004〕13 号文件规定,个人或个体工商业户从事种植业、养殖业、饲养业和捕捞业,其经营项目属于农业税(包括农林特产税)、牧业税征税范围的,其取得的上述"四业"所得暂不征收个人所得税。2006 年取消农业税及农业特产税后,上述政策并没有适时进行调整。显然不符合税收公平和国民待遇原则,及时调整个人所得税纳税人范围的相关政策,逐步把农民尤其是一些专业大户纳入其中。可以将农业专业大户、农业合作组织等作为纳税单位,综合考虑农民的工资性收入、家庭经营收入、财产性收入等,设计适当的费用扣除标准和税率。

(四)改革完善房地产税制。城市房地产税的基本税法是国务院于1951年8月颁布的《中华人民共和国城市房地产税暂行条例》。1984年进行利改税时,国务院决定将城市房地产税划分为房产税和城镇土地使用税两个税种,对内资企业和个人征收。对外商投资企业和外国企业继续征收城市房地产税。根据《中华人民共和国城镇使用税暂行条例》(1988年施行,2006年、2013年作出修改),土地使用税的征税范围为城市、县城、建制镇和工矿区范围内的土地,直接用于农、林、牧、渔业的生产用地免征土地使用税。根据国发〔1986〕90号文件《中华人民共和国房产税暂行条例》,房产税在城市、县城、建制镇和工矿区征收,个人所有非营业用的房产免予征收。2008年12月31日,第546号国务院令宣布1951年8月8日由原政务院公布的《城市房地产税暂行条例》自2009年1月1日起废止。自2009年1月1日起,外商投资企业、外国企业和组织以及外籍个人,均依照《房产税暂行条例》缴纳房产税。

根据上述政策可以看出,我国涉及房地产税的纳税人通常是拥有或使用房产的企业、单位,而对拥有住宅或取得土地使用权的个人往往给予免税。随着住房改革和经济发展,相当比例的居民拥有了商品住房,而且许多居民拥有了多套商品住房,购买住房也成为保值投资的重要手段,这成为拉大居民贫富差距的重要因素。因此,应当对目前这种税收政策进行调整,在全国范围征收土地使用税和房产税,最终建立城乡统一的房地产税制,以适应市场经济发展的需要。

具体来讲,可将城镇土地使用税与耕地占用税合并,改为土地使用税,在全国范围内征收,同时对闲置土地可加收特别税和土地增值税。对于农村土地,按照用途可以分为农业用地、商业用地、房屋用地,鉴于农民收入水平还普遍较低,与城市差距还比较大,为减轻农民负担,农业用地和农民宅基地应当免税。

对房产税,其征收范围也要扩展到全国,覆盖城乡,对企业、单位、个人房产都要征收。对重庆、上海两地的个人房产税试点要积极总结经验,不断进行完善,尽快覆盖到全部存量房产,制度设计上区别城乡,考虑恰当的免除标准,对居民的基本住房需求免于征收,同时实行有幅度的比例税率。在条件具备时,可将土地使用税和房产税合并为房地产税,根据土地和房屋价格总额,通过评估确定缴税额度。

(五)调整城市维护建设税。城市维护建设税是对从事工商经营,缴纳消费税、增值税、营业税的单位和个人征收的一种税,随"三税"同时附征,本质上属于一种附加税,无论纳税人在城镇,还是乡村均需缴纳。这是1984年工商税制全面改革中设置的一个新税种,1985年国务院发布《中华人民共和国城市维护建设税暂行条例》,并开始施行。1994年税制改革时,保留了该税种。2010年国发〔2010〕35号文件规定,将城市维护建设税征收范围扩展到外商投资企业、外国企业及外籍个人,消除了内外差别。城市维护建设税的开征及修订,在一定程度上弥补了我国城市建设和维护方面的资金不足,对加快城市基础设施建设和改善居民生活环境起到了积极作用。但是,对于促进城乡统筹发展来讲,显然有许多需要修改之处。

具体来讲,现行的城市维护建设税不仅在城市范围内征收,而且在县城、建制镇以及其他地区范围内同样征收,征税范围与其名称不符。城市维护建设税以纳税人所在地行政区域不同设置不同税率,其中市区为 7%、县镇为 5%、其他地区为 1%。这就存在税率确认上的困难和税收征管上的困难。因此,从城乡统筹发展的角度出发,可考虑将城市维护建设税从税种名称到各税制要素,包括征税范围、纳税人、计税依据和税率等进行彻底改革,从而较多地增加城市和农村建设资金的来源,为城乡统筹发展提供财力支持。

第二节　建设分层地方税体系,增强地方政府城乡统筹能力

由于我国长时期的城市偏向,导致城乡发展失衡。因此,推进城乡统筹发展,最根本、最紧要的任务是促进农业发展、提高农村居民收入、逐步完善农村的各项基本公共设施,最终实现提高农村居民生活水平,由此使城市和农村之间经济社会协调发展,而这一切离不开政府尤其是地方政府的财政支持。从我国各级政府的事权划分来看,农村城镇化发展的大部分事权,如城镇规划、基础设施建设、教育、医疗、社会保障以及公共就业服务等等都属于地方政府。依据事权和财力相匹配的原则,地方政府应该获得足够的财力,保障地方支持农村、农业发展的财力需要,这就必须完善地方税收体系。

一、建立和完善我国地方税体系的总体构想

中央税体系与地方税体系之间有着税源同一性,税种相对独立性,税权平行和交叉性,税收管理相互渗透性的关系。完善地方税体系,就是要求双方在税收立法时相互沟通,在税收征管上加强联手,争创税源而不是争抢税源,逐步形成协调、稳定的中央税和

地方税体系。

（一）建立健全相关法律，为完善地方税体系创造制度环境。第一，建立税收基本法。税权是国家权力的重要组成部分，国家权力由中央和地方来行使。我们应该在宪法中明确国家税权的机关归属，即税收立法权属于人大及其常务委员会，执法权属于财政、税务、海关等机构；在国家立法中明确中央税、地方税以及共享税立法权的分配，即三类税到底分别由哪一级人大及其常务委员会立法。制定税收基本法，对国家税收原则、税收体系、税收制度模式乃至中央税、地方税、共享税的税权划分等问题进行规范；制定地方税收通则，对地方行使税权加以约束，对地方税体系建设进行统筹协调。第二，规范地方收费制度。任何情况下，地方税收都不可能完全满足地方财政需要，地方财政收支缺口始终存在，但要保持一个合理的程度。这是为各国财税实践所证明的规律，也决定了地方收入中一定有收费收入。地方没有应有的税权，这仅仅是地方乱收费行为发生的原因之一。因此，不能将所有收费彻底取消，也不能指望通过赋予地方一定的税权来杜绝地方的乱收费行为。这就要求在赋予地方一定税权的同时，制定国家收费法，规范各级政府及相关部门的收费行为，以避免地方运用所赋予的税权变"乱收费"为"合法"的乱收税。要明确规范收费主体、收费条件、名目、额度、期限等，明确收费的审批机关是各级人大及其常委会。最后，要割断收费数额与收费主体之间的利益联系，抑制收费主体的利益冲动。

（二）科学分配税权，规范地方政府税收征管行为。税收权限的划分和归属是个重大问题。处理不好就会影响税收收入的征收管理，影响税收政策的贯彻执行。所以，在我国必须坚持国家的大政方针要统一，基本的税权要统一。凡是有关国家宏观调控政策、有关经济结构、有关大生产、大流通的税种归中央统一制定。必须坚持政府包括地方各级政府的收入要规范,各级政府的收入均应以税收为主,辅之以其他收入形式。当然,不同级次的政府收入结构可以有区别,如级次高的政府的收入结构中,税收收入比重相应大些,反之则相应小些;而无论其收入结构如何,其各种收入均应是规范的、有法可依的,不能有太大的随意性。

但是,由于我国幅员辽阔、各地经济社会发展不平衡,只强调统一是不行的,必须在大政方针统一的前提下,给地方政府一定的权限。税收方面也是如此。税权包括税收立法权和税收管理权。给地方政府一定的税收权限,一是给予地方一定的税收立法权。在立法权方面,可以根据税种不同,分别采用由中央立法、中央地方共同立法、地方独立立法三种。对税源流动性较强、其征税对全局影响较大的税种,由中央立法征收;对税源流动性较小、其征税对全局有影响但不是很大的税种,可以考虑由中央立法,同时赋予地方一定的调整权;对全局没有影响或影响不大的税种,对流动性不强或基本不流动的税源可由地方政府自主立法。经中央批准,地方可以结合当地经济和社会发展状况,在本地区开征某些独特的税种。为保持税法的统一透明,地方政府的立法应在国家立法规则的指导下,在约定的范围内,并应有严格的申请审批、备案制度。原则上讲,凡有利于地方政府挖掘当地经济资源优势,有利于地方政府调控当地经济发展的税种,应该由地方政府自主立法。拥有必要的税收立法权,地方才能够因地制宜,依据本地区的税源分布、征税成本、经济特色等等因素来灵活制定本地区的税收政策,有效组织收入和调节经济,使税收政策更具针对性和灵活性。赋予地方必要的税收立法权是与我国地区经济发展不平衡的状况相适应的。二是给地方政府一定的选择主体税的自主权。在统一基本税种的基础上,给地方政府一定的选择主体税的自主权,形成各具特色的主辅搭配的地方税体系。我国和其他国家的经验都证明,各级地方政府所处政治经济环境不同,所承担的政府职能不同。中央政府以宏观调控为主,地方政府以社会管理为主,基层政府则以公共产品和公共服务的提供为主。这在客观上决定了其税种收入结构和主体税的选择不同。一般而言,经济发展速度快,但经济效益还不够好,人均额度少的地区,可以选择以流转税为主体税种;经济发展速度快,经济效益好,人均额度多的地区,可以选择以流转税和所得税为主体税种;资源丰富,但加工能力弱的地区,可以选择以资源税为主体税种。逐步真正实现一级政府、一级事权、一级财权(含税权),各级政府自上而下可以依次选择以流转税、所得税、财产税为主体税种。级次越低的政府,其税源的流动性越小。反之,其税源的流动性越大。就像在市场经济发展过程中,各地要占有一席之地,需要有自己的主打产品一样,在政府运作中各级地方政府也应有自己的主体税种。长远看,地方政府应该以所得税、资源税为主体税,基层政府应该以房地产税等财产税为主体税。三是赋予地方政府一定的地方税税率调整的权力。发达国家的经验表明,无论是集权还是分权,都要赋予地方一定的收入调节权,只是程度大小不同。如同是联邦制,美国采取分权模式,地方财政收入自主能力和调节能力很强。而德国则采取相对集中的模式,州具有税法制定权,市级具有决定地方税率的权力。法国采取集权模式,但也赋予地方一定的收入机动权,包括制定某些地方税率、开征某些捐税的权力。因此,我国在财权尤其是税权方面,也应该给予地方一定的收入调整权。尤其在省管县改革后,一些经济弱县由省直管,更需要省财政要有一定的财力。可以将某些税法的制定权赋予省、市级立法机构。包括开征某些地方税的权力,如开征所得税的附加税、某些地方特产税、财产税等,制定和调整某些地方税的税率,一些税种的减免税权等。

(三)改革税制模式,明确完善地方税体系的方向。发达国家税制发展经验证明,中央和地方的收入体系不同、税制模式也不同。改革税制模式是将我国的"工商税制"模式,即主要对工商企业的生产、经营、流通环节征税的制度,改革为主要对资源、所得和财产征税的模式。因为"工商税制"模式存在两个明显的问题:一是把征税集中在社会财富创造者的工商企业的生产经营过程上,必然影响工商企业创造财富的积极性,进而影响整个社会经济发展速度和规模。二是对企业生产经营前端的资源和环境、后端的收入和财产征税不足,必然导致企业对资源的使用、环境保护不重视,导致税收收入分配调控作用的弱化。通过改革税制模式,适当减少对生产经营过程的征税,适当增加对资源使用、环境污染的征税,增加对收入和财产的税收调控,才符合全面建成小康社会、构建和谐社会的要求。而无论是资源利用还是环境保护,都与地方政府离得更近,联系更密切。因此,改革税制模式,明确完善地方税体系的方向,由地方政府对资源使用、环境污染进行征税,既可以降低成本,也有利于充分发挥相关税种的作用。

(四)理顺税收分配关系,强化地方税的财政功能。第一,加大税收划分的激励功能。对一些较有发展前途,适合作为市县主体税种的,可以由市县独享,以调动其培育税源和加强税收征管的积极性;对一些与地方经济发展联系紧密的税种,也可由市县独享,以调动其发展辖区经济的动力。第二,对于地区间税源分布不均匀的税种,如资源税,应考虑进一步提高省级分享比例,以利于缩小产粮大县与资源大县的财政差距。同时,考虑各地区资源禀赋的差距以及资源价格的上涨,这造成了各地区之间经济发展的差异,拉大了地区间财政分配能力的差距,降低了省级政府的宏观调控能力。所以,应明确资源税的地方税属性,但征收管理权要适当上收至省,以避免形成资源财政的局面。第三,可以考虑省对市县实行差别税收划分体制。即同样的税种,省对设区市高于对县级分享比例,以提高省级政府通过转移支付缩小城乡财政差距的能力。

(五)转变土地财政收入模式,确立房地产税基层政府主体税的地位。从经济学角度看,土地买卖属于供给垄断与需求竞争并存模式。土地财政正是在这种模式下,基于土地等资源的稀缺而形成的。土地财政收入模式有两种:土地出让金收入模式和房地产税收入模式。一般而言,在工业化发展初期,由于地方经济尤其是基层地方经济发展水平较低,而同期财政支出需求较多,土地出让金这种急功近利式的收入会成为地方政府的主要收入形式。但从可持续性方面讲,地方财政应该以房地产税收入模式为主。这就是说,我国应该通过改革现行房地产税制,尽快将地方政府以出让金形式,一次性提前从土地上取得收入,转变为以税的形式逐年取得收入,使地方政府收入持续、稳定且不断增长。

我国房地产税制改革应该明确以下目标:第一,实现地方政府土地财政收入模式的转变。我国土地属于国家所有,土地收益理应由全体人民共享。通过改革房地产税制,将地方政府从土地上取得的收入改为税收方式,让土地收益惠及全民,造福子孙后代。第二,促使房地产市场步入理性发展轨道。房地产价格中含有土地的自然增值部分,这部分增值很大程度上是政府一般公共产品价值的体现。对房地产市场进行调控,是政府尤其是地方政府的职责和使命。而且,房屋既是生活必需品,又是投资品。通过改革房地产税制,对房地产市场进行适当干预,能够促使土地、房屋市场步入稳定持续发展轨道,使社会经济活动更理性、更规范。第三,逐步使房地产税成为地方税的主体税。随着我国经济的快速发展,城市化发展、人口数量增多等,房地产业快速发展和住房紧缺状况将长期并存。通过改革房地产税制,使地方政府能够稳定持续地从土地、房屋拥有环节取得不断增加的收入,形成新的地方主体税种,强化地方政府对社会经济活动的支持力度。

二、建立以省、市、县政府为主体的地方税体系

（一）明确地方事权,以确定合理的收入规模。这是完善地方税体系的前提。就城乡统筹发展而言,中央政府的主要任务应该是从宏观上调控总体发展方向和发展速度,缩小地区间发展水平差距,促进区域间协调发展等等。而各地城乡统筹发展的具体事宜,则只能属于地方政府自身的事权范围。其中,最主要的事权应当包括:地方城乡统筹发展的整体和长远规划,城乡基础设施建设,地方的环境保护,城乡居民保障性住房,城乡居民的养老保障,城乡居民的医疗保障和最低生活保障等,本地区居民的就业和创业培训服务,以及其他基本公共服务等等。有了确定的财力需要,才有组织收入的目标,才能确定合理的地方税收收入规模。从目前的实际情况看,地方税收收入数额少,地方税收收入占国内生产总值、全国税收收入、全国财政收入、地方本级财政收入的比重均偏低。形成地方政府财政困难和行政困难。要依据上述事权划分,利用科学的方法进行测算,确定一个合理的地方税收收入规模。没有财力支持,地方政府就不可能很好地履行其职责。而且,目前地方政府的税收收入和财政收入对共享税收入的依赖程度过高,应当通过优化地方税税制结构和完善地方税主体税种来解决。

（二）在明确事权的基础上,科学设计地方税体系。纵观世界

各国历史和现实,不论是实行联邦制的国家,还是实行共和制的国家,其各级政府包括中央和地方政府作为国家的一级权力机构,都有其相对独立性。在分税制财政管理体制下,自上而下建立以各级政府为主体的税收体系是必需的。美国分别规定了联邦税制体系、州级地方税体系和郡县市级地方税体系;法国严格划分了中央税收体系、省地方税体系和市镇地方税体系;日本的税收体系分为国税、郡道府县税和市町村税。

从理论上讲,研究构建地方税体系绝不是要将地方税体系与中央税体系相对立,而是要在提高对地方税体系特殊性、规律性认识的基础上,使地方各级政府更加精心地运用自己的税权,使中央税和地方税更加协调、完善。如果各级政府立法机关、执法机关,真正认识到地方税体系的地位及其重要性,认识到中央税体系与地方税体系之间的税源同一性、税种相对独立性、税权平行和交叉性、税收管理相互渗透性关系①,就会在立法时相互沟通,在征管上加强联手,就会争创税源,而不是争抢税源。如果各级政府立法机关、执法机关认识到构建地方税体系时,必须遵循兼顾中央与地方利益,兼顾本地利益和其他地区尤其是相邻地区的利益,兼顾当地财政需要与可能的原则,必须遵循讲求效率原则和适应性原则,就会按全国一盘棋的思想去思考地方税体系问题,避免或减少地方保护主义的发生。更重要的是,地方税体系的构建决定权在中央政府,它就像中央政府放出去的风筝,能否飞的高、飞的远,飞多高多远,就在中央政府的掌握。正确认识、科学构建地方税体系不会使国家税收四分五裂,而只会促进国家税收体系的规范和完善。不会使国家税收失去公平和效率,而只会促进国家税收向更加公

---

① 具体见笔者拙文"论我国地方税制度的建议和完善"。

平、更有效率的方向发展。因此,应该明确以省、市、县政府为主体,构建我国分层次的地方税体系,以充分调动各级政府组织、管理税收的积极性,也使政府收入的规范有一个前提。

我国和其他国家的经验都证明,各级地方政府所处政治经济环境不同,所处政府级别不同,所承担的政府职能不同。中央政府以宏观调控为主,地方政府以社会管理为主,基层政府则以公共产品和公共服务的提供为主。这在客观上决定了其税种收入结构不同,也就决定了主体税的选择。就此而言,我国各省、区的地方税主体税可以有以下几种选择:经济发展速度快,但经济效益还不够好,人均额度少的地区,可以选择以货物与劳务税为主体税种;经济发展速度快,经济效益好,人均额度多的地区,可以选择以货物与劳务税和所得税为主体税种;资源丰富,但加工能力弱的地区,可以选择以资源税为主体税种。

这就是说,就各级政府尤其是地方政府而言,自上而下可以依次选择以商品劳务税、所得税、财产税为主体税种。既级次越低的政府,其税源的流动性越小。反之,级次越高的政府其税源的流动性越大。因此,应该在统一全国基本税种的基础上,给地方政府一定的选择主体税的自主权,形成各地区各级次政府各具特色的主辅税搭配的地方税体系。

第三节　科学选择地方税主体税种,
为基层政府提供可靠收入

目前,我国地方税收体系中税种数量较多,但缺乏税源稳定、收入充足的主体税种。尤其是营业税改增值税推行以来,这种状况进一步加剧。这成为导致地方财力薄弱、城镇基础设施落后、基

本公共服务覆盖不全的重要原因。因此,必须在中央和地方政府之间尤其是在地方政府之间合理配置税种,科学选择地方主体税种,确保地方政府能够拥有一些税源相对集中、稳定,税收征管相对便利,收入充足、增收潜力较大的税种作为主体税种。同时,开征一些辅助税种,形成主辅搭配的地方税体系。根据国际经验,能够作为地方主体税的有:财产税,房地产税,销售税,所得税等。

一、主体税种及其选择标准

主体税种,一般是指在税收收入中占较大份额,对经济发展有较大影响的税种。地方税主体税种则是指在地方财政收入中占有较大份额,构成地方税收收入的主体,同时对地方的经济发展具有较大影响或调节作用的地方税种。财政税收的理论和实践表明,作为地方主体税的税种,一般应满足以下几个标准:第一,税基具有一定的广泛性,税源充足;第二,税基具有非流动性,避免纳税人或征税对象为避税而进行跨区流动,使得税收征收成本提高;第三,满足受益原则,纳税人依据所获地方公共服务受益的大小来分摊税负;第四,地方具有税收征管优势;第五,具有适度弹性,税收收入能够随经济增长而适度增加,或相反。在营改增快速推进的大背景下,对地方主体税选择的关注和研究者越来越多。有些专家建议将消费税划归地方,作为地方主体税种;有的专家建议开征零售税,作为地方主体税种;有的专家建议以个人所得税为地方主体税种;还有人建议将房地产税和城市维护建设税作为地方主体税种等。综合分析各种的观点,从城乡统筹发展的角度看,省市县应该分级选择主体税种和辅助税种,以满足本级政府的财政需要。

二、我国地方税主体税种的选择

（一）市县地方政府以房地产税作为主体税种。房地产税是财产税的一种。所谓财产税是对纳税人所拥有和支配的财产征收的税类。按照不同的分类标准，财产税可以分为许多种类。如果按照经济合作与发展组织的标准分类，可以分为不动产税（土地税、房产税），财产转移税（资本利得税、遗产赠与税），财产净值税或财富税；按照征税范围分类，可以分为一般财产税（综合财产税），个别（特种）财产税（土地财产税、土地收益税）；按照征税对象的存在状态分类，可以分为动态财产税（遗产税、赠与税、契税），静态财产税（一般财产税、个别财产税）；按照计税依据分类，可以分为从量财产税，从价财产税（财产价值税、财产增值税）；按照征收标准分类，可以分为财产价值税（财产净值税或财富税，如地价税、房产税），财产增值税（财产收益税或资本所得税，如土地增值税）；按照财产性质分类，可以分为动产税，不动产税；按照征收环节分类，可以分为财产保有税，财产转让税，财产所得税；按照征收的持续性分类，可以分为经常财产税，临时财产税。

财产税的特点是：一是以私有制的确定为前提。二是在国家税收体系中呈现的历史发展轨迹是：在国家税收居重要地位，由国家税收的主要组成部分；到成为国家税收体系中的辅助税种，是国家税收中的小税种；再到成为地方税的主要税种，成为地方税收的主要组成部分。三是不能充分体现量能负担（纵向公平）原则。四是计征办法特殊。

财产税的作用主要有四个方面：有利于市场经济下现代税制建设的要求。征收财产税能够体现国家对财产权（物权）的保护，这是市场经济的基本要求；逐步将财产税建设成为地方政府的主体税种，有助于实现一级政府、一级预算、一级税收，更好地理顺各级政府间的财政关系,增强政府执政能力。有利于弥补流转税、所得税的不足。财产税在流转税、所得税之后征收,有些财产是纳税人经过生产经营后取得的,有些人拥有财产,但不一定是生产经营后取得的,当然也不一定缴纳流转税、所得税,征收财产税可以弥补这个不足,以奖勤罚懒。有利于调节产权所有人的收入。财产是居民财富最主要形式,财产税视居民财产多少而征收,有利于调节社会贫富差距。有利于促进财产的合理充分利用。财产税制对同样的财产征同样的税,会提高财产闲置、财产投资的成本,可以限制财产投机,一定程度上平抑房价,限制奢侈性财产消费。有利于促进土地和房屋资源的合理配置,提高资源使用效率。可以减少城市化对耕地的占用,优化资源配置。

鉴于我国的国情,开征其他财产税的条件尚不具备,进行房地产税改革则是可行和必要的。按照之前的分析,房地产作为百姓生活生产必备的生活生产资料,是每个社会成员和企业都必需的,且随着人口的增加,房地产呈稳定增长趋势。因此,房地产税的税基广泛、稳定,且由于房地产作为不动产,流动性差,市县基层政府对辖区内的房地产建设及使用情况拥有信息优势,最便于实施税收的征收管理。而且,对房地产征税能够既体现税收的受益原则,又体现税收的负担能力原则。纳税人在辖区内拥有较多的房地产,享用了辖区政府提供的较多的基本公共服务,就必须按照规定缴纳较多的房地产税。由于辖区政府提供了质量较高和数量较多的基本公共服务,提升了辖区内房地产的价格。购买辖区内房地产的居民,就需要同时购买辖区内的基本公共服务,需要缴纳相应的房地产税。这显然符合税收的受益多者多纳税的原则;一般来讲,拥有的房地产与其收入水平、消费水平直接相关。拥有房地产、拥有较多的房地产或拥有较高价值房地产的纳税人,其收入水平、消费水平也比较高,就是说其具有较高的税收支付能力。对房地产征税,显然符合税收的按负担能力原则。

(二)改造城市维护建设税为省级政府的主体税种。如前所述,在我国现行税制中,城市维护建设税是一种附加税和受益税。由于城市维护建设税的征税范围、计税依据和税率等要素设计的缺陷,导致其只能在地方税中处于辅助税的地位。在营改增的背景下,可以考虑对城市维护建设税进行系统改革,将其由辅助税种改造成主体税种。具体改革设想是:一是将城市维护建设税更名为城乡维护建设税,或销售税。明确城乡维护建设税的征税范围包括城市和农村的工商各业经营者,从制度设计上体现城乡统筹发展的目标。为农村城市化、城乡一体化提供稳定的资金来源。二是将城乡维护建设税的计税依据规定为工商各业的经营额,即经营收入额或销售收入额。避免该税种与增值税、消费税、营业税的征收联动带来的诸多困难,也可以随着计税依据的扩大给地方政府带来更多的税收收入。三是设置幅度比例税率。比如0.3%—1%,由地方政府根据当地经济发展、城乡建设需要、财政状况等确定具体适用税率。既体现全国的统一性,也有利于地方政府因地制宜的实施税收管理权。

改造后的城乡维护建设税具有税源充裕,符合受益税原则,便于地方征收管理、收入增长弹性适度的特点。接近于美国的零售税(零售税是美国州政府的主体税种),作为省级政府主体税种比较适宜。而且,由于是对旧有税种进行改造,改革的成本低,便于推行。

(三)以消费税、所得税作为地方主体税种不合适。第一,消费税不适合作为地方主体税种。我国消费税是中央税,其主要的职能定位是实施限定范围征收、特殊调节。如果将其改造成地方主体税种,虽然可以为地方政府提供一定的财力,但是会将消费税作为特殊调节税种的作用大打折扣,或者说会刺激地方政府加大鼓励高档消费品消费的力度,使消费税作为特殊调节税种的性质发生根本改变。如果将消费税改造成地方主体税种,就应该扩大其征税范围,这样增值税与消费税就都成了普遍征收的税种。这样就破坏了我国已经建立起来的在流通环节分层次征税、分层次调节的税制格局,又回到了1994年税制改革之前产品税与增值税并行的那种局面。显然,这对于税收制度的完善是不利的。而且,如果将消费税改造成地方主体税种,势必要将其征税环节改在零售环节,那必然会使得征税成本和纳税成本增加,也会导致征税阻力增加。第二,企业所得税不适宜作为地方主体税种。因为企业所得税的税基流动性大,由地方征收管理会对企业的投资和其生产地选择产生较大的影响。从而会导致资源流动的效率损失。而且,从完善税收制度的角度考虑,企业所得税不是应该加强,而是应该逐步削弱的税种。没有必要对其进行改革或完善。第三,个人所得税不适宜作为地方主体税种。因为我国个人所得税的税源不够充足,自1994年以来,尽管个人所得税收入增长速度较快,但时至今日,其在税收收入中所占比重也没有超过10%。这种收入状况显然不能够胜任地方主体税种的重任。而且,我国个人所得税的功能定位主要是调节收入分配。将调节收入分配的任务交给地方政府也难以完成。

(四)实时开征新的地方税种。根据我国经济发展实际和国际一般经验,在慎重综合考虑各种因素的基础上,可适时开征一些新税种。比如:适时开征社会保障税。近年来,社会保障制度在我国城镇和乡村都取得了较大进展,在统一城乡税制过程中,开征社会保障税是完善我国社会保障体系的根本途径,也是解决农村社会保障问题的基本方法。我国目前采取的是社会保险缴费的模式,强制性较弱,各地标准不一。许多民营中小企业有意逃避缴纳社会保险费的义务,使社会保险征收力度不够,覆盖面有限,许多职工不能参加到社会保险中来,严重侵害了劳工权益和雇员福利,也制约了人员的自由流动,不利于国家对社会经济的宏观调控。通过税收形式筹集社保基金则更加规范、可靠,税收的刚性可以确保广大从业人员享受社会保障的权益,增强社会保险基金的筹集力度。

适时开征教育税。教育在经济社会发展中的重要作用毋庸置疑,我国的教育资金虽然不断增加,但与其他国家尤其是发达国家相比,差距仍然很大,农村教育水平远远落后于城市。开征教育税,将教育费附加并入教育税征收,可以保证地方教育经费的稳定,缓解农村地区义务教育资金的紧张状况,促进农村义务教育水平的提高,促进农村经济的发展,也有利于规范政府收入制度和税制。

适时开征遗产赠与税。经过三十多年的改革开放,我国"让一部分人先富起来"的目标已经实现,并且出现了一部分居民与另一部分居民收入和财富差距过于悬殊的问题,基尼系数已达到可能引发社会不稳定的程度。遗产和赠与税的开征有十分重要的现实意义。在统筹城乡发展过程中,开征遗产与赠与税既能激发人的潜能,使中华民族勤劳美德代代相传;又能充分利用社会资源,提高资源使用效率;还能缓解居民收入和财富差距,促进社会稳定。

适时开征环境保护税。比如污染税、污染物排放税、燃料税、白色污染税等环保税种,通过对农产品品质和环境有重大危害的农药和化肥等征税,不断完善环境保护税收体系。减少农业生产、农村生活中的污染物排放和使用,保护与改善生态环境,杜绝污染物在城乡之间的转移,降低污染治理成本,实现城乡经济社会的可持续发展。

第四节　调整税收优惠政策,强化城乡统筹发展导向

税收优惠是指根据国家经济政策和国民经济发展要求,对某些特定纳税人和征税对象、在特定时期内给予鼓励或照顾的特殊规定。是体现税收灵活性的政策工具,是国家干预经济、引导经济发展的重要手段之一。

税收优惠政策的运用可以发挥的作用主要有:一是导向作用。税收优惠政策是国家宏观调控政策的具体体现,是促进经济结构调整、转变经济发展方式的政策载体。其可灵活、即时地处理和协调各方利益矛盾,鼓励符合改革目标与发展方向的各种行为。因此,可鼓励企业投资于国家急需发展的地区及该地区重点发展的行业。二是虹吸作用。区域性税收优惠政策的实施,可以增强该地区的"磁场力",可以吸引生产要素在该地区集聚。其一,税收优惠政策可以为企业发展提供良好的投资环境,吸引更多的优秀企业进行投资。其二,资金的投入和政策的倾斜又会促进人才的流入,为当地吸纳更多更为优秀的专业人才。其三,资金和人才的流入又会促进相关企业的技术进步和管理的改善,从而提高区域整体的竞争力,吸纳更多的企业进入,形成良性良性循环。三是激励作用。税收优惠政策是激发微观经济主体内生动力的重要推手。从宏观调控体系考察,税收优惠主要通过对某些需要优先发展或相对滞后的产业给予税收激励,使投资于这些产业的资金得

到较高的税后利润率,从而刺激资源向这些产业流动。区域税收优惠有助于鼓励储蓄和投资,刺激供给与需求能有机地调节经济总量,促进总供求平衡。供给学派的代表人物之一——保罗·罗伯茨指出:减税的直接损失,即初期的税收收入减少,可能通过增加收入和提高储蓄而完全实现自我补偿。四是支持作用。其一,对入驻该区域的企业给予政策支持。其二,对当地的经济社会稳定发展的政策支持。区域税收优惠政策会促进税收激励——经济增长——财政收入增加的良性循环机制的形成,从而促进区域经济的持续发展;同时,税收优惠政策吸引企业入驻,从而增加了当地的就业机会,进而缓解就业矛盾,促进社会的和谐稳定。

一、采用形式多样的税收优惠政策

　　一般来讲,税收优惠具体形式有减税、免税、退税、起征点与免征额、延期纳税、税收抵免、税收扣除、亏损抵补等。每一种税收优惠形式都有其特定的作用范围和特点,正确选择使用税收优惠形式,能够达到政府税收收入的暂时减少,带来日后政府税收收入的大量增加。但是,如果使用不当,则可能造成政府税收收入过度减少,政府减税意图得不到实现。

　　(一)正确认识和运用税收优惠。因为作为税收制度和税收政策的重要组成部分,作为税收政策的重要载体,税收优惠的作用具有双重性,既有积极作用,也有消极作用。税收优惠的积极作用如前所述,税收优惠的消极作用主要有:一是由于政府的税收优惠是特定的,既给一些行业、产品、项目以税收优惠,而从事另外一些行业、产品、项目的纳税人没有这些优惠。这样,就可能造成纳税人只从事政府给予税收优惠的经营活动,不从事或少从事其他政府不给予税收优惠的经营活动。如果政府的税收优惠方向有失公允,对国民经济的负面影响会很大;同时,由于税收优惠政策是特指的,排除了非纳税人享受税收优惠的可能,这就必然使政策体系的累退性更强。二是在不实行税式支出制度的情况下,税收优惠没有明确的数量指标,不确定性较强,这使一定时期的国民经济计划、财政收入计划制定增加了难度。三是税收优惠是针对国民经济中的特殊情况制定的,是税法灵活性的集中体现。税收优惠政策的制定必然会使税法更加复杂,从而增加了税法的实施成本和执行成本。

(二)多种税收优惠形式结合使用。要根据纳税人、课税对象的实际情况,设计使用不同的税收优惠形式,使税收优惠发挥应有的作用。如亏损弥补优惠政策,我国现行税收制度中设计使用的亏损弥补形式,只有允许将以前年度亏损用以后年度的盈利弥补的条款,而对于一些经营者或经营项目,这种税收优惠的意义不大,难以起到以税收利益支持其发展的作用。因此,可以考虑设计用以前年度盈利弥补以后年度亏损的优惠政策条款。

二、明确城乡统筹发展税收优惠政策的方向

在城乡统筹发展过程中,税收政策主要是税收优惠政策必须体现或反映政府城乡统筹发展的意图和导向。从国家大政方针看,发展城镇化、优化产业结构,无疑是重大发展战略。

(一)完善税收优惠政策,促进新型城镇化建设。城镇化最终要实现农村向城镇人口的转移,以及转移人口真正的市民化,这需要强化城镇的产业支撑,提升城镇的承载能力。同时要加快农业产业化和现代化进程,最终实现城乡共同发展。第十二个五年规划纲要中,也高度强调要"同步推进工业化、城镇化和农业现代化",并将其定位为今后发展的重大政策导向。

应适时调整税收优惠政策,为城镇建设筹集足够的财政资金,并通过税收政策调节资源配置,促进产业结构优化、人力资本提升,而产业发展又为税收增长提供了更多资金来源。近些年来,国家采取了多种税收政策,支持科教文卫、社会保障、环境保护、能源、交通、金融、农业等各项事业的发展,成为推动城乡统筹发展的强大助推器。未来要进一步提升我国的城镇化水平,促进城乡经济融合,要解决目前存在的资源紧缺、环境恶化、交通拥堵、住房紧张、就业困难、收入差距大等问题,势必要进一步完善各项税收优惠政策,充分发挥税收的调节作用。

一是实行差别化税收优惠政策,鼓励中小城镇及其产业发展。为分担大城市和特大城市发展中的压力,可对中小城镇实行差别化的税收优惠,如企业所得税税率优惠、税收减免等,鼓励中小城镇发展适宜的产业,增强其竞争力和吸引力,容纳更多的劳动人口。

二是加大对节能减排、环境保护的税收激励,走可持续发展的城镇化道路。为缓解城镇化建设中的资源紧张问题,减少环境污染,应建立鼓励资源节约和减少环境污染的税收政策体系。这需要适当扩大资源税征税范围和征税标准,对非再生、稀缺性资源分阶梯课以重税;将高能耗、资源消耗品逐步纳入消费税征收范围,并适当提高高能耗消费品的消费税税率;借鉴国外成功经验,对大气污染、水污染和城市环境污染行为课税,鼓励企业投入资金进行节能减排改造,淘汰对资源环境消耗较大的项目;对环保相关行业及企业环保行为实行减免税等税收优惠政策,鼓励开发清洁能源,投资促进环保项目,对植树造林费用允许在企业所得税、个人所得税方面做税前扣除。

(二)调整税收优惠政策,促进产业结构优化。一是调整涉农税收优惠政策,促进农业产业化建设的进程。要实现城乡产业结构协调发展和产业结构升级,实现工业反哺农业,必然要求国家对产业发展薄弱环节即农业加大扶持力度,而税收是政府部门进行扶持的重要手段,往往能起到"四两拨千斤"的作用。但是,现行税收优惠政策对农业产业化发展的导向性不强。因此,应调整相关税收优惠政策进行,促进农业产业化的发展,促进以工促农、以城带乡的城乡一体化经济社会的建立。比如,将土地规模经营与税收优惠政策挂钩,促进农业规模化发展。我国的家庭联产承包责任制是一家一户小规模的经营,在实行初期有效调动了广大农民生产的积极性,促进了农业生产效率的提高,但不利于农业的产业化和规模化经营。因此,可借鉴一些发达国家成功经验,对从事农用土地规模开发和经营的单位和个人,根据经营大小给予相应税收减免。另外,对支持土地规模经营的金融机构和经济组织给予所得税减免优惠。

完善农业产业化相关的税收优惠政策,促进农业产业化发展。农业产业化就是以农产品深加工为重点,形成种植(养殖)、初级加工、深加工、销售等产供销一条龙的农业产业化发展机制。而农产品深加工是我国农业的薄弱环节,因此,为鼓励农业产业化的发展,在增值税方面,不仅要给予农产品初加工以增值税低税率优惠,也应给予农产品深加工行业及销售环节增值税低税率的优惠政策。在所得税方面,对就职于农业企业的个人免征个人所得税,对农业企业的企业所得税减免征收,对农业基础设施建设进行投资抵免。另外,对涉农产品企业进出口税收实行优惠政策,促进外向型农业企业的发展,对在我国与从事农产品生产、流通、仓储相关的经营用房地产免征房产税和土地使用税,免征农产品中介服务税,免征农产品购销合同印花税等。

二是利用税收优惠政策促进二、三产业发展。改变以往比较突出的区域性税收优惠政策,向产业性税收优惠转移,发挥不同地区的产业优势,以优势产业的发展带动区域发展,大力发展特色城镇。具体来讲,在对第二产业的支持上,重点放在鼓励传统产业升级改造,促进科技开发和利用上,因此对工业企业的相关科研投入要给予相应的税收政策优惠;为鼓励第三产业发展,可在企业创办初期减免所得税等,为城镇化发展水平的提升提供支撑。尤其应注意对中小企业的扶持和帮助。中小企业可吸纳大量的劳动力,可通过税收优惠鼓励中小企业的创办,尤其对吸纳劳动力较多的中小企业给予重点支持。

通过税收优惠,鼓励人力资本投资,为产业发展提供人才保障。对企业用于职工教育培训的支出,缴纳企业所得税时,可从应纳税所得额中扣除;对专业的职业培训服务机构,创办初期可免税。制定对从事农业基础项目经营的农民的所得税优惠政策,吸引更多资金向农业流动;制定对到农村工作的个人的所得税优惠,如对在农村和城市工作的个人,取得同样的收入纳税不同,引导人才向农村流动。

第五节　完善税收调节政策,形成合理有序的城乡收入分配格局

改革开放 30 多年来,我国对收入分配体制进行了一系列改革,初步建立起了符合市场经济规律的按劳分配为主体、多种分配方式并存的分配制度,促进了经济发展和居民收入增加。但收入分配领域仍然存在收入差距过大、分配比例失衡、初次分配不规范合理、再分配调节力度不足等问题,影响经济运行与社会稳定,影

响城乡统筹发展的推进。当前我国经济体制改革已进入纵深推进阶段,加强收入分配制度改革,对促进经济结构调整与经济发展方式转变具有根基性作用,对调整各种利益关系、逐步实现共同富裕、实现社会公平正义具有重要现实意义。

一、强化商品劳务税的调节作用,实现初次分配公平

税收是调节收入分配的重要手段,它通过税基、税种和税率来发挥调节个人收入水平作用。好的税制设计可以有效地缩小收入分配差距,相反则可能会引起收入差距的扩大。我国的税制在最初设计时是商品劳务税和所得税双主体的结构,但实际上是以商品劳务税为主体的单主体税制结构。这不利于对收入分配进行调节。从公平收入分配角度看,需要逐步提高起主要收入分配调节作用的所得税和财产税的比重。但是,商品劳务税对初次分配的调节作用也不容忽视。

(一)充分利用增值税的调节作用。随着营改增的全面推进,增值税的征税范围将覆盖货物和劳务服务整个领域,征收调节的普遍性更明显。但是,这并不妨碍其调节作用的发挥。认真测算、科学调整增值税基本税率和优惠税率水平,及时调整增值税税收优惠条款,可以使增值税在调节生产、消费,调节投资等方面发挥作用,为工农业协调、城乡统筹作出贡献。

(二)及时调整消费税。有关资料显示,中国现在是世界上最大的奢侈品消费国,所以应该加大对高档消费品的征收范围和征税力度。例如:纯粹服务性消费行为和非服务性消费行为,将高档住宅消费、高档车消费、个人包机、包船旅行等各类高端服务消费纳入调节范围,并适当提高某些有害健康和影响环境的消费行为的消费税税率。鉴于目前我国城乡居民差距过大,消费差距也呈扩大趋势的现状。可以考虑对高收入者的奢侈消费行为征收特别消费税,并且把其征收的税款通过财政转移支付手段,专门投向农村农业的发展,或用于扶助农村贫困居民,增加农民的收入,缩小城乡差距。

二、改革直接税税制,助推城乡收入分配公平

要助推城乡统筹发展进程,必须要完善现行税制,税收对个人收入的调控重点是对高收入者进行调节,主要是加快建立和完善个人所得税、财产税、遗产税等,使高收入者的收入适当减少,缩小与低收入者的收入差距。

(一)加快个人所得税改革。个人所得税要尽快由分类所得税制转变为综合与分类相结合的所得税制。研究提高对过高收入的边际税率,重点向高收入者征税,动态调整个人所得税费用扣除标准,减轻中低收入者的税负。在个人所得税税源监管方面,借鉴国际经验,实行单一税号,加强现金管理和广泛联网,拓宽个人所得税征收范围,提高个人所得税在整个税收收入中所占比重,充分发挥个人所得税调节贫富差距的作用。

(二)尽快建立健全财产税,强化对非劳动收入的征税。研究实施遗产和赠与税,进一步完善财产登记、评估制度,建立健全财产监测体系,建立家庭金融资产和不动产实名制,加强对大额遗产继承和财产赠与的税收调节。适时开征资本利得税,强化对非劳动高收入的税收调节。深化房产税制改革,作为加强我国地方税体系建设的一个重要途径,解决中央和地方政府财产分配不公的问题。

三、加强对税收的监管,实现税收分配结果公平

建立和完善以法人主动申报为基础,以重点抽查、严厉惩处为威慑、以现代技术手段为依托的纳税申报、税务代理、税务稽查相结合的现代税收征管体制,防止税收流失,保证收入分配的合理和公平。积极推广信用证和个人支票制度,推动支付手段票据化、电子化,提高收入分配监测水平。

主要参考文献

谭建立:《我国县级政府财政基础和能力建设研究》,中国财政经济出版社 2013 年版。

杨志勇、张馨:《公共经济学》,清华大学出版社 2013 年版。

《中国统计年鉴》,中国统计出版社 2013 年版。

《河北农村统计年鉴》,中国统计出版社 2013 年版。

《十八大报告辅导读本》,人民出版社 2012 年版。

卢洪友:《中国基本公共服务均等化进程报告》,人民出版社 2012 年版。

石常明、谭建立:《我国农村财政投融资问题研究》,中国财政经济出版社 2011 年版。

王加林、高志立、段国旭:《基本公共服务均等化与财政体制创新》,中国财政经济出版社 2010 年版。

谭建立:《中央与地方财权事权关系研究》,中国财政经济出版社 2010 年版。

徐全红:《转型期"三农"公共财政政策》,社会科学文献出版社 2010 年版。

铁明太:《中国特色统筹城乡发展研究》,湖南人民出版社 2009 年版。

赵保佑等:《统筹城乡经济协调发展与科学评价》,社会科学文献出版社 2009 年版。

刘洪彬:《基于集群理论的统筹城乡发展研究》,经济科学出版社 2008 年版。

黄泰岩、牛飞亮:《中国城镇居民收入差距》,经济科学出版社 2007 年版。

胡豹、黄莉莉:《新型农村公共财政体系构建的理论与实证》,浙江大学出版社 2007 年版。

沈淑霞:《我国财政农业支持及其效率研究》,中国农业出版社 2007 年版。

李文:《产业结构税收政策研究》,山东人民出版社 2007 年版。

姚林香:《统筹城乡发展的财政政策研究》,经济科学出版社 2007 年版。

曲顺兰:《就业再就业财税政策研究》,经济管理出版社 2006 年版。

史美兰:《农业现代化:发展的国际比较》,民族出版社 2006 年版。

刘乐山:《财政调节收入分配差距的现状分析》,经济科学出版社 2006 年版。

段国旭:《财政资源配置学论纲》,中国财政经济出版社 2006 年版。

蒋华东:《统筹城乡发展的理论与方法》,西南财经大学出版社 2006 年版。

张向达、赵建国、吕丹:《公共经济学》,东北财经大学出版社 2006 年版。

戴宏伟等:《城乡统筹与县域经济发展》,中国市场出版社 2005 年版。

周琳琅:《统筹城乡发展的理论与实践》,中国经济出版社 2005 年版。

纪良纲等:《城市化与产业集聚互动发展研究》,冶金工业出版社 2005 年版。

何菊芳:《公共财政与农民增收》,上海三联书店 2005 年版。

高珮义:《中外城市化比较研究》,南开大学出版社 2004 年版。

李秉龙等:《中国农村贫困、公共财政与公共物品》,中国农业出版社 2004 年版。

刘光溪:《纳税投资论——藏富于民与政治文明建设》,复旦大学出版社 2004 年版。

理查德、马斯格雷夫等:《财政理论与实践》,中国财政经济出版社 2003 年版。

卢洪友:《公共商品供给制度研究》,中国财政经济出版社 2003 年版。

安福仁:《政府职能与税收问题研究》,东北财经大学出版社 2002 年版。

《十六大报告辅导读本》,人民出版社 2002 年版。

虞云耀、杨春贵:《关于当代世界重大问题》,中共中央党校出版社2002年版。

马栓友:《税收政策与经济增长》,中国城市出版社2001年版。

高鸿业:《西方经济学》,中国人民大学出版社2001年版。

赵黎明:《经济发展中的中国税收研究》,南开大学出版社2001年版。

安福仁:《中国市场经济运行中的政府干预》,东北财经大学出版社2001年版。

汤在新、吴超林:《21世纪中国经济焦点系列——宏观调控:理论基础与政策分析》,广东经济出版社2001年版。

张馨等:《当代财政与财政学主流》,东北财经大学出版社2000年版。

夏耕:《中国城乡二元经济结构转换研究》,北京大学出版社2000年版。

约翰、梅纳德、凯恩斯:《凯恩斯文集(上中下)》,改革出版社2000年版。

斯蒂格利茨:《经济学》,中国人民大学出版社1996年版。

费雪:《州和地方财政学》,中国人民大学出版社1996年版。

王亘坚:《财政税收与宏观调控》,天津人民出版社1996年版。

张婷:《西部农村基础设施建设中的财政投入研究》,《经济研究导刊》2014年第3期。

莫连光、洪源、廖海波:《收入分配财政政策调节居民收入差距效果的实证研究》,《财经论丛》2014年第3期。

孙启泮:《新型农村社会养老保险路径选择探讨》,《青岛农业大学学报》(社会科学版)2014年第2期。

朱润喜:《论财税制度建设与城乡收入差距》,《中南财经政法大学学报》2014年第1期。

陈颂东:《我国城乡二元财政的形成与一元化演变》,《西部论坛》2014年第1期。

纪楠楠:《失地农民社会保障问题研究》,《特区经济》2014年第1期。

于殿江、陈昕、蔡蒙:《新型农村合作医疗供给的PPP模式研究》,《山东大学学报》2013年第6期。

刘怡斐:《整合优化支农资金　提高资金投入效率》,《中国财政》2013

年第 19 期。

杨雅琴:《农村义务教育经费影响因素研究——以云南省为例》,《河北经贸大学学报》(综合版)2013 年第 12 期。

党秀云、马子博:《我国城乡基本公共服务均等化的制度困境及改革路径》,《西北大学学报》(哲学社会科学版)2013 年第 11 期。

刘龙泉:《浅析财政支农资金管理模式选择及其创新》,《财会研究》2013 年第 11 期。

漳州市财政局课题组:《关于建立和完善财政支农资金绩效评价体系的思考》,《农村财政与财务》2013 年第 11 期。

张景华:《新型城镇化进程中的税收政策研究》,《经济学家》2013 年第 10 期。

严袆:《税收政策对城乡收入差距的影响研究——基于间接税研究的视角》,《中国投资》2013 年第 9 期。

王正明、吕艾芳:《推进新型城镇化的税收政策选择》,《税务研究》2013 年第 9 期。

王化峰:《财政支农资金整合方法研究》,《中国经贸导刊》2013 年第 9 期。

朱迎春:《我国财政支农资金的收入分配效应研究》,《当代财经》2013 年第 9 期。

吴旭峰:《公共财政体制下支农资金来源及特点》,《学术交流》2013 年第 9 期。

胡云鹏:《国外农村基础设施财政支出方式的经验借鉴》,《农业经济》2013 年第 9 期。

孙晓锦、刘慧:《农村医疗救助及其配套项目的实施状况评估》,《西北工业大学学报》2013 年第 9 期。

刘颖、朱计:《我国城镇化进程中农民工社会保障问题研究》,《特区经济》2013 年第 7 期。

马静:《中国农村社会救助制度改革的顶层设计》,《学术月刊》2013 年第 4 期。

公维春:《我国农村社会救助改革与发展研究》,《团结》2013 年第 4 期。

杨蕾:《我国税收调节收入分配差距的效果及税制优化》,《学术论坛》2013年第4期。

王中飞:《加强县乡财政支农资金使用管理的几点思考》,《农业经济》2013年第4期。

浙江省财政厅农业处:《完善县级财政支农资金整合机制研究》,《农村财政与财务》2013年第4期。

刘昊:《统筹中国城乡发展的财政政策选择》,《大连海事大学学报》2013年第4期。

庞钊珺、张恒:《提高财政投资农村公共基础设施效率的对策》,《经济研究参考》2012年第71期。

谭佳明、朱润喜:《城乡税制一体化改革的理论分析》,《财会月刊》2012年第10期。

聂海峰、岳希明:《间接税归宿对城乡居民收入分配影响研究》,《经济学(季刊)》2012年第10期。

王金国:《农村公共品供给主体的博弈研究—基于行为差异视角》,《农村经济》2012年第6期。

邓义福:《关于分税制财政管理体制下县级财政配套能力的探讨》,《农村财政与财务》2011年第11期。

杨洁、辛灵:《论构建推进城乡统筹发展的政策体系》,《当代》2011年第11期。

赵家鑫:《试论农村医疗救助社会支持网络的构建》,《山东行政学院学报》2011年第10期。

王诚尧:《现阶段持续推进城乡税制统一改革的意见》,《财政研究》2011年第10期。

王伟、赵应堂、付春香:《我国城乡经济社会一体化发展的财税政策思考》,《学术纵横》2011年第9期。

杨森平、周敏:《调节城乡收入差距的税收政策研究——基于我国间接税视角》,《财政研究》2011年第7期。

耿卫新:《城乡基本公共服务均等化:破解城乡统筹发展的突破口》,《河北学刊》2011年第5期。

刘宏波等:《乡财县管后乡镇财政管理面临的问题及的对策》,《财税纵横》2011 年第 3 期。

欧阳明:《农村公共品供给主体重构研究》,《新疆财经大学学报》2011年第 3 期。

贾康、刘薇:《构建城乡统筹发展的财税体制的建议》,《经济纵横》2011 年第 1 期。

何旭:《论中国农村财政转移支付制度的完善》,《经济研究导刊》2010年期 18 期。

重庆市税务学会课题组:《统筹城乡发展的财税政策探讨》,《税务研究》2010 年第 12 期。

张怀雷、王辉、李东波:《缩小城乡收入差距的税收政策思考》,《税务研究》2010 年第 12 期。

伊文嘉:《完善农村财政转移支付破除城乡"二元制"结构的思考》,《农业经济》2010 年第 8 期。

李忠胜:《扬州市推进城乡统筹发展的思路及启示》,《宏观经济管理》2010 年第 8 期。

冯兴元:《县乡财政管理体制:特点、问题与改革》,《农业经济问题》2010 年第 1 期。

寇铁军、梅玉良:《统筹我国城乡发展的财政政策思考》,《财政研究》2009 年第 12 期。

侯春辉:《论我国城乡税制的统一》,《黑龙江对外经贸》2009 年第9 期。

朱润喜:《统一城乡税制的路径选择》,《中国财政》2009 年第 8 期。

张培寅:《运用财政转移支付促进农村横向均衡发展》,《农业经济》2009 年第 7 期。

李勤、张元红、张军:《国外城乡统筹实践及其启示》,《世界农业》2009年第 6 期。

于培伟:《日本:统筹城乡的政策样本》,《华夏星火·农经》2009 年第5 期。

曹明华:《城乡统筹发展的制度创新研究》,《农村经济》2009 年第5 期。

张鹏、李冬冬:《基于城乡社会断裂的中国财政支出政策研究》,《财贸研究》2009 年第 5 期。

段迎春、张乃方：《财政支持与我国农村公共卫生服务的发展》，《长春金融高等专科学校学报》2009 年第 2 期。

汤新明：《韩国"新村运动"突出统筹城乡协调发展的启示》，《广东科技》2009 年第 1 期。

吴晓霞、刘纯阳：《韩国新村运动的经验与启示》，《湖南农业大学学报》2008 年第 6 期。

王涛：《推进新农村建设中有关税收政策问题的思考》，《徐州教育学院学报》2008 年第 12 期。

杨春玲：《促进农民减负增收的税收政策研究》，《税务研究》2008 年第 12 期。

张明祥、罗昭强、彭应忠：《推进城乡统筹发展的税收研究》，《决策导刊》2008 年第 12 期。

李永宁：《关于统筹城乡公共产品供给的财政政策思考》，《经济导刊》2008 年第 11 期。

李本贵：《促进农村社会经济发展的税收优惠政策分析》，《税务研究》2008 年第 8 期。

刘晓光、施捷：《促进农业产业化发展的税收政策取向》，《税务研究》2008 年第 8 期。

张林：《关于农业税收制度改革的探讨》，《经济研究导刊》2008 年第 13 期。

韩东林：《当前农业投资存在的主要问题及对策》，《宏观经济管理》2008 年第 5 期。

熊启泉、邓家琼：《现代农业发展中的财政农业投资模式创新》，《华南农业大学学报》（社会科学版）2008 年第 4 期。

赵保佑：《统筹城乡协调发展的国际经验与启示》，《学术论坛》2008 年第 3 期。

陈刚华：《韩国"新村运动"发展成果研究》，《理论战线》2008 年第 3 期。

程黎：《发达国家涉农税收及其对我国统一城乡税制的借鉴》，《中南财经政法大学学报》2008 年第 2 期。

李广舜:《我国城乡经济社会发展失衡的政策、制度原因分析》,《实事求是》2008 年第 2 期。

张明龙、杨剑:《促进我国城乡经济协调发展的制度创新》,《学术交流》2008 年第 1 期。

倪杰:《新农村建设中农村公共产品供给问题探析》,《农村经济》2008 年第 1 期。

《十七大报告》,《半月谈》2007 年第 20 期。

姚林香:《统筹城乡发展的财政体制改革》,《上海经济研究》2007 年第 2 期。

于培伟:《日本的城乡统筹共同发展》,《宏观经济管理》2007 年第 9 期。

梅建明:《农民工"入城"与城乡统筹发展》,《财政研究》2007 年第 9 期。

姚林香:《统筹城乡就业的财政政策选择》,《财政研究》2007 年第 9 期。

余家凤:《公共财政条件下我国农村公共物品的供给》,《统计与决策》2007 年第 7 期。

杨东群、李先德:《印度农业和农村的发展现状及问题》,《世界农业》2007 年第 6 期。

黄伯勇:《城乡统筹发展实现路径探讨》,《农村经济》2007 年第 6 期。

郑涛、周自卫:《统筹城乡的公共财政政策和公共产品研究》,《重庆交通大学学报》(社会科学版)2007 年第 5 期。

陶应虎:《建立完善"以工促农、以城带乡"的长效机制》,《农村经济》2007 年第 4 期。

王淑梅、危兆麟:《农村收入与城镇化关系的实证分析》,《财政研究》2007 年第 4 期。

楚永生:《统筹城乡发展:政府职能角色定位分析》,《聊城大学学报》(社会科学版)2007 年第 4 期。

杨立新、蔡玉胜:《城乡统筹发展的理论梳理和深入探讨》,《税务与经济》2007 年第 3 期。

郭建军:《日本城乡统筹发展的背景和经验教训》,《农业展望》2007 第

2 期。

国务院综改办、河北省综改办、河北经贸大学联合课题组:《农村税费改革与农村财政体系建设的探讨》,《财政研究》2007 年第 1 期。

郭建军:《我国城乡统筹发展的现状、问题和政策建议》,《经济研究参考》2007 年第 1 期。

韩长赋:《中国农民工发展趋势与展望》,《经济研究》2006 年第 12 期。

熊小青:《渔区生态环境安全与城乡统筹发展创新思考——以珠江的东江、北江水系为例》,《农村经济》2006 年第 12 期。

马克和:《城乡统筹发展:农村税费改革的最终归宿》,《财政研究》2006 年第 11 期。

陶应虎:《城乡统筹的国际经验及启示》,《农村经济》2006 年第 10 期。

陈映:《新农村建设中城乡统筹发展的农村公共产品供给》,《求索》2006 年第 10 期。

陈纪瑜、刘桔林:《城乡统筹发展的财政对策》,《财会月刊》(综合版)2006 年第 9 期。

孙培钧:《绿色革命推动下的印度农业》,《全球瞭望》2006 年第 9 期。

江明融:《构建城乡统筹的公共产品供给制度研究》,《农村经济》2006 年第 8 期。

庄岁林、谢琼:《美国治理农业问题的经验及启示》,《农业经济问题》2006 年第 8 期。

李瑞林、王春艳:《巴西城市化的问题及其对中国的启示——兼与中国城市化相比较》,《延边大学学报》(社会科学版)2006 年第 6 期。

郑安泰:《取消农业税后农村建立仿市民化的工作新机制初探》,《农村经济》2006 年第 6 期。

方丽玲:《城乡统筹:城乡关联视角分析》,《财经问题研究》2006 年第 6 期。

丁一:《城乡统筹城乡发展:建设社会主义新农村的根本途径》,《农村经济》2006 年第 5 期。

高强、董启锦、史磊:《巴西农村城市化的进程、特点和经验及其启示》,《世界农业》2006 年第 4 期。

刘清芝:《我国城乡统筹发展的影响因素及其对策》,《经济研究导刊》

2006 年第 4 期。

汪飞杰、张应禄、刘振虎:《我国农业科研投入现状及政策建议》,《农业科技管理》2006 年第 4 期。

李银星、杨印生:《影响我国统筹城乡发展的社会经济因素分析》,《农业技术经济》2006 年第 3 期。

陈晓红:《统筹城乡研究动态分析》,《苏州大学学报》(哲学社会科学版)2006 年第 3 期。

陈昭玖、周波、唐卫东、苏昌平:《韩国新村运动的实践及对我国新农村建设的启示》,《农业经济问题》2006 年第 2 期。

肖加元:《城乡税制统一:基于公共财政的分析视角》,《中南财经政法大学学报》2006 年第 2 期。

邓薇:《以统一城乡税制为主构建新型涉农税收体系》,《农村经济》2006 年第 2 期。

贾会棉、曹印革、路剑:《城乡统筹发展中的财政体制改革路径》,《商业时代》2006 年第 1 期。

马敬桂:《农业反补与农民持续性增收》,《农村经济》2005 年第 12 期。

王焕清:《完善农村社会救助体系的财政思考》,《财政研究》2005 年第 11 期。

冯承强:《我国农村劳动力转移的驱动力与相关政策研究》,《农村经济》2005 年第 10 期。

王为民:《加大对农村公共品的提供是统筹城乡发展的突破口》,《农村经济》2005 年第 9 期。

曹明华:《城乡统筹发展的制度创新研究》,《农村经济》2005 年第 9 期。

四川县域经济发展课题组:《以城乡一体化为推动力推动县域经济发展——四川大邑县发展县域经济的成功经验及启示》,《农村经济》2005 年第 9 期。

吴雨才:《农村土司制度改革与农村经济发展》,《农村经济》2005 年第 8 期。

万福源:《五大税种构建环保税体系》,《中国科技财富》2005 年第 7 期。

姜太碧:《统筹城乡协调发展的内涵和动力》,《农村经济》2005 年第 6 期。

谢旭人:《发挥税收职能作用　促进和谐社会建设》,《中国税务》2005 年第 6 期。

马克和:《农村税费改革后的税收及相关政策取向》,《税务研究》2005 年第 6 期。

刘渝、张俊飚:《美、欧、日农业补贴特点及其对中国的启示》,《世界农业》2005 年第 6 期。

陈孟平:《实现统筹城乡发展的理论基础——西方经济学的理论解释与借鉴》,《北京农业职业学院学报》2005 年第 6 期。

张崇明:《税收服务和谐社会的几点思考》,《中国税务》2005 年第 5 期。

侯力、秦熠群:《日本工业化的特点及启示》,《现代日本经济》2005 年第 4 期。

陈天培:《改变渝西经济走廊二元经济结构的思考》,《农村经济》2005 年第 4 期。

章也微:《城乡统筹发展的公共卫生筹资机制研究》,《农村经济》2005 年第 3 期。

陈继宁:《美国发展小城镇对我国的启示》,《经济体制改革》2005 年第 3 期。

傅琼:《加速农民市民化的制度创新》,《农村经济》2005 年第 2 期。

刘宗敏:《农村劳动力问题浅析》,《农村经济》2004 年第 12 期。

郑玉明:《统筹城乡社会经济协调发展必须加快城市化进程》,《农村经济》2004 年第 10 期。

陆远权:《发展与效益:农村实现小康的前提》,《农村经济》2004 年第 8 期。

吴小渝:《以科学发展观指导城镇化与城乡统筹发展》,《农村经济》2004 年第 8 期。

傅琼:《西部城乡统筹发展与政府职能的协调》,《农村经济》2004 年第 7 期。

曹萍:《郊区城市化是解决成都农民增收问题的根本途径》,《农村经济》2004 年第 7 期。

杨继瑞:《劳务经济:丘区减少农业人口的积极探索》,《农村经济》2004 年第 4 期。

金钟范:《韩国小城镇发展政策实践与启示》,《中国农村经济》2004 年第 3 期。

张红宇:《统筹城乡经济社会发展的基本思路》,《农村经济》2004 年第 2 期。

叶翠青:《统筹城乡经济社会发展的财税政策研究》,《经济研究参考》2003 年第 8 期。

罗晓东:《21 世纪初美国农业政策浅析与借鉴》,《科技导报》2003 年第 4 期。

付作兰:《印度总理敦促加大农业领域投资》,《国际金融报》2006 年 10 月 20 日。

郭慧丽:《工业化进程中的农业税收制度研究》,博士学位论文,东北财经大学,2012 年。

刘廷隈:《促进我国现代农业发展的财税政策研究》,硕士学位论文,东北财经大学,2012 年。

方丽玲:《城乡统筹发展研究》,博士学位论文,东北财经大学,2011 年。

周敏:《调节城乡收入差距的税收政策研究——基于我国间接税视角》,硕士学位论文,暨南大学,2011 年。

赵彩云:《我国城乡统筹发展及其影响要素研究》,博士学位论文,中国农业科学院,2008 年。

梅迪:《统筹城乡发展的财税政策研究》,博士学位论文,东北财经大学,2006 年。

陈颂东:《统筹城乡发展的财政体制与财政政策》,博士学位论文,华中科技大学,2006 年。

责任编辑:高　寅

图书在版编目(CIP)数据

推进城乡统筹发展的财税政策研究/古建芹 著.
　-北京:人民出版社,2015.6
ISBN 978－7－01－014757－4

Ⅰ.①推…　Ⅱ.①古…　Ⅲ.①城乡一体化-财政政策-研究-
中国②城乡一体化-税收政策-研究-中国　Ⅳ.①F812.7

中国版本图书馆 CIP 数据核字(2015)第 072853 号

推进城乡统筹发展的财税政策研究
TUIJIN CHENGXIANG TONGCHOU FAZHAN DE CAISHUI ZHENGCE YANJIU

古建芹　著

人民出版社 出版发行
(100706　北京市东城区隆福寺街 99 号)

北京集惠印刷有限责任公司印刷　新华书店经销

2015 年 6 月第 1 版　2015 年 6 月北京第 1 次印刷
开本:880 毫米×1230 毫米 1/32　印张:10.5
字数:249 千字

ISBN 978－7－01－014757－4　定价:38.00 元

邮购地址 100706　北京市东城区隆福寺街 99 号
人民东方图书销售中心　电话 (010)65250042　65289539